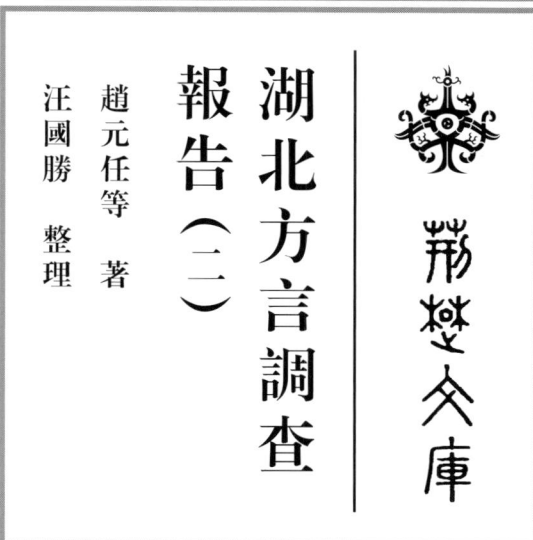

汪國勝　整理

趙元任等　著

報告（二）

湖北方言調查

荊楚文庫

荊楚文庫編纂出版委員會

華中科技大學出版社

一三. 宜昌（城内）

A. 發音人履歷

發音人	13a
年齡	21 歲
原籍	宜昌城内
職業	學生
教育程度	高中
幼時語言環境	在本地讀書
教師方言	本地話
住過的地方	武昌二年
曾否學國語	未
能否說別處話	能說武昌話

二十五年五月十五日吳宗濟記音

B. 聲韵調表

1. 聲母

p	拜倍	p'	片婆	m	門		f	飛
t	多代	t'	脱同	n	南藍年連			
ts	再趙	ts'	倉柴			s 熟三		z̠ 柔
tɕ	節巨	tɕ'	去齊			ɕ 徐曉		
k	歌共	k'	刻狂			x 害化		
○	而矮堯未永							

2. 韵母

ï 字知;ɚ而　　a 八拿插下　　o 剥騾説合　　ɤ 白得惹客
i 敝的期邑　　ia 佳牙　　　　io 略學　　　　　　　　ie 滅爹姐刼
u 卜奴卒呼　　ua 刷掛
y 吕戌　　　　　　　　　　　　　　　　　　　　　　　ye 靴決

ai 買代才解　　ei 披肥　　　　au 跑牢掃好　　əu 某鬥丑侯
　　　　　　　　　　　　　　　iau 表巧釣　　　iəu 謬秋
uai 帥懷　　　uei 垂回

an 板談山含　　　　　　　　ən 彭吞沉恒
　　　　　　　ien 貶天險硯　　　　　　　　in 稟鄰行應
uan 船換　　　　　　　　　uən 唇横
　　　　　　　yen 全玄　　yən 旬榮

aŋ 旁郎常巷　　oŋ 孟弄松空
iaŋ 娘講　　　ioŋ 窮兄
uaŋ 窗光往

3. 聲調

陰平	陽平	上	去
˥	˧˥	˥˩	˧˥
通	陳急實六	丑碗	柱到助

C. 聲韵調描寫

1. 聲母

上表十八聲母是按音位定的，以下分p,t,ts,tɕ,k,○六組述之。

p組p,pʻ,m,f。p是硬性的。

t組t,tʻ,n。n是個變值音位，讀n,l,或鼻化的l不定。

ts組ts,tsʻ,s,ʐ。ts,tsʻ,s是舌尖前音，部位與<u>北平</u>的ts,tsʻ,s同。ʐ是舌尖後音，摩擦性很小。

tɕ組tɕ,tɕʻ,ɕ。在開口韵前讀純粹的舌面前音；在合口韵前又略有舌尖作用加入，音值很近tʃ,tʃʻ,ʃ。

k組k,kʻ,x。x的部位比k,kʻ略偏後。

○包括以純元音起首的音。在開口洪音前有時有喉閉塞ʔ出現。

2. 韵母

i只有舌尖前音ɿ一值。ɚ開而部位偏前，有些時候就很像ær。

i在p,t兩組聲母後讀得鬆一點，在tɕ組後或無聲母時讀得較緊。

u比標準元音u開。

y讀成帶ʮ性的舌尖面混合圓唇元音。

a,ia,ua。a是ᴀ，部位平均；在i後偏前。

o,io。o是較開的。在k組聲母後或無聲母時往往分化爲uo，介音i略帶圓唇性。

ɤ相當於o的開唇。

ie,ye。e近標準元音e。

ai,uai。a是前a,比an韵的a關,i極鬆。

ei,uei。e部位偏央。

au,iau。a同a,ia韵的a。u極鬆。

əu,iəu。ə部位偏後。

an,uan。a近標準元音a。n尾穩定。

ien,yen。e開。n尾短而弱。

ən,uən,yən。ə短,n尾長。在yən中,ə的部位更偏前,而且很關。

in。i都是開ɪ。

aŋ,iaŋ,uaŋ。a同a,ia,ua韵的a。

oŋ,ioŋ。o關而唇圓。在k組聲母後或無聲母時常變爲uoŋ。介音i唇略圓。

3. 聲調

陰平由"半高"升至"高"(45),寬式用高平調號(˥55)。

陽平是低升調(˩13)。

上聲由"中"降至"半低"(32),寬式用中降調號(˩42)。

去聲是中升調(˩24)。

D. 與古音比較

1. 聲母

古母今讀　發音方法及影讀 古聲組及影響條件		全清塞	次清塞	全濁塞 平	全濁塞 仄	次濁	清擦	濁擦 平	濁擦 仄
幫組		幫：p	滂：pʻ	並：pʻ	並：p	明：m			
非組						微：u	非 敷 ｝f	奉：f	奉：f
端泥		端：t	透：tʻ	定：tʻ	定：t	泥：n　來：n			
精組	洪	精 ｛ ts	清 ｛ tsʻ	從 ｛ tsʻ	從 ｛ ts		心 ｛ s	邪 ｛ s	邪 ｛ s
	細	tɕ	tɕʻ	tɕʻ	tɕ		ɕ	tɕʻ, ɕ	ɕ
莊組	內轉	莊 (照二) ts	初 (穿二) tsʻ	崇 (牀二) tsʻ	崇 (牀二) ts；s		生 (審二) s		
	外轉		ts		ts；s				
知組	梗二等韻　其他	知：ts	徹：tsʻ	澄：tsʻ	澄：ts				
章組	今合	章 (照三) ts	昌： (穿三) tsʻ	船： (牀三) tsʻ s	船： (牀三) ts		書： (審三) s	禪：tsʻ，s	禪：s
	今開			tsʻ，s				s	

古聲組	影響條件	全清塞	次清塞	全濁塞（平）	全濁塞（仄）	次濁	清擦	濁擦（平）	濁擦（仄）
		見／影	溪	羣	羣	日／疑／喻	曉	匣	匣
日母	止（附質）					○			
日母	其他·今開					z̩			
日母	其他·今合					z̩			
見組 曉	開 一等	k	kʻ			○	x	x	x
見組 曉	開 二等	k, tɕ	kʻ, tɕʻ			○, i	x, ɕ	x, ɕ	
見組 曉	開 三四等	tɕ	tɕʻ	tɕʻ	tɕ	i	ɕ	x	
見組 曉	合 一二等	k	kʻ	*	*	u; ○	x	x	
見組 曉	合 蟹止合	k	kʻ	kʻ	k	u	x	x	
見組 曉	合 通舒	k	kʻ	tɕʻ	k	ʔ	ɕ	*	
見組 曉	合 其他	tɕ	tɕʻ	tɕʻ	tɕ	y	ɕ	ɕ	
影組	開 一等	○							
影組	開 二等	○, i				喻i　*			
影組	開 三四等	i				u			
影組	合 一二等	u; ○				i			
影組	合 蟹止合	u				y			
影組	合 通舒	i							
影組	合 其他	y							

2. 韵母

第 一 表

開

攝	一 幫系	一 端系	一 見系	二 幫系	二 泥組	二 知組莊	二 見系	三四 幫系	三四 端系	三四 莊組	三四 知章	三四 日母	三四 見系
果	*	o	o	a	a	a	a,ia	*	ie	*	ɤ	ɤ	ie
(遇)										*			
蟹	*	ai	ai	ai	ai	ai	ai,ia	i	i	*	ï	*	i
止		*						i,ei	i;ï	ï	ï	ɚ	i
效	au	au	au	au	au	au	au,iau	iau	iau	*	au	au	iau
流	ne	ne	ne					nei,n,ne	nei	ne	ne	ne	nei
咸	*	an	an	an		an	an,ien	ien	ien	*	an	uan	ien
山	*	an	an	an	*	an	an,ien	ien	ien	*	an	uan	ien
宕	aŋ	aŋ	aŋ	aŋ	*	uaŋ	aŋ,iaŋ	*	iaŋ	uaŋ	aŋ	aŋ	iaŋ

攝列	三四 開						二 開				一 開		
	見系	日母	知章組	莊組	端系	幫系	見系	知莊組	泥組	幫系	見系	端系	幫系
深	in	ue	ue	ue	in	in		*				*	*
臻	in	ue	ue	ɐn	in	in		*				ue	*
宕	in	ue	ue	*	in	in		*		io·ue	ue	ue	n·ue
梗	in	*	ue	*	in	in	in·ue	ue	ue	io·ue	ue		
(通)			*	*				*				*	
咸入	ie	*	ɤ	*	ie	*	a,ia	a			o	a	o
山入	ie	ɤ	ɤ	*	ie	ie	a,ia	a	*	a	o	a	
宕入	io	o	o	*	io	*	o,io	o	*	o	o	o	o
深入	i	u	ï	ɤ	i	*		*			ɤ	*	ɤ
臻入	i	ɛ	ï	ɤ	i	i		*	*		*	*	*
曾入	i	*	ï	ɤ	i	i	ɤ	ɤ	*	ɤ	*	ɤ	ɤ
梗入	i	*	*	*	i	i	ɤ	ɤ	*	ɤ	*	*	*
(通入)		*	*	*				*				*	

第 二 表

攝 ＼ 聲母·等·呼	合（三四）							二		一		
	見系	日母	知章組	莊組	精組	泥組	幫系	見系	幫系莊組	見系	端系	幫系
果	ye				*			ua	*	o	o	o
遇	y	u	u	u	y	y	u	*	*	u	u	u
蟹	uei	*	uei	*	uei	*	ei	uai, ua	*	uei, uai	ei; uei[1]	ei
止	uei	*	uei	uai	uei	ei	i, ei; uei	*	*	*	*	
（效）				*				*	*	*	*	
（流）			*	*				*	*	*	*	
咸			*				an	*	*	*	*	an
山	yen	uan	uan	*	yen	ien	an; uan	uan	*	uan	an; uan[1]	an
宕	uaŋ			*			aŋ; uaŋ	*	*	uaŋ	*	aŋ

攝　列	合（一等）			合（二等）			合（三四等）						
聲母	幫系	端系	見系	幫系	莊組	見系	幫系	泥組	精組	莊組	知組/章	日母	見系
（深）	ue	ue	uen	*	*	*	uen;ue	ue	ueʮ	*	uen	ue	yan
臻	fio	fio	fio	*	*	fio;uen	fio	fio	fio	fio	fio	fio	fio·iuoi/yan
曾	o	o	o	*	*	ua	a	ɣ	ye	*	o	o	ye
梗	o	o	o	o	*	ua	a;ua	y	y	o	o	o	*
通	u	u	u	*	*	o	o	u	u	u	u	u	u
咸入	n	*	n	*	*	n	n	y	y	*	n	*	y
山入	n	n	o	*	*	o	o	y	y	*	n	y	ye
岩入	n	*	*	*	*	*	*	*	*	*	o	*	*
（深入）	u	u	u	*	*	u	u	u	u	u	u	u	u
臻入	n	n	n	*	*	*	n	u	u	u	u	u	u
曾入	u	u	u	*	*	u	u	u	u	u	u	u	u
梗入	y	y	y	*	*	y	y	y	y	*	y	y	y
通入	u	u	u	*	*	u	u	u	u	u	u	u	y

3. 聲調

古類 / 影響條件 / 今值今類		陰平	陽平	上	去
平	清	˥			
	濁		ˊ		
上	清			ˇ	
	次濁			ˇ	
	全濁				ˊ
去	清				ˊ
	濁				ˊ
入	清		ˊ		
	次濁		ˊ		
	全濁		ˊ		

附注：

韵母：—

(1)蟹與山舒合口一等端系字，端泥兩組讀開，精組讀合。

E. 同音字表

今調	陰平˥	陽平˦	上˨	去˦
今韵	ï;ɚ（○後）			
廣韵	祭‖脂;之;支‖緝‖質‖職‖昔（均開口）			
p pʻ m f				
t tʻ n				
ts	之;知	執‖姪，質‖直值植，殖禪‖擲	子	自，致，至;字，痔，志;翅審
tsʻ		遲‖秩澄入‖赤	恥;此	次;刺，賜心
s	師;思;斯，施	時‖十‖實‖食蝕‖石	死，矢;使，始	世‖四，示;伺，似，士、事，試，市;是‖式飾入
ʐ				
tɕ tɕʻ ɕ				
k kʻ x				
○		而‖日	爾	貳二

今調	陰平ㄱ	陽平ㄥ	上ㄥ	去ㄥ
今韻	i			
廣韻	祭;齊‖脂;之;支;微‖緝‖質;迄‖職‖昔;陌三;錫			
p		鼻去‖必,弼‖逼;碧;壁	比;彼	敝
p'		僻,闢並入	鄙痞幫	
m		祕泌幫去	米	
f				
t		的,笛	底	帝,第‖地
t'		堤提		
n		梨;離‖立‖栗‖力‖歷	禮‖你,李里裏理	例;麗隸
tɕ		繼去‖緝清,集楫,急,及‖吉‖極‖積;激	己	祭;計 繋‖寄;季合
tɕ'	妻,棲心,溪‖期羣	齊‖其;奇‖七;乞,迄曉‖戚,喫	起	器;技妓羣;氣
ɕ	西,奚分匣;攜匣合‖希	吸‖恤衛‖息‖席	洗‖璽徙支心	系‖戲
○	衣依	夷;疑;宜;移;遺合‖噎屑‖邑挹‖一,逸‖憶亦;逆	裏來,已以,矣	藝‖義議

今調	陰平 ˥	陽平 ˧	上 ˥	去 ˧
今韵	u			
廣韵	模;魚;虞‖尤‖緝‖沒;術;物‖屋;沃;燭			
p		不		步
p‘		勃並入‖卜幫入,撲,僕曝瀑並入	譜幫,普	
m		木;目		
f		服	府,腐去	附‖婦負
t	都	讀;篤	賭肚	杜
t‘		圖‖突‖禿		
n		奴‖鹿;陸;綠	努	路
ts	猪,諸	卒‖竹;足,燭囑,觸穿	主	著,助;注
ts‘	初	除,鋤‖出‖族從入;促	楚	處
s	書;殊禪	肅,縮,熟;續,屬	暑鼠	素;數,樹
z̠		如;儒‖入‖辱		
k	姑孤	骨		故
k‘		哭;酷		
x	呼,乎匣	狐‖忽	虎	戶
○	烏	吾;無‖物‖握覺‖屋	五;武	務‖戊侯明

今調	陰平 ˥	陽平 ˩	上 ˥	去 ˩
今韵	y			
廣韵	魚;虞‖術;物‖職;昔‖屋三;燭(均合口)			
t t‘ n		律	女,呂‖履脂開	
tɕ tɕ‘ ɕ	拘俱 樞穿,區 虛;須‖壻齊開去	橘‖菊;局 屈‖曲 徐‖戍‖畜	許	巨;娶清,聚,句 <u>去</u> 序‖遂脂合
○		魚,於影,餘余、與上;愚,于‖鬱‖域‖疫役‖育;欲	羽	遇‖玉入

今韵	a			
廣韵	麻二‖合;盍;洽;乏‖曷;鎋;黠;月			
p p‘ m f	巴 [媽] 	八,拔 法‖髮	把 馬 	
t t‘ n	 他歌 拉入	答搭‖達 踏;塔 拿‖納;臘‖辣	打庚 [哪]	大泰 [那]
ts ts‘ s	 沙	雜‖札 插‖察 撒;殺		 詫
k k‘ x	<u>家</u> 			 <u>下</u>

今調	陰平˥	陽平˧	上˨	去˦
今韵	ia			
廣韵	麻二‖佳‖洽;狎‖鎋(均開口)			
tɕ tɕʻ ɕ	家‖佳	甲 恰 霞‖挾;匣‖瞎	假₁(真ㄌ)賈	假₂(放ㄌ)架 下
○	鴉	牙‖鴨		

今韵	ua			
廣韵	麻二‖佳;夬‖鎋;黠(均合口)			
ts tsʻ s		刷		
k kʻ x	瓜 花	刮 滑		掛 化‖畫;話
○	蛙	挖	瓦	

今調	陰平˥	陽平˩	上˥	去˩
今韵	o			
廣韵	歌;戈一‖合;盍‖曷;末;薛‖鐸;覺;藥‖德‖麥			
p	波,玻滂	剥;縛奉		
p'	坡	婆	剖侯	
m		末‖莫	麼(ı事)	
f				
t	多		［躲］	舵
t'		脱‖託	妥	
n		羅;騾‖洛		
ts		綴,拙‖作,昨;桌,捉;酌	左	做;坐
ts'				
s		説	所魚	
ʐ		若		
k	歌;鍋	鴿‖割;各;郭‖國	果	個;過
k'		闊		
x		何‖合;盍‖喝;活;鶴;霍‖或‖獲		禍
○	窩	鵝‖惡‖沃沃	我	

今調	陰平 ˥	陽平 ˩	上 ˥	去 ˩
今韵	io			
廣韵	覺;藥			
t tʻ n		略		
tɕ tɕʻ ɕ		覺;脚 確;雀精 學;削		
○		虐,約		

今調	陰平 ˥	陽平 ˩	上 ˥	去 ˥
今韵		ɤ		
廣韵		麻三‖葉‖薛‖緝‖櫛‖德;職‖陌二;麥		
p		北‖百,白		
pʻ		泊並鐸‖迫幫入,拍		
m		麥		
f				
t		德得		
tʻ		忒,特定入		
n		劣‖勒		
ts		則‖責		［這］
tsʻ		徹,澈澄入‖側照入,測‖澤宅擇澄入	扯(本作撦)	
s		蛇‖涉‖澀‖舌,設‖瑟‖色		
ʐ		熱	惹	
k		格;革		
kʻ		刻‖客		
x		黑‖赫		
○		厄		

今調	陰平 ㄱ	陽平 ㄱ	上 ㄱ	去 ㄱ
今韵	ie			
廣韵	麻三‖葉;業;帖‖薛;月;屑(均開口)			
p p' m f		撇 滅		癟入
t t' n	爹	帖‖鐵 聶‖列;枲		
tɕ tɕ' ɕ	些	接;劫‖傑;竭;節;結 切 邪‖脅;協‖歇	姐 寫	謝
○		葉;業‖孽	也野	夜

今韵	ye		
廣韵	戈三‖薛;月;屑(均合口)		
tɕ tɕ' ɕ	靴	絶;決 茄開;瘸‖缺 薛開;穴	
○		閱;月,越曰	

今調	陰平˥	陽平˧		上˨	去˥
今韵	ai				
廣韵	咍;泰;皆;佳;夬(均開口)				
p pʻ m f		埋		買	拜;敗 派
t tʻ n		來		乃;奶	待、代;帶 泰 賴
ts tsʻ s	齋	才;柴			再,在;寨 菜;蔡
k kʻ x	該;皆 開	孩;偕見,諧;鞋‖還(┤是)刪合		改;解 蟹	蓋;介界戒,械匣 概見,慨 亥;害
○	哀			矮	愛;艾

今調	陰平 ㄱ	陽平 ㄥ	上 ㄟ	去 ㄥ
今韵	uai			
廣韵	泰;皆;佳;夬‖脂;支(均合口)			
ts tsʻ s			揣	帥
k kʻ x	懷		塊去	怪 快
○				外

今韵	ei			
廣韵	灰;泰;廢‖脂;支;微			
p pʻ m f	卑;悲;碑 丕;披 飛	梅‖[没] 肥		廢,肺
t tʻ n				對;兑 内‖類;累;彙喻
k kʻ x			給緝	
○				

今調	陰平˥	陽平˩˧	上˦˨	去˧˥
今韵	uei			
廣韵	灰;泰;祭;齊‖脂;支;微(均合口)			
ts	追,錐			罪;最
ts'		垂		脆‖悴從,粹心
s		隨		歲税‖睡瑞
k	龜;歸			桂
k'				
x	灰	回	毁	會;惠;彗喻‖諱
○	威	維惟;危,爲(作|);微,圍	委;尾	衛‖位;爲(因|);未,畏

今調	陰平˥	陽平˩	上˥	去˩
今韵	au			
廣韵	豪;肴;宵			
p p' m f	包		保 跑並平	報 貌
t t' n		桃 牢	到(站丨)去 老	到 鬧
ts ts' s	昭		〔找〕 草;炒 掃	趙,照 糙造 紹
ʐ		饒		
k k' x	高	 毫	稿;攬 好	告
○				奧

今調	陰平˥	陽平˩	上˥	去˥
今韵	iau			
廣韵	肴;宵;蕭			
p p' m f		苗貓	表	
t t' n	釣去	條 燎;聊	了	吊 跳
tɕ tɕ' ɕ	敲 消;蕭	喬 淆餚	巧 小;曉	叫 孝,効校
○	妖	堯	咬;舀	要

今調	陰平 ˥	陽平 ˩	上 ˧	去 ˥
今韵	əu			
廣韵	侯;尤			
p pʻ m f		謀	某畝 否	
t tʻ n		頭 樓	斗	鬥,荳 漏
ts tsʻ s	周	愁	走 丑	做模‖奏 獸
ʐ		柔		
k kʻ x		侯	狗	够 候後
○	歐		偶	

今調	陰平 ˥	陽平 ˦	上 ˅	去 ˦
今韵	iəu			
廣韵	尤；幽			
p pʻ m f				謬
t tʻ n	［丟］		紐	
tɕ tɕʻ ɕ	糾上 秋 休	囚，求	酒	就，舅 就從
○		牛，由猶，尤	有	又；幼

今調	陰平 ˥	陽平 ˩	上 ˥	去 ˩
今韵	an			
廣韵	覃;談;咸;銜;鹽;凡‖寒;山;刪;仙;桓;元			
p p‘ m f		蠻 凡	板 反	扮;辦;半 盼;判,叛並 慢 范
t t‘ n	端 貪	罎;談 南;藍‖難	短	旦 歎 亂
ts ts‘ s	沾 餐 三;衫‖山	蠶 蟬	斬‖展 慘‖剷,產審 陝	暫;站‖棧 扇
ʐ		然		
k k‘ x	干	含‖寒;閑	感;敢	看 陷‖漢
○	安			暗

今調	陰平ㄱ	陽平ㄣ	上ㄥ	去ㄟ
今韵	uan			
廣韵	桓;山;删;仙;元			
ts	專			
ts'		船		
s	删開;閂			算
z̩		然	染‖軟;阮疑	
k	官觀;鰥			貫;慣
k'			皖匣	
x	歡		緩匣	唤、换
○	彎	完丸匣(彈|)	碗;晚	萬

今韵	ien			
廣韵	咸;銜;鹽;嚴;添‖山;删;仙;元;先			
p	邊		貶	辨、便;辮
p'				徧幫,片
m				面
f				
t			點‖典	店
t'	天	田		
n		廉‖連聯;年		驗;念‖戀
tɕ	監‖間;堅		減‖剪;繭	漸‖諫;件;建;見
tɕ'	謙‖千	鉗‖錢		
ɕ	先	鹹;銜;嫌‖賢	險	限;憲;現;縣合
○	研疑平,煙	嚴‖延;言;沿鉛合	眼;演	厭‖晏;硯

今調	陰平ㄱ	陽平ㄥ	上ㄥ	去ㄟ
今韵	yen			
廣韵	仙;元;先(均合口)			
tç				倦
tç'		全		
ç	仙鮮開;軒掀開;宣;暄	弦開;玄懸	癬開	
○		元原,園	遠	院

今韵	ən			
廣韵	侵‖痕;臻;真;魂;諄;文‖登;蒸‖庚;耕;清			
p	崩			
p'		彭		
m		門		
f	分			奮
t			等	頓‖凳
t'	吞			
n		倫‖能	冷	論
ts	臻‖增;徵‖争;貞偵徹		[怎]	鄭,政正
ts'	撐	沉‖陳,臣;存‖成誠		
s	森,深‖身申‖生	晨‖繩	審	盛
z̩		壬‖人‖仍	忍	閏合‖認
k	跟‖耕		亘去	更
k'			墾‖肯	
x		恒	很	恨‖杏
○	恩			硬

今調	陰平 ┐	陽平 ✓	上 ✓	去 ✓
今韵	uən			
廣韵	魂;諄;文‖庚二(均合口)			
ts				
ts'	椿,春			
s		唇,純		
k				
k'	坤			
x	昏	横		
○	温	聞	穩	問

今韵	in			
廣韵	侵‖真;欣‖蒸‖庚;耕;清;青(均開口)			
p	兵		稟	並
p'		貧‖平;瓶	品	
m		民‖名;明	敏	命
f				
t	丁		頂	定
t'	聽₁(‖見)			聽₂(‖從)
n		林‖鄰‖陵‖靈		令
tɕ	侵清,今‖津,巾;斤‖京荊,經		儘	進晉;近‖靜,勁
tɕ'	欽‖輕	秦		
ɕ	心‖新;星腥	行;形	醒	信‖幸;性
○	音‖因‖鶯;英	銀‖盈	隱	印‖應

今調	陰平 ˥	陽平 ˊ	上 ˇ	去 ˋ
今韵	yən			
廣韵	諄;文‖清;庚三;青(均開口)			
tɕ	均			
tɕʻ	傾、頃上	羣‖瓊		
ɕ	勳	尋侵‖旬	迥匣	
○		雲‖營;榮;螢匣	允尹‖永	運‖孕蒸開

今韵	aŋ			
廣韵	唐;江;陽			
p	邦			
pʻ		旁螃		
m		忙		
f	方	房防		放
t	當			蕩
tʻ				
n		郎	朗	
ts	張		長	
tsʻ	倉			
s	桑;商	常		尚上
ʐ				讓
k	剛綱			
kʻ				
x		行		項、巷

今調	陰平˥	陽平ˊ	上ˇ	去ˋ
今韵	ian			
廣韵	江;陽(均開口)			
t t' n		娘	兩	
tɕ tɕ' ɕ	江 香鄉	 詳祥	講 搶 響	 像邪 像象
○			仰	樣

今韵	uaŋ			
廣韵	江;陽;唐			
ts ts' s	椿;莊 窗;瘡	 牀		撞
k k' x	光 荒	 狂 黃		 曠;況曉
○	汪	王	往	旺

今調	陰平 ˥	陽平 ˧	上 ˩	去 ˥
今韵	oŋ			
廣韵	登‖庚;耕‖東;冬;鍾			
p				
pʻ		朋		
m		萌		孟‖夢
f	風;封			奉
t	東			動、洞
tʻ	通	同	桶;統去	
n		農;隆;龍	攏	弄
ts	中;鍾		總	衆
tsʻ	充	崇	寵	
s	鬆;嵩;松			送;宋;誦
ʐ		絨		
k	公功;弓;恭			共
kʻ	空		恐	
x		弘‖宏‖紅		
○	翁			

今韵	ioŋ			
廣韵	庚三‖東三‖鍾（均合口）			
tɕ				
tɕʻ		窮		
ɕ	兄‖胸	熊雄喻		
○		融		用

F. 音韵特點

1. 聲母

(1)無ts,tʂ之分,精組洪音與知系(除日母)都讀ts等,如'奏'tsəu,'愁'ts'əu,'獸'səu,'趙'tsau。

(2)不分尖團,精組細音與見系細音混,都讀tɕ等,如'七'='乞'tɕ'i,'絕'='決'tɕye。

(3)見系二等開口音在蟹攝與梗攝入聲中不顎化,如'矮'ai,'革'kɤ;其他不定,如'減'tɕien,'陷'xan,'硬'ən,'幸'ɕin。

(4)泥來兩母洪細音全混,如'奴'='鹿'nu,'年'='連'nien。

(5)疑影兩母開口洪音全失聲母,如'艾'ai,'歐'əu。

(6)疑母三四等開口音失聲母,與泥不混,如'硯'ien≠'念'nien。

2. 開合

(1)蟹攝跟山攝舒聲一等合口韵的端系字,端泥兩組讀開,如'對'tei,'亂'nan;精組讀合,如'最'tsuei,'算'suan。

(2)各攝的精組三四等合口字都保持合口,如'序'ɕy,'歲'suei,'全'tɕ'yen,'戌'ɕy,'足'tsu。

(3)來母三四等合口字除遇通及臻入都讀開,如'累'nei,'戀'nien,'倫'nən,'劣'nɤ。

3. 韵母

(1)模韵端系與魚虞兩韵的莊組字讀u,不與流攝字(əu)混,如'杜'tu,'路'nu,'素'su,'初'ts'u。(入聲沒,屋,沃,燭諸韵同。)

(2)魚虞兩韵的知見系字不混,如'鼠'su≠'許'ɕy,'儒'ʐu≠'魚'y。(入聲術韵同。)

(3)蟹攝一三等合口的幫組端系與止攝合口的端系字都讀ei,如'倍'pei,'兌'tei,'歲'suei,'類'nei。

(4)山咸兩攝舒聲的主要元音在介聲i,y後變e,如'點'tien,'倦'tɕyen。

(5)山入合口知系字讀o(開口ɤ),如‘拙’tso,‘説’so。

(6)深臻曾梗舒聲全收n尾,如‘沉’tsʻən;‘臣’tsʻən;‘陵’nin;‘靈’nin。

(7)德麥兩韵合口見系字讀o(開口ɤ),如‘國’ko,‘獲’xo。

(8)通三入見系字全讀y,如‘菊’tɕy,‘畜’ɕy,‘欲’y。

4. 聲調

(1)不分陰陽去,如‘士’sïᵓ =‘四’sïᵓ =‘事’sïᵓ 。

(2)入聲全歸陽平,如‘七’ ꜁tɕʻi=‘齊’ ꜁tɕʻi。

G. 故事

iəu˧˩ i˩˧ koǀ· pau˧ in˧ ny˧˩ ɕy˥ aǀ·, tʻa˥ iəu˧˩ i˩˧ tʻien˥ iau˧ tɕʻy˧

有 一 個 報 應 女 壻 阿, 他 有 一 天 要 去

tsʻu˩˧ kʻɤ˧ tɕʻi˧ tɕiəu˧˩ kʻɤ˧, tʻa˥ tiǀ· tɕʻi˥ tsïǀ· aǀ· tɕiəu˧ kən˥ tʻa˥

出 去 喫 酒 去, 他 的 妻 子 阿 就 跟 他

so˩˧, tʻa˥ so˩˧: “ni˧˩ tɕʻi˩˧ tɕiəu˧˩, ni˧˩ tai˧ zən˩˧ tɕia˥ na˧ niǀ· tso˧

説, 他 説: “你 喫 酒, 你 待 人 家 那 裏 做

kʻɤ˩˧ aǀ·, o˧˩ tsai˧ na˧ koǀ· niǀ· tʻəuǀ· kʻan˧ tauǀ· ni˧˩, ni˧˩ pu˩˧ iau˧

客 阿, 我 在 那 個 裏 頭 看 到 你, 你 不 要

tsai˧ tɕia˥ niǀ· i˩˧ iaŋ˧ tiǀ· suei˩˧ pien˧ tiǀ· tɕʻi˩˧ aǀ·。o˧˩—— noŋ˧ koǀ·

在 家 裏 一 樣 的 隨 便 的 喫 阿。我—— 弄 個

sən˩˧ tsïǀ· pa˧˩ ni˧˩ xəu˧ tʻəuǀ· i˥ saŋ˥ i˩˧ xa˧ tɕi˧ tau˧, o˧˩ tɕiau˧ ni˧˩

繩 子 把 你 後 頭 衣 裳 一 下 繫 到, 我 叫 你

tɕʻi˩˧, o˧˩ tɕiəu˧ tsʻɤ˧˩ ni˧˩ i˩˧ xaǀ·, ni˧˩ tɕiəu˧ tɕʻi˩˧, o˧˩ pu˩˧ tsʻɤ˧˩ ni˧˩

喫, 我 就 扯 你 一 下, 你 就 喫, 我 不 扯 你

tɕiəu˧ mo˩˧ tɕʻi˩˧ aǀ·! in˥ uei˧ na˧ xən˧˩ to˥ kʻɤ˩˧ aǀ·, ni˧˩ iau˧ sï˧

就 莫 喫 阿! 因 爲 那 很 多 客 阿, 你 要 是

nau˧ tɤǀ· man˩˧ uai˧ xaŋ˩˧ niǀ·, sï˧ pu˩˧ xau˧˩ tiǀ·。” “xau˧˩!”

鬧 得 蠻 外 行 呢, 是 不 好 的。” “好!”

naˍ koˈ˙ pauˍ inˍ nyˇ çy˥ niˈ˙, t'a˥ tɕiəuˍ tɕ'iˍ tɕiəuˍ k'ɤˍ nəˈ˙,
那 個 報 應 女 壻 呢， 他 就 喫 酒 去 了，

t'a˥ tɕ'iˍ ts'u˥ niˈ˙, t'a˥ tsʾɤˍ iˍ xaˍ t'a˥ tɕ'iˍ iˍ xaˍ。 moˍ xəuˍ t'a˥
他 起 初 呢， 他 扯 一 下 他 喫 一 下。 末 後 他

mənˈ˙ tsɤˍ koˈ˙ ts'aiˍ aˈ˙ tɕ'iˍ nəˈ˙ xauˇ çieˈ˙ kuˍ t'əuˈ˙, tiəu˥ nəˈ˙ tiˍ
們 這 個 菜 阿 喫 了 好 些 骨 頭， 丟 了 地

çiaˍ, tiəu˥ nəˈ˙ tiˍ çiaˍ aˈ˙, naiˍ niauˇ çieˈ˙ kəuˇ tsïˍ, naˍ kəuˇ
下， 丟 了 地 下 阿， 來 了 些 狗 子， 那 狗

tsïˈ˙ taˇ tɕiaˍ, kəuˇ tsïˈ˙ iˍ taˇ tɕiaˍ aˈ˙, tɕiəuˍ paˍ naˍ koˈ˙ sənˍ
子 打 架， 狗 子 一 打 架 阿， 就 把 那 個 繩

tsïˈ˙ tɕiəuˍ iˍ p'anˍ tsoŋˍ nəˈ˙, naˍ sənˍ tsïˈ˙ taŋˍ ʐanˍ sïˍ kənˍ tsuˈ˙
子 就 一 絆 中 了， 那 繩 子 當 然 是 跟 着

naˍ koˈ˙ kəuˇ tsïˈ˙ toŋˍ aˈ˙, naˍ koˈ˙ pauˍ inˍ nyˇ çy˥ t'a˥ nienˍ
那 個 狗 子 動 阿， 那 個 報 應 女 壻 他 連

tɕ'iˍ sïˍ tɕ'iˍ, paˇ naˍ koˈ˙ tsoˍ saŋˍ tiˈ˙ toŋˍ çi˥ təuˍ tɕ'iaŋˍ kuaŋ˥
喫 是 喫， 把 那 個 桌 上 的 東 西 都 搶 光

nəˈ˙。 tɕieˍ koˇ t'a˥ xa(i)ˍ sïˍ tiəu˥ mienˍ tsïˈ˙ nəˈ˙。
了。 結 果 他 還 是 丟 面 子 了。

一四. 長陽(都鎮灣)

A. 發音人履歷

發音人	14
年齡	18 歲
原籍	長陽都鎮灣
職業	學生
教育程度	師範一年
幼時語言環境	在本鄉讀書
教師方言	本地話
住過的地方	宜昌三年,宜都若干時
曾否學國語	未
能否說別處話	不能

二十五年五月十八日吳宗濟記音

B. 聲韵調表

1. 聲母

p	半拔	p'	片婆	m	馬	f	分
t	答大	t'	貪桃	n	乃漏呂聶		
ts	早棧趙	ts'	從插充			s	三生石
tɕ	結絕	tɕ'	羣戚			ɕ	宣曉
k	幹共	k'	看狂			x	害懷
○	窩柔牛未遠						

2. 韵母

ï	子姪；ɚ 爾	a	巴納沙下	o	剝妥坐活	ɤ	白勒蛇隔
i	比帝集	ia	佳瞎	io	略雀	ie	滅爹謝竭
u	步禿卒虎	ua	刷畫				
y	女菊					ye	靴缺

ai	敗乃蔡介	ei	倍飛	au	貌桃趙好	ou	畝斗愁侯
				iau	表聊孝	iou	謬丟舅
uai	帥怪	uei	對追桂				

an	班貪扇敢			ən	分等森更		
		ien	邊店先			in	命丁新音
uan	短專換			uən	春溫		
		yen	全遠			yin	軍傾

aŋ	旁蕩張巷	uŋ	孟洞中弘
iaŋ	糧江	iuŋ	兄融
uaŋ	窗狂		

3. 聲調

陰平	陽平	上	去
˥	˧˥	˩˩˦	˥˩
丁	牀七食	草買	市愛害

C. 聲韵調描寫

1. 聲母

長陽聲母，今按音位定爲十七個；更依發音部位分爲 p,t,ts,tɕ,k,○ 六組。

p組 p,pʻ,m,f 四母讀法同國音。

t組 t,tʻ,n。n 是個變值音位，多數時候讀 n，間或讀 l。

ts組有 ts,tsʻ,s 三母部位偏前，舌尖差不多抵到上齦與齒之間。

tɕ組 tɕ,tɕʻ,ɕ 三母在開口韵前讀普通的舌面前音，在合口韵前讀舌尖面混合音。

k組 k,kʻ,x 三母讀法同國音。

○逢開口洪音讀喉閉塞ʔ或純元音不定，其他爲高元音 i,u,y。

2. 韵母

ï 僅有舌尖前音 ɿ 一值。

i 在 p,t 兩組聲母前讀得較鬆；在 tɕ 組後或無聲母時讀得較緊，有時竟讀成 ji。

u 讀法同國音，遇無聲母時，前面往往加上一個唇齒輕接的 ʋ。

y 有兩個讀法，有時讀成帶舌尖成分的 y，有時讀成 yi。

a,ia,ua。a 部位平均，在 i 後略偏前。

o,io。o 時有分化爲 uo 的傾向，io 的 i 受影響而唇變圓，可是不到 y 的程度。

ɤ 相當於 o 的開唇。

ie，ye。e近標準元音e。

ai，uai。ai的"動程"較長，約自a至ɪ。

ei，uei。ei只與p組聲母配，uei兼有t，ts，k各組字。e都是較短的。

au，iau。au讀法與國音同。

ou，iou。o的部位略偏央，在iou中它又變得很短，音很近iu。

an，uan。a是前a。

ien，yen。e是開ɛ。

ən，uən。ə是部位偏前的央元音，音色介乎ə與ɛ之間。

in，yin。i都是開ɪ，在yin中，y是主要元音，i只是y與n之間的過渡音。

aŋ，iaŋ，uaŋ。a同a，ia，ua韵的a。

uŋ，iuŋ。u比標準元音u略開。iuŋ的i受u的影響而有變y的傾向。

3. 聲調

陰平由"半高"升至"高"(45)，寬式用高平調號(˥ 55)。

陽平是低升調(˩˧ 13)。

上聲由"中"降至"半低"(32)，寬式用中降調號(˦˨ 42)。

去聲由"半低"升至"高"(25)，寬式用高升調號(˧˥ 35)。

D. 與古音比較

1. 聲母

古聲母及影響條件	古母分讀	全清塞	次清塞	全濁塞 平	全濁塞 仄	次濁	清擦	濁擦 平	濁擦 仄
幫組	幫組	幫:p	滂:pʻ	並:pʻ	並:p	明:m			
幫組	非組					微:u	非)敷) f	奉:f	奉:f
端泥	一二等 / 三四等	端:t	透:tʻ	定:tʻ	定:t	泥:n 來:n			
精組	洪	精:ts	清:tsʻ	從:tsʻ	從:ts		心:s	邪:s	邪:s
精組	細	精:tɕ	清:tɕʻ				心:ɕ	邪:ɕ	邪:ɕ
莊組	內轉 / 外轉	莊(照二):ts	初(穿二):tsʻ	崇(牀二):tsʻ	崇(牀二):ts;s		生(審二):s	崇:s	
知組	梗二等韻其他 / 今開合	知:ts	徹:tsʻ	澄:tsʻ	澄:ts				
章組	今開合 / 今開合	章(照三):ts	昌(穿三):tsʻ	船(牀三):tsʻ,s	船(牀三):ts		書(審三):s	禪:ɕ	禪:s
章組								禪:tsʻ,s	禪:s

古聲母組及影響條件	開/合	等·條件	見組曉 全清塞（見）	次清塞（溪）	全濁塞 平（羣）	全濁塞 反（羣）	次濁（疑）	清擦（曉）	濁擦 平（匣）	濁擦 反（匣）
見組曉	開	一等	k	kʻ	tɕʻ	tɕ	○	x		x
		二等	k、tɕ	kʻ、tɕʻ	*	*	○、i	x、ɕ		x、ɕ
		三四等	tɕ	tɕʻ	kʻ	k	i	ɕ		ɕ
	合	一二等	k	kʻ	kʻ	k	u；○	x		x
		蟹止咼	k	kʻ	tɕʻ	tɕ	u	x		x
		通舒·其他 三四等	k	kʻ			ʔ	ɕ		*
		其他	tɕ	tɕʻ			y	ɕ		ɕ

古聲母組及影響條件	開/合	等·條件	影組 全清塞（影）	次濁（喻）
影組	開	一等	○	喻：i
		二等	○、i	
		三四等	i	
	合	一二等	u；○	*
		蟹止咼	u	u
		通舒·其他 三四等	i	i
		其他	y	y

古母分讀·發音方法及影響條件	條件	次濁（日母）
日母	止 今開	○
	其他 今合	○
	今合	u

2. 韵母

第 一 表

開

攝\聲母	見系(三四)	日母	知組章(三四)	莊組	端系(三四)	幫系(三四)	見系(二)	知組莊(二)	泥組(二)	幫系(二)	見系(一)	端系(一)	幫系(一)
果	ie	ɤ	ɤ	*	ie	*	a,ia	a	a	a	o	o	*
(遇)				*				*				*	
蟹	i	*	ï	*	i	i	ai,ia	ai	ai	ai	ai	ai	*
止	i	ɚ	ï	ï	i;ï	i,ei		*				*	
效	iau	au	au	*	iau	iau	au,iau	au	au	au	au	au	au
流	iou	ou	ou	ou	iou	ou,u,iou		*			ou	ou	ou
咸	ien	uan	an	*	ien	ien	an,ien	an	*	an	an	an	*
山	ien	an	an	*	ien	ien	an,ien	an	*	an	an	an	*
宕	iaŋ	aŋ	aŋ	uaŋ	iaŋ	*	aŋ,iaŋ	uaŋ		aŋ	aŋ	aŋ	aŋ

攝列	開 三四等						開 二等				開 一等		
	見系	日母	知章組	莊組	端系	幫系	見系	知莊組	泥組	幫系	見系	端系	幫系
深	in	ue	ue	ue	in	in		*				*	
臻	in	ue	ue	ue	in	in		*			ue	ue	*
曾	in	ue	ue	*	in	in		*	ue		ue	ue	ue、in
梗	in	*	ue	*	in	in	ue、in	ue	ue	ue、in		*	
(通)				*				*	*				
咸入	ie	*	ɤ	*	ie	*	ia	a		a	o	a	*
山入	ie	ɤ	ɤ	*	ie	ie	ia	a	*		o	a	*
宕入	io	o	o	*	io	*	o、io	o	*	o	o	o	o
深入	i	u	i	ɤ	i	*		*				*	
臻入	i	e	i	ɤ	i	i		ɤ	*		ɤ	ɤ	ɤ
曾入	i	*	i	ɤ	i	i		ɤ	*		ɤ	ɤ	
梗入	i	*	i	*	i	i	ɤ	ɤ	*	ɤ	ɤ	*	
(通入)				*		i		*					

第 二 表

呼：合（合口）

攝 ＼ 等・聲母	一等 幫系	一等 端系	一等 見系	二等 幫系莊組	二等 見系	三等 幫系	三等 泥組	三等 精組	三等 莊組	三（四）等 知章組	三等 日母	四等 見系
果	o	o	o	*	ua			*	*			ye
遇	u	u	u			u	y	y	u	u	u	y
蟹	ei	uei	uei,uai	*	uai,ua	ei	*	uei	*	uei	u	uei
止		*				i,ei;uei	uei	uei	uai	uei	*	uei
（效）		*		*					*		*	
（流）		*		*					*			
咸	an	uan	uan	*		an	ien	yen	*			
山	an	uan	uan	*	uan	an;uan	ien	yen	*	uan	uan	yen
宕	*	*	uaŋ	*	uaŋ	aŋ;uaŋ			*	uan	uan	uaŋ

呼	合												
等	三四							二			一		
聲母	見系	日母	知章組	莊組	精組	泥組	幫系	見系	莊組	幫系	見系	端系	幫系
攝＼列													
(深)	yin	ue	ue／uen	*	yin	ue	ue		*	*	uen	*	ue
臻	yin, iun	ŋ	ŋ	*	*	ŋ	ŋ	ŋ／uen	*	*	ŋ	ue	ŋ
曾		ŋ		*					*	*	ŋ	*	
梗		ŋ		ŋ	ŋ	ŋ	ŋ				ŋ	ŋ	ŋ
通	uŋ, iuŋ	ŋ	o	*		ɤ	a	ua	*	o	o	o	o
咸入	ye	*	o	*	ye	i	a; ua	o	ua	*	o	*	o
山入		*	*	*	y		o	o	*	*	n	o	n
宕入			*	*		i	n		*			*	
(深入)									*	o	n	*	
臻入	i	*	n	*	*	i	n		*		o	n	n
曾入	i	*	u	u	*	*	u		*			*	
梗入	i		u	u	*	*	u		*	*		*	
通入	y	u	u	u	u	u	u		*		u	u	u

3. 聲調

古類＼今類（今值條件·影響）		陰平	陽平	上	去
平	清	ㄱ			
平	濁		╱		
上	清			╲	
上	次濁			╲	
上	全濁				╱
去	清				╱
去	濁				╱
入	清		╱		
入	次濁		╱		
入	全濁		╱		

E. 同音字表

今調	陰平 ˥	陽平 ˦	上 ˧	去 ˨
今韵	ï;ɚ(〇後)			
廣韵	祭‖脂;之;支‖薛‖緝‖質‖職‖麥;昔(均開口)			
p p' m f				
t t' n				
ts	之;知,支‖隻入	置去‖執‖姪,質‖直值植,殖禪‖擲	子	自,致,至;字,痔,志;翅審
ts'		遲	恥;此	滯澄‖次;伺心,刺,賜心‖秩澄入‖赤入
s	師;思,斯,施	時‖十‖實‖食蝕‖石	矢;使,始	世‖四,示;似,士、事,試,市;是‖式飾入
tɕ tɕ' ɕ				
k k' x				
〇		而‖熱日‖厄	爾	貳

今調	陰平 ꜒	陽平 ꜕	上 ꜖	去 ꜒
今韵	i			
廣韵	祭;齊‖脂;之;支;微‖緝‖質;迄;術;物‖職‖陌三;昔;錫			
p p' m f	丕	必‖逼;碧;壁 弼並入‖僻,闢並入 靡上	比;彼 鄙痞幫 米	敝‖臂
t t' n		的,笛 堤提 梨;離‖立;栗;律‖力‖歷	底 禮‖你,李里 裏理	帝,第‖地 例;麗隸
tɕ tɕ' ɕ	妻,棲心,溪‖期羣 西,奚兮匣;攜匣合‖希	繼去‖緝清,集,急,及,吸曉‖吉‖極‖積;激 齊‖其;奇;七;乞,迄曉‖戚,喫 恤合‖息‖席	己,幾 起 洗‖璽徙支心	祭;計‖寄;季 器;技妓羣‖氣 戲
○	衣依	夷;疑;宜,移;遺合‖噎屑‖邑‖一,逸,鬱‖憶;域‖亦;逆;疫役	已以,矣	預魚‖義議

今調	陰平┐	陽平ㄣ	上ㄥ	去ㄱ
今韵		u		
廣韵		模;魚;虞‖尤‖緝‖沒;術;物‖屋;沃;燭		
p		不		步
pʻ		勃並入‖卜幫入, 撲, 僕曝瀑並入	譜幫, 普	
m		木;目		
f		服	府, 腐奉	附‖婦負
t		讀;篤	賭肚	杜
tʻ		圖‖突‖禿		
n		奴‖鹿;六陸;綠	努	怒, 路
ts	猪, 諸	卒‖竹;足, 燭囑;觸穿入	主	著, 助;柱、住
tsʻ	初	除, 鋤‖出‖族從入;促	楚	
s	書;殊禪	肅, 縮, 熟, 續, 屬	暑鼠	素;數, 樹
k	孤	骨		故
kʻ		哭;酷		
x	呼, 乎匣	狐‖忽	虎	戶
○	烏	吾;如;無, 儒‖入‖物‖屋;肉;辱	五;武	務‖戊侯明

今調	陰平 ˥	陽平 ˩	上 ˥	去 ˥
今韵	y			
廣韵	魚;虞‖術;物‖屋三;燭（均合口）			
t t' n			女,吕‖履脂開	
tɕ tɕ' ɕ	拘 樞穿,區 虛;須	橘‖菊;局 屈‖曲 徐‖戌	舉 許	巨;娶清,聚,句 <u>去</u> 序‖系齊開‖遂脂合邪
○		魚,於影,餘余、與上愚,于‖育;欲	羽	遇‖藝祭開‖玉入

今韵	a			
廣韵	麻二‖合;盍;洽;狎;乏‖曷;鎋;黠;月			
p p' m f	巴 ［媽］ 	八,拔 法‖髮	把 馬 	
t t' n	 他歌 拉入	答‖達 搭端入,踏;塔 拿‖納;臘‖辣	打庚 ［哪］	大泰 ［那］
ts ts' s	 沙	雜 插‖察 撒;殺	 剎穿入	乍 詫
k k' x				 <u>下</u>

今調	陰平┐	陽平√	上∨	去┐
今韵		ia		
廣韵		麻二‖佳‖洽;狎‖鎋(均開口)		
tɕ tɕʻ ɕ	家‖佳	甲 恰 霞‖狹;匣‖瞎	假(真ǀ)買	假(放ǀ)價
○	鴉	牙‖鴨		

今韵		ua		
廣韵		麻二‖佳;夬‖鎋;黠(均合口)		
ts tsʻ s		刷		
k kʻ x	瓜	刮 滑		掛 化‖畫;話
○	蛙	挖	瓦	

今調	陰平ㄱ	陽平ㄟ	上ㄟ	去ㄱ
今韵	o			
廣韵	歌;戈一‖合;盍‖曷;末;薛;鐸;覺;藥‖德‖麥			
p p' m f	波,玻滂 坡	剥;縛奉 婆 末‖莫	頗‖剖侯	
t t' n	多	脱‖託 羅;騾‖洛	妥	舵
ts ts' s		拙‖作;桌,捉;酌 説	左 所魚	做;坐
k k' x	歌;鍋 喝入	鴿‖割‖各;<u>角</u>;郭‖國 闊 何‖合;盍‖活‖鶴;霍‖或‖獲	果	個;過 禍
○	窩	鵝‖惡;握;若‖沃沃	我	

今韵	io			
廣韵	覺;藥(均開口)			
t t' n	略			
tɕ tɕ' ɕ	覺;脚 確;雀精入 學;削			
○	虐;約			

今調	陰平 ㄱ	陽平 ㄥ	上 ㄴ	去 ㄱ
今韵		ʌ		
廣韵		麻三‖葉‖薛‖緝‖櫛‖德;職‖陌二;麥		
p p' m f		北‖百,白 泊鐸並‖迫幫入,拍 麥		
t t' n		德得 忒,特定入 劣‖勒		
ts ts' s		則‖責 徹,澈澄入‖側照入,測‖澤宅擇澄入 蛇‖涉‖舌,設‖澀‖瑟‖色		〔這〕
k k' x		格;革 刻 黑‖赫		〔去〕
○			惹	

今調	陰平 ㄱ	陽平 ㄱ	上 ㄥ	去 ㄱ
今韵	ie			
廣韵	麻三‖葉;業;帖‖薛;月;屑（均開口）			
p p' m f		撇 滅		
t t' n	［爹］	帖‖鐵 聶‖列;臬疑		
tɕ tɕ' ɕ	些	接;劫‖傑;竭;節,結	寫	謝
○		爺‖葉;業‖孽	也野	

今韵	ye			
廣韵	戈三;麻三‖薛;月;屑（均合口）			
tɕ tɕ' ɕ	靴	絕;決 茄開;瘸‖切開;缺 邪開‖脅開;協開‖薛開;血,穴		
○		碣開;閱;月,越曰		

今調	陰平ㄱ	陽平ㄟ	上ㄱ	去ㄱ
今韵	ai			
廣韵	咍;泰;皆;佳;夬(均開口)			
p p' m f		埋	買	拜;敗 派
t t' n		來	乃;奶	待、代;帶 泰 賴
ts ts' s	齋	柴		再,在;寨 菜;蔡
k k' x	該;皆 開	孩;鞋‖還(ㄧ是)刪	改;解	蓋;介界 概見,愾;戒見,械匣 亥;害
○	哀		矮	愛;艾

今調	陰平 ˥	陽平 ˩	上 ˘	去 ˥
今韵	uai			
廣韵	泰;皆;佳;夬‖脂;支(均合口)			
ts ts' s			揣	帥
k k' x		懷	塊去	怪 會(｜計)見;快
○	歪曉			外

今韵	ei			
廣韵	灰;泰;廢‖脂;支;微			
p p' m f	卑;悲;碑 披 飛非	梅‖[沒] 肥		倍;貝‖被;備 配,佩並 廢,肺

今調	陰平˥	陽平˩	上˅	去˥
今韵	uei			
廣韵	灰;泰;祭;齊‖脂;支;微(均合口)			
t				對,隊;兌
t‘				
n			屡虞去	内‖類;累
ts	追,錐			罪;最‖綴
ts‘		垂		脆‖悴從,粹心
s		隨		歲,稅‖睡瑞
k	龜;歸			桂
k‘	虧			
x	灰		毀	會;彗喻;惠‖諱
○	威	維惟;危,爲₁(作‖);微,圍	委	銳;衛‖位;爲₂(因‖);未,畏彙

今調	陰平ㄱ	陽平ㄱ	上ㄱ	去ㄱ
今韵	au			
廣韵	豪;肴;宵			
p p' m f	包	袍;跑	保	貌
t t' n		桃 牢	倒	到 鬧
ts ts' s	昭	草;炒 掃	[找]	趙,照 糙造 紹
k k' x	高	毫	稿;攪 好	告
○		饒		奧

今調	陰平ㄱ	陽平ㄟ	上ㄑ	去ㄱ
今韵	iau			
廣韵	肴;宵;蕭			
p p' m f		苗貓	表	
t t' n		條 燎;聊	了	釣吊 跳
tɕ tɕ' ɕ	消;蕭	喬 淆餚	巧 小;曉	叫 孝,効校
○	妖	堯	舀	要

今調	陰平 ㄱ	陽平 ㄟ	上 ㄥ	去 ㄱ
今韵	ou			
廣韵	侯;尤			
p p' m f		謀	某畝 否	
t t' n	都模	頭	斗	鬥 漏
ts ts' s	周	愁	走 丑	做模‖奏 獸
k k' x		侯		後
○	歐	柔	偶	

今調	陰平 ㄱ	陽平 ㄟ	上 ㄟ	去 ㄱ
今韵	iou			
廣韵	尤;幽			
p p' m f				謬
t t' n	［丟］	紐		
tɕ tɕ' ɕ	秋 休	求 囚	久;糾	究,舅
○		牛,由猶,尤	有	幼

今調	陰平ㄱ	陽平ㄣ	上ㄥ	去ㄱ
今韵	an			
廣韵	覃;談;咸;銜;鹽;凡‖寒;山;删;仙;桓;元			
p	班			扮,辦,半
p'				盼;判,叛並
m		［蠻］		慢
f		凡	反	范‖飯
t				擔‖旦
t'	貪	談		歎
n		南;藍‖難		
ts	沾		斬‖展	暫‖棧
ts'	餐		慘‖剗,産審	
s	三;衫‖山	蟬	陝	扇
k	干;艱間		感;敢	幹
k'				看
x		含;鹹;銜‖寒		陷‖漢;限
○	安	然	眼	暗‖岸

今調	陰平˥	陽平˩	上˨	去˥
今韵	uan			
廣韵	鹽‖桓;山;删;仙;元(均合口)			
t			短	
t'				
n			暖	亂
ts	專			篆
ts'		船		
s	删開;閂			算
k	官觀;鰥			貫;慣
k'		皖匣		
x				喚,換
○	彎	完丸匣	染‖碗;軟;阮元疑	萬

今韵	ien			
廣韵	咸;銜;鹽;嚴;添‖山;删;仙;元;先			
p	邊		貶	辨;辮
p'				徧幫,片
m				
f				
t			典	店
t'	天			
n		廉‖連聯;年		念‖戀
tɕ	監‖間		減‖剪;繭	漸‖諫;件;建;見
tɕ'	謙;千	鉗‖錢;前		
ɕ	仙;先	銜‖嫌;閑;賢	險	陷‖限;憲;現;縣合
○	研疑平,煙	言	眼;演	驗

今調	陰平 ˥	陽平 ˊ	上 ˇ	去 ˥
今韵	yen			
廣韵	仙;元;先(均合口)			
tɕ				倦
tɕ'		全		
ç	鮮開;軒掀開;宣;暄	弦開;玄懸	癬;選	
○		嚴嚴‖緣沿鉛;元,園	遠	厭鹽‖硯開;院

今韵	ən			
廣韵	侵‖痕;臻;真;魂;諄;文‖登;蒸‖庚;耕;清			
p	崩			
p'		彭		
m		門		
f	分			奮
t			等	頓
t'	吞			
n		倫‖能	冷	論
ts	臻‖增;徵‖争;貞偵徹		［怎］	鄭,政正
ts'	撐	沉‖陳,臣;存‖成誠		
s	森,深‖身申‖生	晨;唇牀合	審	盛
k	跟‖耕		亘去	更
k'			懇‖肯	
x		恒	很	恨‖杏
○	恩	壬‖人‖仍	忍	認;閏‖硬

今調	陰平 ㄱ	陽平 ㄴ	上 ㄴ	去 ㄱ
今韵	uən			
廣韵	魂;諄;文‖庚二(均合口)			
ts ts' s	椿,春	純‖繩蒸		
k k' x	坤 昏	横		
○	温	聞	穩	問

今韵	in			
廣韵	侵‖真;欣‖蒸‖庚;耕;清;青			
p p' m f	兵	貧‖平;瓶 民‖名	禀 品 敏	並 命
t t' n	丁 聽₁(‖見)	庭 林‖鄰‖陵‖靈	頂	定 聽₂(‖從) 令
tɕ tɕ' ɕ	侵清,今金‖津,巾;斤‖京荆;經 欽‖清,輕 心‖新‖星腥	秦‖情 行;形	請	進晉;近‖静,勁;竟 信‖幸;性
○	音‖因‖鶯;英	銀‖凝‖盈	引;隱;尹合	印‖應

今調	陰平 ㄱ	陽平 ㄱ	上 ㄱ	去 ㄱ
今韵	yin			
廣韵	諄;文‖清;庚三;青(均合口)			
tç	均;軍		迴匣	
tç'	傾,頃上	羣‖瓊		
ç	勳	尋侵‖旬‖形開		杏開
○		雲‖營;榮;螢匣	允‖永	運‖孕蒸

今韵	aŋ			
廣韵	唐;江;陽			
p	邦			
p'		旁		
m		忙		
f	方	房防		
t				蕩
t'				
n		郎	朗	
ts	張		長	
ts'	倉;昌			
s	桑;商	常		尚上
k	剛綱			
k'				
x		行		項、巷
○				讓

今調	陰平 ˥	陽平 ˩	上 ˅	去 ˥
今韵	ian			
廣韵	江;陽(均開口)			
t t' n		娘,糧	兩	
tɕ tɕ' ɕ	江 香鄉	 詳祥	講	像_邪
○		楊	仰	樣

今韵	uaŋ			
廣韵	江;陽;唐			
ts ts' s	椿;莊 窗	 牀	 撞[1] 澄去	
k k' x	光 荒	 狂 黃		 曠;況曉
○	汪	王	往	旺

(1) '撞'疑'搶'之借形,廣韵,"搶,頭搶地",楚兩切,正與長陽讀 ˬts'uaŋ之音相當。'撞'字直絳切,長陽當讀若'狀',不當讀'窗'上聲。

今調	陰平 ˥	陽平 ˩	上 ˩	去 ˥
今韵	uŋ			
廣韵	登‖庚二;耕‖東;冬;鍾			
p				
pʻ		朋		
m		萌		孟‖夢
f	風;封			奉
t	東			洞
tʻ	通	同	桶;統去	
n		農;隆;龍	攏	
ts	中;鐘		總	衆
tsʻ	充	崇;從	寵	
s	鬆;嵩;松			送;宋;誦
k	公功;弓;恭			共
kʻ	空		恐	
x		弘;宏‖紅		
○	翁	絨;茸		

今韵	iuŋ			
廣韵	庚三‖東,鍾(均合口)			
tɕ				
tɕʻ		窮		
ɕ	兄‖胸	熊雄喻		
○		融		用

F. 音韵特點

1. 聲母

(1)tʂ與ts不分,古精組洪音與知系字(除日母)都讀ts等,如'足'='竹'tsu。

(2)不分尖團,古精組與見系的細音都讀tɕ等,如'齊'='其'tɕʻi,'絶'='決'tɕye。

(3)見系二等開口在蟹攝及梗攝入聲不顎化,如'諧'xai,'革'kɤ;其他不定,如'更'kən,'幸'ɕin,'講'tɕiaŋ,'巷'xaŋ。

(4)邪母細音平聲字都讀擦音,如'囚'ɕiou,'詳'ɕiaŋ。

(5)泥來洪細音全混,如'奴'='鹿'nu,'聶'='列'nie。

(6)日母字開合口全失聲母,如'饒'au,'軟'uan。

(7)疑影兩母開口洪音全失聲母,如'我'o,'恩'ən。

(8)疑母三四等開口失聲母,與泥不混,如'嚴'ien≠'年'nien。

2. 開合

(1)臻攝舒聲合口一等端系字讀開,如'頓'tən,'論'nən,'存'tsʻən。

(2)精組三四等古合口仍保持合口,如'徐'ɕy,'全'tɕyen。

(3)來母三四等古合口字除遇攝讀合外,其他全讀開,如'戀'nien,'律'ni。

(4)臻曾梗入聲影組合口字讀開,如'鬱'i,'域'i,'疫'i。

3. 韵母

(1)模韵端系與魚虞莊組字都讀u,不與流攝字混,如'賭'tu≠'斗'tou,'鋤'tsʻu≠'愁'tsʻou。(入聲沒屋沃燭的端系莊組字同。)

(2)魚虞知見系元音不同,如'書'su≠'虛'ɕy。(入聲術韵同。)

(3)蟹一三等合口與止合的端系字全讀ei,如'對'tuei,'歲'suei,'累'nuei。

(4)山咸舒聲元音在i與y後變e,如'貶'pien,'倦'tɕyen。

（5）山入合口知系字讀o（開口ɤ），如'説'so。

（6）深臻曾梗舒聲全收n尾，如'今'tɕin，'貧'p'in，'增'tsən，'生'sən。

（7）曾梗入聲一二等合口見字讀o（開口ɤ），如'國'ko，'獲'xo。

（8）通三入見系字全讀y，如'局'tɕy，'欲'y。

4.聲調

（1）不分陰陽去，如'柱'tsuˀ＝'著'tsuˀ＝'住'tsuˀ。

（2）入聲全歸陽平，如'忽' ᵴxu＝'狐' ᵴxu。

G. 會話

14 a：eˈ，niˇ tsueiˈ tɕinˈ ts'uŋˈ naˈ niˇ naiˈ tiˈ aˈˈ?
　　　　 誒，你　 最　 近　 從　 那　 裏　 來　 的　 阿？

14 b：oˇ sïˈ tsuŋˈ iˈ ts'aŋˈ naiˈ tiˈ。
　　　　 我　是　 從　 宜昌　 來　 的。

　a：niˇ sïˈ puˈ sïˈ tsouˇ tɕiaˈ niˈ ts'uˈ naiˈ tiˈ aˈˈ?
　　　 你　是　不　是　 走　 家　 裏　 出　 來　 的　 阿？

　b：oˇ sïˈ tsouˇ tɕiaˈ niˇ ts'uˈ naiˈ tiˈ。
　　　 我　是　 走　 家　 裏　 出　 來　 的。

　a：eˈ，ɕienˈ tsaiˈ t'inˈ tauˈ soˇ，oˇ mənˈ ɕiaŋˈ niˈ soˇ nauˈ
　　　 誒，現　 在　 聽　 到　 説，我　 們　 鄉　 裏　 説　 鬧

　　　 ts'uənˈ xuaŋˈ aˈˈ?
　　　 春　 荒　 阿？

　b：siˈ tiˈ，naˈ puˇ tɤˇ niauˇ ouˈ——ɕienˈ tsaiˈ——tsɤˈ koˈ——
　　　 是　 的，那　 不　 得　 了　 嚏——現　 在——這　 個——

　　　 ieˇ puˇ tɤˇ niauˇ，tiˈ faŋˈ saŋˈ xənˇ tɕ'iˈ k'ueiˈ。
　　　 也　 不　 得　 了，地　 方　 上　 很　 喫　 虧。

　a：ɕienˈ tsaiˈ tiˈ faŋˈ saŋˈ sïˈ tɕyˇ tsənˇ moˇ iaŋˈ niˈ?
　　　 現　 在　地　 方　 上　 時　 局　 怎　 麼　 樣　 呢？

b：sï˩ tɕy˩ xa(i)˩ xau˥, e˥, sï˩ tɕy˩ suan˥ xa(i)˩ xau˥。
　　時　局　還　好，　誒，　時　局　算　還　好。

a：ɕien˥ tsai˥ tsu˥ na˥ ko˩ tɕyin˥ tuei˩ a˩?
　　現　在　駐　那　個　軍　隊　阿?

b：tsau˥ pu˩ tau˥，o˥ pu˩ tɕʻin˥ tsʻu˥。
　　找　不　倒，　我　不　清　楚。

a：ɕien˥ tsai˥ o˥ mən˩ ti˩ faŋ˥ saŋ˥——ɕien˥ tsai˥，sï˥ ko˥
　　現　在　我　們　地　方　上——　現　在，　是　個

　　sən˩ mo˥ iaŋ˥ tsï˩ ou˩，tɕiou˥ tɕin˥?
　　什　麼　樣　子　噢，　究　竟?

b：na˥ pu˩ ko˥——na˥ tsʻu˩ tiau˥ tsʻuən˥ xuaŋ˥ i˩ uai˩ ni˩，
　　那　不　過——　那　除　掉　春　荒　以　外　呢，

　　mei˩ iou˥ pʻaŋ˩ ti˩ sï˩ ou˩。
　　沒　有　旁　的　事　噢。

a：e˥，tsai˥ o˥ mən˩ pən˥ tɕʻy˥ ti˩ tɕʻy˥ tsaŋ˥ sï˩ na˥ ko˩ a˩?
　　誒，　在　我　們　本　區　的　區　長　是　哪　個　阿?

b：ɕien˥ tsai˥ xa(i)˩ mei˩ iou˥ tɕy˥ tin˥，ɕien˥ tsai˥ tsən˥——
　　現　在　還　沒　有　舉　定，　現　在　正——

　　faŋ˥ tɕʻy˥ tsaŋ˥ i˩ tɕin˥ tsʻɤ˩ niau˥。e˥，ni˩ tɕia˥ tʻin˩ tou˥
　　方　區　長　已　經　撤　了。　誒，　你　家　庭　都

　　xa(i)˩ xau˥ pa˩?
　　還　好　吧?

a：o˥ tɕia˥ tʻin˩ tou˥ xai˩ xau˥，mei˩ iou˥ sən˩ mo˥ sï˥。
　　我　家　庭　都　還　好，　沒　有　什　麼　事。

b：ɕiau˥ xai˩ ne˩?
　　小　孩　勒?

a：ɕiau˥ xai˩ xa(i)˩ xau˥，tsai˥ tu˩ su˥ o˩。
　　小　孩　還　好，　在　讀　書　哦。

b：niˇ——sïˊ iˊ peiˊ tauˊ naˇ niˇ tɕʻyˊ a˥?
　你——是 預 備 到 哪 裏 去 阿?

a：oˇ sïˊ iˊ peiˊ tauˊ uˇ tsʻaŋˊ naiˇ ti˥ a˥。
　我 是 預 備 到 武 昌 來 的 阿。

b：niˇ naˊ niˇ——niˇ tɕinˊ nienˇ na˥, iˊ tɕienˇ tsaiˊ naˇ niˇ
　你 那 裏——你 今 年 阿, 以 前 在 哪 裏

　tsoˊ sïˊ a˥?
　做 事 阿?

a：oˇ——tsaiˊ tɕiaˊ niˇ ou˥, meiˇ iouˇ tsoˊ sənˇ mo˥ sïˊ ou˥。
　我——在 家 裏 噢, 沒 有 做 什 麼 事 噢。

b：e˥, ɕienˊ tsaiˊ naˇ ko˥ iˊ ɕiauˇ a˥, ɕienˊ tsaiˊ ti˥ ɕiauˊ
　誒, 現 在 那 個 一 小 阿, 現 在 的 校

　tsaŋˇ sïˊ naˇ ko˥ a˥?
　長 是 哪 個 阿?

a：tʻinˊ tauˇ soˇ sïˊ tsaŋˊ ɕiauˊ tsaŋˇ pa˥。
　聽 到 說 是 張 校 長 吧。

b：o˥。
　哦。

a：e˥, ɚˊ ɕiauˇ ti˥ ɕienˊ tsaiˊ——xa(i)ˇ sïˊ naˊ ko˥?
　誒, 二 小 的 現 在—— 還 是 那 個?

b：ɚˊ ɕiauˇ ti˥ tʻinˊ tə˥ soˇ sïˊ——iaŋˇ ɕiauˊ tsaŋˇ o˥。
　二 小 的 聽 得 說 是——楊 校 長 哦。

a：naˊ koˊ ti˥ faŋˊ a˥, tɕiouˊ tɕinˊ ɕienˊ tsaiˊ tsɤˊ koˊ niaŋˇ
　那 個 地 方 阿, 究 竟 現 在 這 個 糧

　sïˇ a˥, sïˊ ko˥ sənˇ mo˥ xaŋˇ sïˊ a˥?
　食 阿 是 個 什 麼 行 市 阿?

b：o˧˩ mənǀ· na˦ koǀ· ti˦ faŋ˥ niǀ· çien˦ tsai˦ niaŋ˧˥ sï˧˥ iau˦ xua˧˥
　　我　們　那　個　地　方　呢　現　在　糧　食　要　划①

　　tauǀ· tçiou˧˩ sï˧˥ tiau˦ tç'ien˧˥ i˧˥ tan˦ ouǀ·。
　　到　九　十　吊　錢　一　擔　噢。

a：çien˦ tsai˦ ti˦ faŋ˥ saŋ˦ nəǀ·——tçin˥ iuŋ˧˥ tç'in˧˥ çin˧˥ tsən˧˩
　　現　在　地　方　上　吶——金　融　情　形　怎

　　iaŋ˦?
　　樣?

b：çien˦ tsai˦ aǀ·，o˧˩ mənǀ· na˦ ti˦ faŋ˦ saŋ˦ niǀ·，tsɤ˦ koǀ·
　　現　在　阿，我　們　那　地　方　上　呢，這　個

　　tç'ien˧˥ fei˥ saŋ˧˥ tsï˥ kan˥ nan˧˥。
　　錢　非　常　之　艱　難。

a：o⊢。
　　哦。

b：xəǀ·，ni˧˩——iou˧˩ sï˦ saǀ·，xau˧˩ o˧˩ mənǀ· tsai˦ xuei˦ auǀ·。
　　嘿，你——有　事　煞，好　我　們　再　會　噢。

a：xau˧˩，xau˧˩，o˧˩ tsai˦ moǀ· tçi˧˩ sï˧˥ nai˧˥ k'an˦ ni˧˩ aǀ·。
　　好，好，我　再　麼　幾　時　來　看　你　阿。

① ‘刈’意爲合計,俗語有“划算”。

一五. 興山（城內）

A. 發音人履歷

發音人	15
年齡	28 歲
原籍	興山縣城內
職業	學生
教育程度	大學四年級下
幼時語言環境	本地小學,宜昌中學
教師方言	本地,宜昌
住過的地方	宜昌,漢口,武昌
曾否學國語	學過,但不會說
能否說別處話	能說武漢話

二十五年五月十六日楊時逢、吳宗濟記音

無故事或會話

B. 聲韵調表

1. 聲母

p	碧步兵	p'	普婆片	m	米目	f	府肺飯
t	多動低	t'	通頭替	n	乃來女逆		
ts	子宅斬猪	ts'	促出草柴丑船	s	四説	z̩	如然絨
tɕ	祭建忌就	tɕ'	强錢切器	ɕ	削謝詳		
k	皆共干	k'	肯哭狂	x	好鞋黄		
○	窩云由爲而日閏月虐物						

2. 韵母

ï	世斯直；ɚ而二日	a	沙塔	o	歌果合坡	ɤ	惹得麥瑟
i	敝氣立積一	ia	家瞎佳	io	略覺	ie	滅也劣協
u	杜六柱孤目熟	ua	瓜刷	uɤ	拙國		
y	律巨須曲			ye	絶靴決		

ai	敗乃戒害	ei	對貝肥類	au	保炒照	ou 歐斗丑
				iau	表巧消	iou 紐幼休
uai	揣怪外	uei	最隨桂			

an	半談短敢			ən	根等倫存	
		ien	天言貶戀	in	命林信	
uan	船萬官算			uən	春坤横	
		yen	倦遠全	yin	旬均永	

aŋ	邦朗張巷	uŋ	風動朋弘弓翁
iaŋ	娘香講	iuŋ	窮用兄
uaŋ	王椿狀		

3. 聲調

陰平	陽平	上	去
˥	˩	˧˩	˥˩
該追天因	含蛇雜北	稟此禮米	店待桂判

C. 聲韵調描寫

1. 聲母

興山聲母共十八個。

p組 p，p‘，m，f。p，p‘都不硬，似北平音。

t組 t，t‘，n。t，t‘也不硬。n在洪音前很穩，在細音前有時微有l的色彩，但決不是另一音位。

ts組有 ts，ts‘，s。部位比北平音略後。

ʐ。興山的ʐ是純粹的舌尖齒齦音，很像北平的ʐ。

tɕ組 tɕ，tɕ‘，ɕ。部位都很偏前，近北平音。

k組 k，k‘，x。k，k‘都不硬，跟p，p‘，t，t‘同例。

○洪音有時是ɣ，細音有時是j，ɥ。

2. 韵母

ï是稍偏後的ï。ɚ音很近北平的ɚ，如'耳，二'等。

i很緊，在tɕ組聲母後更顯着緊，仿佛有點摩擦。

u是很關的u；前面無輔音聲母時微帶摩擦。

y也很緊，但在n後時略鬆。

a，ia，ua。a都是ᴀ，在i，u後也不大受影響。

o，io。o跟標準o相近。

ɤ，uɤ。ɤ微偏央。

ie，ye。e較開，近於ᴇ。

ai，uai。此處的a偏前，也較關。i在此很短很開。

　　ei，uei。e跟ie中的e相近，i也是短而且開。

　　au，iau。a是平均的ᴀ，u只到ʊ的程度，唇不很圓。

　　ou，iou。u在此也是ʊ。

　　an，uan。a是ᴀ，在uan裏略偏後。

　　ien，yen。e在此也較開，近ɛ。

　　ən，uən。ə在此頗長，無u介音時更長，嚴式可寫作əːn。

　　in，yin。in中的i比獨立的i略開，但不到ɪ。在yin中，i很短。

　　aŋ，iaŋ，uaŋ。a是平均的ᴀ，在uaŋ中受u的影響略偏後。

　　uŋ，iuŋ。u較鬆，是ʊ。

3. 聲調

　　陰平，高平調（˥55）。

　　陽平，低平調（˩11）。

　　上聲，自“高”降至“半低”（52），寬式用高降調號（˥˧53）。

　　去聲，自“半低”升至“高”（25），寬式用高升調號（˧˥35）。

D. 與古音比較

1. 聲母

古聲母及影響條件 \ 發音方法及影響條件		全清塞	次清塞	全濁塞（平）	全濁塞（仄）	次濁	清擦	濁擦（平）	濁擦（仄）
幫組		幫：p	滂：pʻ	並：pʻ	並：p	明：m			
非組				奉：f		微：u	非／敷：f	奉：f	
端組泥	一二等（洪）	端：t	透：tʻ	定：tʻ	定：t	泥：n 來：n			
	三四等（細）	tɕ	tɕʻ	tɕʻ	tɕ				
精組		精：ts	清：tsʻ	從：tsʻ	從：ts		心：s ／ ɕ	邪：s ／ ɕ	邪：s
莊組		莊（照二）：ts	初（穿二）：tsʻ	崇（牀二）：tsʻ；s	崇（牀二）：ts；s		生（審二）：s		
知組	內轉	知：tɕ	徹：tɕʻ	澄：tɕʻ	澄：tɕ				
	外轉	知：ts	徹：tsʻ	澄：tsʻ	澄：ts				
章組	梗二等韻 今開合／今合	章（照三）：ts	昌（穿三）：tsʻ	船（牀三）：tsʻ；s	船（牀三）：s		書（審三）：s	禪：tsʻ；s	禪：s
	其他 今合								

古聲組及影響條件	古母今讀（發音方法及影響條件）	全清塞	次清塞	全濁塞 平	全濁塞 仄	次濁	清擦	濁擦 平	濁擦 仄
		見／影	溪	羣	羣	日／疑／喻	曉	匣	匣
日母	止（附質）					○			
日母	其他（開）					ẓ			
日母	其他（合）					ẓ,ʯ			
見組曉（開）	一等	k	kʻ		tɕ	○	x	x	x
見組曉（開）	二等	k,tɕ	kʻ,tɕʻ	tɕʻ	*	○,i	x,ɕ	x,ɕ	x,ɕ
見組曉（開）	三四等	tɕ	tɕʻ	*	k	i,n	ɕ	ɕ	ɕ
見組曉（合）	一二等	k	kʻ	kʻ	k	u	x	x	x
見組曉（合）	蟹止咎（三四等）	k	kʻ	tɕʻ	k	u	x	x	x
見組曉（合）	通舒	k	kʻ	tɕʻ	tɕ	?	ɕ	*	*
見組曉（合）	其他	tɕ	tɕʻ			y	ɕ	ɕ	ɕ
影組（開）	一等	○				喻：i			
影組（開）	二等	○,i				*			
影組（開）	三四等	i							
影組（合）	一二等	u；○				u			
影組（合）	蟹止咎（三四等）	u				i			
影組（合）	通舒	i							
影組（合）	其他	y				y			

2. 韻母

第 一 表

攝\\聲母·等·呼	開 一 幫系	開 一 端系	開 一 見系	開 二 幫系	開 二 泥組	開 二 知莊組	開 二 見系	開 三四 幫系	開 三四 端系	開 三四 莊組	開 三四 知章組	開 三四 日母	開 三四 見系
果	*	o	o	a	a	a	ia,a	*	ie	*	ɣ	ɣ	ie
(遇)		*				*				*			
蟹	*	ai	ai	ai	ai	ai	ai,ia	i	i	*	ï	*	i
止		*			*	*		i,ei	i；ï	ï	ï	ï	i
效	au	au	au	au	au	au	iau,au	iau	iau	*	au	au	iau
流	u,ou	ou	ou			*		u,ou	iou	ou	ou	ou	iou
咸	*	an	an	an	*	an	ien,an	ien	ien	*	an	uan	ien
山	*	an	an	an	*	an	ien,an	ien	ien	*	an	an	ien
宕	aŋ	aŋ	aŋ	aŋ	*	uaŋ	iaŋ,aŋ	*	iaŋ	uaŋ	aŋ	aŋ	iaŋ

攝＼呼等聲母	開 一 幫系	開 一 端系	開 一 見系	開 二 幫系	開 二 泥組	開 二 知組莊	開 二 見系	開 三四 幫系	開 三四 端系	開 三四 莊組	開 三四 知章組	開 三四 日母	開 三四 見系
深	*	*				*		in	in	ən	ən	ən	in
臻	*	un	un			*		in	in	ən	ən	ən	in
曾	un,uŋ	*	un			*		in	in	*	ən	ən	in
梗（通）	*	*		un,uŋ	un	uŋ	in,ən	in	in	*	uŋ	*	in
咸入	*	a	o	a	*	a	ia,a	*	ie	*	ɤ	*	ie
山入	*	a	o	a	*	a	ia	ie	ie	*	ɤ	ɤ	ie
宕入	o	o	o	o	*	o	io	*	io	*	o	o	io
深入	*	*				*		*	i	ɤ	ï	u	i
臻入	ɤ	*	ɤ			*		i	i	ɤ	ï	ɛ	i
曾入	ɤ	ɤ	ɤ			*		i	i	ɤ	ï	*	i
梗入	*	*		ɤ	**	ɤ	ɤ	i	i	*	ï	*	i
（通入）	*	*			*	*					*		

第 二 表

合（呼）

攝＼等・聲母	一 幫系	一 端系	一 見系	二 幫系莊組	二 見系	三四 幫系	三四 泥組	三四 精組	三四 莊組	三四 知章組	三四 日母	三四 見系
果	o	o	o	*	ua			*	*			ye
遇	u	u	u	*	*	u	y	y	u	u	u	y
蟹	ei	ei;uei[1]	uei·uai	*	uai·ua	ei	*	uei	*	uei	u	uei
止		*		*	*	i,ei;uei	ei	uei	uai	uei	*	uei
（效）		*		*	*							
（流）		*		*	*							
咸	an	*		*		an			*	*		
山	an	an;uan[2]	uan	uan	uan	an;uan	ien	yen	*	uan	uan	yen
宕	*	*	uaŋ	*	*	aŋ;uaŋ						uan

攝別	合 一			合 二			合 三四						
	幫系	端系	見系	幫系	莊組	見系	幫系	泥組	精組	莊組	知章組	日母	見系
(深)	ue	ue		*	*		*		yin	*		yin	
臻	ue	ue	uen	*	*	uen	uen;ie	ue	yin	*	uen	yin	yin
曾					*					*			
梗	uŋ	uŋ	uŋ	*	*	iuŋ·ue	iuŋ	iuŋ	iuŋ	iuŋ	iuŋ	yin	yin
通			uŋ								iuŋ	iuŋ	uŋ,iuŋ
咸入	o	o	o	*	*	ua	a		*	*	*		
山入	o	o	o	o	ua	ua	a;ua	ie	ye	*	uɤ,o	*	ye
宕入	*	*	ɤn	*	*	ɤn	o		*		*		
(深入)					*								
臻入	u	u	u	*	*	u	u	y	y	u	u	*	y
曾入	u	*			*			y	y	*			y
梗入	u	u	ɤn	*	*	ɤn	u	u	*	*	u	*	y
通入	u	u	u	u	*	u	u	u	u	u	u	u	y

3. 聲調

古類＼影響條件＼今值類		陰平	陽平	上	去
平	清	˥			
	濁		˩		
上	清			ˋ	
	次濁			ˋ	
	全濁				˥
去	清				˥
	濁				˥
入	清		˩		
	次濁		˩		
	全濁		˩		

附注：

韻母：一

(1)蟹攝合口一等端系字，端泥組ei，如'對'tei，'內'nei；精組uei，如'罪'tsuei。

(2)山攝合口一等端系字，端泥組an，如'短'tan，'亂'nan；精組uan，如'算'suan。

E. 同音字表

今調	陰平 ˥	陽平 ˩	上 ˧˥	去 ˥˩
今韵	ï; ɚ（○後）			
廣韵	祭‖脂; 之; 支‖緝‖質‖職‖昔（均開口）			
p p‘ m f				
t t‘ n				
ts ts‘ s	之; 知, 支‖隻入 師; 思; 斯, 施	置去‖執‖姪, 質‖直值 植, 殖禪 遲; 伺心去‖秩澄入‖赤 時‖十‖實‖食蝕‖石	子 恥; 此 矢; 使, 始	自, 致, 至; 字, 痔, 志; 翅審 滯澄‖次; 刺, 賜心, 翅審 世‖四, 示; 似, 士、事, 試, 市; 是‖式飾入
ʐ̩				
tɕ tɕ‘ ɕ				
k k‘ x				
○		而‖日	爾	貳二

今調	陰平 ㄱ	陽平 ㄥ	上 ㄥ	去 ㄱ
今韵	i			
廣韻	祭;齊‖脂;之;支;微;緝‖質;迄‖職‖昔;陌三;錫			
p p' m f		必‖逼‖碧;壁 弼並入‖僻,闢並入 祕泌幫去	比;彼 鄙疕幫 米‖靡	敝
t t' n	低	的,笛 堤提 梨;離‖立‖栗‖力‖逆;歷	底 禮‖你,李里 理裏	帝,第,隸來‖地 替 例
tɕ tɕ' ɕ	妻,棲心,溪‖期羣 西,分奚匣‖希	緝清,集楫,急,及,吸曉‖吉‖極‖積;激 齊‖其;七;乙,迄曉‖戚 攜合‖泣溪‖恤心‖息‖席	己 起 洗‖璽徙支心	祭;計繼‖忌;寄,技妓;季合 器;氣 系‖戲
○	衣依	夷;疑;宜,移;遺合‖噎屑‖邑‖一,逸‖域合‖亦	以,矣	藝‖義議‖憶入

今調	陰平˥	陽平˩	上˦	去˥
今韵	u			
廣韵	模;魚;虞‖侯;尤‖緝‖沒;術;物‖屋;沃;燭			
p		不		步
p'		勃‖卜幫入,撲,瀑曝僕並入	譜幫,普	
m		沒‖木;目	母	
f		服	府,腐奉	父、附‖婦負
t		讀;篤	肚賭	杜
t'	禿入	圖‖突		
n		奴‖鹿;陸六;綠	努	
ts	豬,諸	卒‖竹;足,燭囑;觸穿	祖;主	著;助;柱
ts'	初	除,鋤‖出‖族從入;促	楚	
s	書;殊	肅,縮,熟;續,屬	暑鼠	素;數,樹
ʐ		如;儒‖入‖肉;辱		
k	孤	骨		故
k'		哭;酷		
x	呼乎匣	狐‖忽	虎	戶
○	烏	吾;無‖物‖屋	五;武	務‖戊明

今調	陰平˥	陽平˩	上˧	去˥
今韵	y			
廣韵	魚;虞‖術;物‖職‖昔;屋三;燭(均合口)			
t				
tʻ				
n		律	女,呂‖履(脂開)	
tɕ		拘(見平)‖橘‖菊;局		巨;娶(清),聚,句
tɕʻ	摳(穿),區	屈‖曲		去
ɕ	虛;須	徐‖戍‖畜	許	序‖遂(脂合)
○		魚,於(影),余餘、與(上);愚,于‖鬱‖役疫‖育;欲	羽	遇‖玉(入)

今韵	a			
廣韵	麻二‖合;盍洽;狎;乏‖曷;黠;月			
p	巴	八,拔	把	
pʻ			馬	怕
m	[媽]	法‖髮		
f				
t		搭答‖達	打(庚)	大(泰)
tʻ	他(歌)	踏;塔		
n	拉(入)	拿‖納;臘‖辣	[哪]	[那]
ts		雜;閘‖札		乍
tsʻ		插‖察		詫
s	沙	殺	撒(入)	
k		甲(指入)		
kʻ				
x		還(入有)刪合		下(等一入子)

今調	陰平 ㄱ	陽平 ㄴ	上 ㄱ	去 ㄱ
今韵	ia			
廣韵	麻二‖佳‖洽;狎‖鎋(均開口)			
tɕ tɕʻ ɕ	家‖佳 霞	甲 狹;匣;挾帖‖瞎	假(放‖,真‖) 恰入	下
○	鴉	牙‖鴨		

今韵	ua			
廣韵	麻二‖佳;夬‖鎋;黠(均合口)			
ts tsʻ s		刷		
k kʻ x	瓜	刮 滑		掛 化‖畫;話
○	蛙‖挖入	［娃］	瓦	

今調	陰平 ˥	陽平 ˩		上 ˅	去 ˥
今韵	o				
廣韵	歌;戈‖合;盍‖曷;末;薛‖鐸;覺;藥				
p p' m f	波,玻滂 坡	剝;縛藥奉 婆 末‖莫		剖侯 麼	
t t' n	多	 脫‖託 羅;騾‖洛		 妥	舵
ts ts' s		作;捉,桌;着,酌 戳,濯澄 說		左 所魚	坐
ʐ		若			
k k' x	歌;鍋 喝入	鴿‖割‖各 闊 何‖合;盍‖活;鶴;霍		果 可	個 禍
○	窩	鵝‖遏‖惡;握‖沃沃		我	

今韵	io			
廣韵	覺;藥			
t t' n	 略			
tɕ tɕ' ɕ	角覺;爵,嚼,脚 確;雀精 學;削			
○	虐,約			

今調	陰平 ˥	陽平 ˩	上 ˥	去 ˥
今韵		ɤ		
廣韵		麻三‖葉‖薛‖緝‖櫛‖德;職‖陌二;麥		
p pʻ m f		北‖百,白 泊鐸並‖迫幫,拍 麥		
t tʻ n		德得 忒,特定入 勒		
ts tsʻ s		則‖責 徹,澈澄‖側照,測‖宅擇澤澄入 蛇‖涉‖舌,設‖澀‖瑟‖色		[這]
ʐ		熱	惹	
k kʻ x	給緝見	格;革 刻 黑‖赫	去魚	
○		厄		

今韵		uɤ		
廣韵		薛‖德‖麥(均合口)		
ts tsʻ s		綴,拙;掘羣月		
k kʻ x		國 或‖獲		

今調	陰平 ˥	陽平 ˩		上 ˅	去 ˥
今韵	ie				
廣韵	麻三‖葉;業;帖‖薛;月;屑				
p p' m f		撇 滅			
t t' n	〔爹〕	帖‖鐵 聶‖臬;劣			
tɕ tɕ' ɕ	嗟 些	接;刔‖傑;竭;節,結 切 邪‖脅;協‖穴合			謝
○		爺‖葉;業‖孽;謁		也野	

今韵	ye				
廣韵	戈三‖薛;月;屑(均合口)				
tɕ tɕ' ɕ	靴	絶;決 茄開;瘸‖缺 薛開			
○		閲;月,越曰			

今調	陰平 ˥	陽平 ˩	上 ˥˩	去 ˥
今韻	ai			
廣韻	咍;泰;皆;佳;夬(均開口)			
p pʻ m f		埋	買	拜;敗 派
t tʻ n			乃;奶	待、代;帶 泰 賴
ts tsʻ s	災;齋	才;柴		再、在;寨 菜;蔡
k kʻ x	該;皆 開	孩;偕見,諧鞋‖還删合	改;解	蓋;介界戒,械匣 概見,愾 亥;害
○	哀		矮	愛;艾

今韻	uai			
廣韻	泰;皆;佳;夬‖脂;支(均合口)			
ts tsʻ s			揣	帥
k kʻ x		懷	塊去	怪 會(|計)見;快
○	歪曉			外

今調	陰平 ˥	陽平 ˩	上 ˇ	去 ˥
今韵	ei			
廣韵	灰;泰;廢‖脂;支;微			
p	卑;悲;碑			倍;貝‖臂,被
p‘	丕;披			配,佩並
m		梅		
f	飛	肥		廢,肺
t				對;兌
t‘				
n			屢虞去‖累	内‖類

今韵	uei			
廣韵	灰;泰;祭;齊‖脂;支;微(均合口)			
ts	追;錐			罪;最
ts‘		垂		
s		隨		歲,稅‖睡瑞
z̠				鋭喻‖彙喻
k	龜;歸			桂
k‘				
x	灰	回	毀	會;彗喻;惠‖諱
○	威	維惟;危,爲;微,圍	委	衛‖位;未,畏

今調	陰平 ┐	陽平 ˩	上 ˥	去 ˥
今韵	au			
廣韵	豪;肴;宵			
p p' m f	包 貓明平		保 跑並平	 貌
t t' n		桃 牢	倒 老	到 鬧
ts ts' s	昭		早 草;炒 掃	趙,照 造糙 紹
ʐ		饒		
k k' x	高 	 豪	稿;攪 好	
○				奧

今調	陰平˥	陽平˩	上˨	去˦
今韵	iau			
廣韵	肴;宵;蕭			
p p' m f			表	
t t' n		燎;聊	了	釣 跳 料
tɕ tɕ' ɕ	消,囂;蕭	喬 肴澆	巧 小;曉	教;叫 孝,校效
○	妖	堯	舀	要

今調	陰平˥	陽平˩	上˧˥	去˥
今韵	ou			
廣韵	侯;尤			
p p' m f		謀	某畝 否	
t t' n	都模	頭	斗	鬥 漏
ts ts' s	周	愁	走 丑	做模‖奏 獸
z̧		柔		
k k' x		侯		［够］ 後候
○	歐		偶	

今調	陰平˥	陽平˩		上˥	去˥
今韵	iou				
廣韵	尤;幽				
p pʻ m f					謬
t tʻ n	［丟］				
tɕ tɕʻ ɕ	糾上 秋 休	求 囚		九	就,舅
○		牛,由猶,尤		友	幼

今調	陰平 ˥	陽平 ˩	上 ˥	去 ˥
今韵	an			
廣韵	覃;談;咸;銜;鹽;凡‖寒;山;删;仙;桓;元			
p			板	扮,辦;半
p'				盼;判,叛並
m		［蠻］(很也)		慢
f		凡	反	范‖飯
t			短	旦
t'	貪	談		歎
n		南;藍‖難	暖	亂
ts	沾		斬‖展	
ts'	餐		慘‖鏟;産審	
s	三;衫‖山	蟬	陝	扇
ʐ		然		
k	干;間(房｜)		感;敢	
k'				
x		含;鹹‖寒;閑(不得｜)		限
○	安		眼(耳洞｜)	

今調	陰平 ˥	陽平 ˩	上 ˦	去 ˥
今韵	uan			
廣韵	鹽‖桓;山;删;仙;元			
ts	專			
ts‘		船		
s	悶			算
z̨			染‖軟,阮疑元	
k	官觀;鰥			
k‘			款皖匣	
x			緩匣	喚,換
○	彎	玩去,完丸匣;頑	碗	萬

今韵	ien			
廣韵	咸;銜;鹽;嚴;添‖山;删;仙;元;先			
p	邊		貶	辨;辮
p‘				編幫,片
m				
f				
t			點‖典	店
t‘	天			
n	研疑平	廉‖連聯;年		念‖戀
tɕ	監‖間		減‖剪;繭	漸‖諫;件;建;見
tɕ‘	謙‖千	鉗‖錢		憲;現;縣合
ɕ		銜;嫌‖賢		
○	煙	言	眼;演	驗,厭‖晏硯

今調	陰平 ㄱ	陽平 ㄴ	上 ㄥ	去 ㄱ
今韵	yen			
廣韵	仙;元;先(均合口)			
tɕ				倦
tɕʻ		全		
ɕ	仙鮮開;軒掀開;先開;宣;暄	弦開;玄懸	險開‖癬開;選	
○		鉛沿緑;元,園	遠	院

今韵	ən			
廣韵	侵‖痕;臻;真;魂;諄;文‖登;蒸‖庚;耕;清			
p	崩			
pʻ		彭		
m		門		
f	分			奮
t			等	頓
tʻ	吞			
n		倫‖能	冷	論
ts	臻‖增;徵‖争;貞偵徹			鄭,政
tsʻ	撐	沉‖陳,臣;存‖成誠		
s	森,深‖申身‖生	晨;唇合‖繩1	審	甚‖盛
ʐ		人	忍	壬平‖認‖仍平
k	跟‖耕			更
kʻ			懇‖肯	
x		恒	很匣	恨‖杏
○	恩			

今調	陰平ㄱ	陽平ㄥ	上ㄣ	去ㄱ
今韵	uən			
廣韵	魂;諄;文‖庚(均合口)			
ts tsʻ s	椿,春	純‖繩₂開		
k kʻ x	坤 昏	橫		
○	溫	聞	穩	問

今韵	in			
廣韵	侵‖真;欣‖蒸‖清;庚三;青			
p pʻ m f	兵	貧‖平;瓶 名	稟 品 敏	並 命
t tʻ n	丁 聽	林‖鄰‖陵‖靈		令
tɕ tɕʻ ɕ	侵清,今‖津,巾;斤‖京荆;經 欽‖親‖輕 心‖星腥	秦 行‖形		晉進;近‖静,勁 信‖幸;性姓
○	音‖因‖鶯;英	銀‖凝‖盈	引;隱;尹合	印

今調	陰平 ㄱ	陽平 ㄴ	上 ㄱ	去 ㄱ
今韵	yin			
廣韵	諄;文‖清;庚三;青(均合口)			
tɕ / tɕʻ / ɕ	均　　　　勳	羣‖瓊　　尋侵‖旬	迥匣　　傾平、頃	
○		云‖營;榮;螢匣	允‖永	閏‖應開,孕開

今韵	aŋ			
廣韵	唐;江;陽			
p / pʻ / m / f	邦　　　　　　方	旁　忙　防房		
t / tʻ / n	當	郎	朗	蕩
ts / tsʻ / s	張　倉;昌　桑;商	常	長	上尚
ʐ				讓
k / kʻ / x	剛綱			項、巷

今調	陰平┐	陽平┘	上ˇ	去˥
今韵	ian			
廣韵	江;陽(均開口)			
t t' n		娘	兩	
tɕ tɕ' ɕ	江 香	 強 詳祥	講	 像
○			仰	樣

今韵	uaŋ			
廣韵	江;陽;唐			
ts ts' s	椿;莊 窗	 牀	 撞澄;創	狀
k k' x	光	 狂 黃		 曠,況曉
○	汪	王	往	旺

今調	陰平 ┐	陽平 ┘	上 ˅	去 ˥
今韵	uŋ			
廣韵	登‖庚二;耕‖東;冬;鍾			
p p' m f	 風;封	朋 萌 	 	 孟‖夢 奉
t t' n	東 通 	同 農;隆;龍	 桶;統去 	洞
ts ts' s	中;鐘 充 鬆;嵩;松	 崇 	總 寵 	衆;重 送;宋;誦
ʐ		絨;茸		
k k' x	公功;弓;恭 空 	 弘‖宏‖紅	 恐 	共
○	翁			

今韵	iuŋ			
廣韵	庚三‖東三,鍾			
tɕ tɕ' ɕ	 兄‖胸	 窮 雄熊喻	 	
○		融		用

F. 音韵特點

1. 聲母

（1）興山不分ts，tʂ，國音的ts，tsʻ，s跟tʂ，tʂʻ，ʂ在興山都作ts，tsʻ，s。就是説，精組洪音跟知系相混，一律作ts等，如'自'＝'致'tsï，'則'＝'責'tsɤ，'倉'＝'昌'tsʻaŋ，'素'＝'數，樹'su。但日母字除少數字讀無聲母外皆作ẓ，跟國音同，見下條。

（2）日母今開口在止攝及質韵讀〇，如'而，日'ɚ，餘讀ẓ，如'惹'ẓɤ，'柔'ẓou，'然'ẓan；今合口在臻攝舒聲讀〇，如'閏'yin，其餘亦讀ẓ，如'軟，染'ẓuan，'絨'ẓuŋ，'入'ẓu，'辱'ẓu。

（3）泥來洪細皆混，一律讀n，如'鹿'＝'奴'nu，'臘'＝'納'na，'類'＝'內'nei，'呂'＝'女'ny，'娘'niaŋ，'流'niou。

（4）不分尖團。精組今細音跟見系今細音混，皆作tɕ等，如'須'＝'虛'ɕy，'削'＝'學'ɕio，'親'＝'欽'tɕʻin，'接'＝'結'tɕie。

（5）見系開口二等，在蟹攝（除'佳'字）及梗入不顎化，如'介，戒'kai，'鞋'xai，'革'kɤ，'赫'xɤ，在效攝（除'攪'字白話音作kau）及宕入全顎化爲tɕ，tɕʻ，ɕ，如'教'tɕiau，'效'ɕiau，'角，覺'tɕio，'學'ɕio。其餘不定，如'限'xan，'鹹'xan，'巷'xaŋ，'監'tɕien，'銜'ɕien，'間'kan，tɕien，'甲'ka，tɕia。

（6）疑母字開口一二等讀〇，跟影母混，如'艾'＝'愛'ai，'偶'ou，'硬'ən，'眼'an，ien。三四等一部分字讀n，與泥來混，如'逆'＝'力'ni，'臬'＝'聶'nie，'研'nien；一部分字讀〇，與影喻母混，如'宜'＝'移'i，'業'＝'葉'ie，'牛'＝'由'iou。

2. 開合

（1）端泥組一等合口，除今音u，uŋ兩韵外，皆變開口，如'對'tei，'內'nei，'暖'nan，'頓'tən，'論'nən。但'杜'tu，'攏'nuŋ。

（2）精組一等合口，在蟹山攝仍爲合口，如'最'tsuei，'算'suan；在臻舒則變開口，如'存'tsʻən。

(3)精組三四等合口,今音無論各攝皆爲合口,如'須'çy,'序'çy,'歳'suei,'隨'suei,'全'tç'yen,'絶'tçye,'旬'çyin,'松'suŋ。

(4)來母三四等合口,除今音u,y,uŋ三韵外,一律變開口,如'類'nei,'戀'nien,'倫'nən,'劣'nie;但'緑'nu,'律'ny,'吕'ny,'龍'nuŋ。

3. 韵母

(1)遇攝一等一律讀u,如'步'pu,'圖'tʻu,'素'su,'故'ku;三等端見系讀y,如'吕'ny,'聚'tçy,'區'tç'y,'魚'y;其餘亦皆讀u,如'數'su,'除,鋤'tsʻu,'府'fu,'如'zu,'無'u。

(2)流攝幫系字讀u或ou不定,如'母'mu,'婦,負'fu,'某'mou,'否'fou;其他讀ou,iou,如'斗'tou,'愁'tsʻou,'九'tçiou,'幼'iou。

(3)咸山攝舒聲開口日母,咸攝讀uan,如'染'zuan,山攝讀an,如'然'zan。

(4)臻攝舒聲合口三等,知章組讀uən,如'春,椿'tsʻuən,日母讀yin,如'閏'yin。

(5)曾梗攝舒聲除少數字混通攝外皆與深臻攝同收n尾,如'增,爭'＝'臻'tsən,'生'＝'深,申'sən,'京,荆'＝'今,巾'tçin,'營'＝'云'yin。

(6)山攝入聲三等知章組,開口讀ɤ,如'徹'tsʻɤ,'設'sɤ,合口讀uɤ或o不定,如'拙'tsuɤ,'説'so。

4. 聲調

(1)興山無陰陽去之别。古上聲全濁,去聲清濁音,今皆讀去聲一類,如'趙,步,衆,用'等字。

(2)無入聲。古入聲無論清濁今皆歸陽平,如'入,雜,得,哭'等字。

一六. 秭歸(金沙鎮)

A. 發音人履歷

發音人	16
年齡	18 歲
原籍	秭歸金沙鎮
職業	學生
教育程度	初中
幼時語言環境	在本地上小學
教師方言	多數本地人,間有說江浙話的
住過的地方	宜昌三年,武昌四個月
曾否學國語	未
能否説別處話	不能

二十五年五月二十日丁聲樹記音

B. 聲韵調表

1. 聲母

p	八白	pʻ	拍旁	m	門	f	飛凡肺	
t	道德	tʻ	桃他	n	南藍年連			
ts	在臻	tsʻ	菜愁			s	三生	
tʂ	齋趙	tʂʻ	徹柴			ʂ	山身	ʐ 然
tɕ	節巨	tɕʻ	謙全			ɕ	小許	
k	哥共	kʻ	肯狂			x	害或	
○	日矮妖未云							

2. 韵母

ï 次試;ɚ貳　a 巴達雜殺下　o 婆脱作酌何　ɤ 北得責蛇革

i 逼帝七衣　ia 佳　　io 略確　　　　　　　ie 滅爹接

u 步讀卒孤　ua 刷畫　　　　　　uɤ 拙國

y 律巨育　　　　　　　　　　　　　　　ye 靴絶

ai 拜帶再柴介　　ei 飛對　　au 跑到草紹奧　ou 某漏走周侯

　　　　　　　　　　　　iau 表聊消　　iou 丢幼

uai 帥怪　　　　uei 最税毁

an 板南餐衫看　　　　　ən 崩頓森沉恒

　　　　　　　　ien 邊點　　　　　　　in 瓶林巾應

uan 算船貫　　　　　uən 春横

　　　　　　　　yen 宣元　　　　　　yin 均永

aŋ 旁蕩桑張巷　　oŋ 孟農送中弘

iaŋ 兩江　　　　ioŋ 胸兄

  uaŋ 莊狂

3.聲調

陰平	陽平	上	去
˥	˩	ˋ	˧
巴音	埋色白立	典武	坐菜大

C. 聲韵調描寫

1.聲母

  秭歸聲母,今按音位定爲二十一個;更依發音部位,分爲p,t,ts,tʂ,tɕ,k,○七組。

  p組p,pʻ,m,f。pʻ送氣强,遇i就讀得像pɕi,遇a,u等讀得像pha,phu。

  t組t,tʻ,n。tʻ送氣强,同pʻ。n大都讀成鼻音n,只在極少數的時候讀邊音l或鼻化的l。

  ts組ts,tsʻ,s讀法與<u>北平</u>同。

  tʂ組tʂ,tʂʻ,ʂ,ʐ捲舌都不多,比<u>北平</u>的tʂ等偏前。

  tɕ組tɕ,tɕʻ,ɕ三音在開口韵前讀純粹的舌面前音,在合口韵前略帶舌尖面混合音的色彩。

  k組k,kʻ,x。kʻ送氣强同pʻ與tʻ。

  ○逢開口洪音讀ʔ,ɣ或純元音不定,逢其他的韵就分別讀高元音i,u,y。

2.韵母

  i在ts組聲母後讀ɿ,在tʂ,tʂʻ,ʂ後讀ʅ。ʅ比國音的ʅ偏前。ɚ讀法同<u>北平</u>音。i讀得很緊,前面往往帶個j,無聲母時更顯。

  u近標準元音u,就是嘴唇不够那麼圓。無聲母時,起頭帶點摩擦性。

  y略帶一些ɥ的色彩。

  a,ia,ua。a的部位是略偏後的。在i後是平均ᴀ。

  o,io。o是較開的,在k組聲母後或無聲母時起頭帶點u的色彩。

ɤ,uɤ。ɤ相當於o的開脣,比o還開一些。

ie,ye。e是開ɛ。

ai,uai。ai的"動程"長,約自前a至ɪ。

ei,uei。ei略同北平的ei。

au,iau。a同a,ia韵的a;u鬆。

ou,iou。o部位偏央,很像ɵ。

an,uan。a在k組聲母後或無聲母時是平均ᴀ,在別的聲母後讀前a。

ien,yen。e同ie,ye韵的e。

ən,uən。ə在uən中差不多消失。

in,yin。i是開ɪ,在yin中,主要元音是y,i不過是y與n間的過渡音。

aŋ,iaŋ,uaŋ。a同a,ia,ua韵的a。

oŋ,ioŋ。o關而脣圓,嚴式可以寫作ʊ,在k組聲母後或無聲母時近乎uoŋ。ioŋ的i有時變y。

3. 聲調

陰平由"半高"升至"高"(45),寬式用高平調號(˥ 55)。

陽平由"半低"降至"低"再升至"半低"(212),寬式用低平調號(˩ 11)。

上聲是高降調(˥˧ 53)。

去聲由"半低"升至"高"(25),寬式用高升調號(˧˥ 35)。

D. 與古音比較

1. 聲母

古聲母組及影響條件 \ 發音方法及影響條件		全清塞	次清塞	全濁塞（平）	全濁塞（仄）	次濁	清擦	濁擦（平）	濁擦（仄）
幫組		幫：p	滂：pʻ	並：pʻ	並：p	明：m			
非組						微：u	非／敷 f	奉：f	
端組、泥		端：t	透：tʻ	定：tʻ	定：t	泥：n、來：n			
精組	洪（一二等）	精 ts	清 tsʻ	從 tsʻ	從 ts		心 s	邪 s	邪 s
精組	細（三四等）	精 tɕ	清 tɕʻ	從 tɕʻ	從 tɕ		心 ɕ	邪 ɕ	邪 ɕ
莊組（照二）	內轉除止合	莊 ts	初（穿二） tsʻ	崇（牀二） tsʻ	崇（牀二） ts；s		生（審二） s		
莊組	外轉、止合	莊 tʂ	初 tʂʻ	崇 tʂʻ	崇 tʂ		生 ʂ		
知組	今開梗二等韻其他	知 ts	徹 tsʻ	澄 tsʻ	澄 ts				
知組	今開合	知 tʂ	徹 tʂʻ	澄 tʂʻ	澄 tʂ				
知組	今開合	知 tʂ	徹 tʂʻ	澄 tʂʻ	澄 tʂ				
章組（照三）		章 tʂ	昌（穿三） tʂʻ	船（牀三） tʂʻ，ʂ	船（牀三） ʂ		書（審三） ʂ，s	禪：tɕʻ，ʂ	禪：ʂ

古聲組及影響條件	今讀 開/合	條件	全清塞	次清塞	全濁塞 平	全濁塞 仄	次濁	清擦	濁擦 平	濁擦 仄
			見	溪	羣	羣	疑／日／喻	曉	匣	匣
日母	今開	其他					○			
日母	止(附質)						z̩			
日母		其他					z̩			
見組曉	開	一等	k	k'	tɕ'	tɕ	○	x		x
見組曉	開	二等	k, tɕ	k', tɕ'	*	*	○·i	x, ɕ		x, ɕ
見組曉	開	三四等	tɕ	tɕ'	k	k	i	ɕ		ɕ
見組曉	合	一二等	k	k'	tɕ'	k	u；○	x		x
見組曉	合	蟹止咍三四等	k	k'	tɕ'	k	u	x		x
見組曉	合	通舒					?	ɕ		*
見組曉	合	其他	tɕ	tɕ'	tɕ'	tɕ	y	ɕ		ɕ
影組	開	一等	○							
影組	開	二等	○·i							
影組	開	三四等	i							
影組	合	一二等	u；○							
影組	合	蟹止咍三四等	u							
影組	合	通舒	i							
影組	合	其他	y							
喻							i；*；u；i；y			

2. 韵母

第一表

攝\列	開 一 幫系	開 一 端系	開 一 見系	開 二 幫系	開 二 泥組	開 二 知組·莊	開 二 見系	開 三四 幫系	開 三四 端系	開 三 莊組	開 三·四 知章	開 三四 日母	開 三四 見系
果	*	o	o	a	a	a	a,ia	*	ie	*	ɤ	ɤ	ie
(遇)	*	*				*				*			
蟹	*	ai	ai	ai	ai	ai	ai,ia	i	i	*	ï	*	i
止		*		*	*	*		i,ei	i;ï	ï	ï	ɚ	i
效	au	au	au	au	au	au	au,iau	iau	iau	*	au	au	iau
流	ou,u	ou	ou	*	*	*		ou,u	iou	ou	ou	ou	iou
咸	*	an	an	an	an	an	an,ien	ien	ien	*	an	an	ien
山	*	an	an	an	*	an	an,ien	ien	ien	*	an	an	ien
宕	aŋ	aŋ	aŋ	aŋ		uaŋ	aŋ,iaŋ	*	iaŋ	uaŋ	aŋ	aŋ	iaŋ

開（開口呼）

攝＼聲母	一等 幫系	一等 端系	一等 見系	二等 幫系	二等 泥組	二等 知組莊	二等 見系	三四 幫系	三四 端系	三 莊組	三四 知章	日母	三四 見系
深	*	*				*		in	in	ue	ue	ue	in
臻	*	ue	ue			*		in	in	ue	ue	ue	in
曾	*	ue	ue			*		in	in	*	ue	ue	in
梗	ɤn·ue	*		ɤn·ue	ue	ue	ɤn·in	in	in	*	ue	*	in
（通）	*	*				*				*			
咸入	*	a	o	a	*	a	ia	*	ie	*	ɤ	*	ie
山入	*	a	o	*	*	a	ia	ie	ie	*	ɤ	ɤ	ie
宕入	o	o	o	o	*	o	o·io	*	io	ɤ	o	o	io
深入	*	*				*		i	i	ɤ	ï	u	i
臻入	*	*				*		i	i	ɤ	ï	ɛ	i
曾入	ɤ	ɤ	ɤ			*		i	i	ɤ	ï	*	i
梗入	*	*		ɤ	*	ɤ	ɤ	i	i	*	ï	*	i
（通入）	*	*				*				*			

第 二 表

攝 （呼/等/聲母）	一 幫系	一 端系	一 見系	二 幫系	二 莊組	二 見系	三四 幫系	三四 泥組	三四 精組	三四 莊組	三四 知章組	三四 日母	三四 見系
（合）												
果	o	o	o		*	ua			*	*			ye
遇	u	u	u				u	y	y	u	u	u	y
蟹	ei	ei;uei[(1)]	uei, uai	*	*	uai, ua	ei	*	uei	uai	uei	*	uei
止		*			*		i,ei;uei	ei	uei	*	uei	*	uei
（效）		*			*					*	*		
（流）		*			*					*	*		
咸	an	*	uan	*	uan		an			*			
山	an	an;uan[(2)]	uan	*	uan	uan	an;uan	ien	yen	*	uan	uan	yen
宕		*	uaŋ		*	uan	aŋ;uan			*	uan	uan	uan

合（合口呼）

攝列	三四·見系	三四·日母	三四·知章組	三四·莊組	三四·精組	三四·泥組	三四·幫系	二·見系	二·莊組	二·幫系	一·見系	一·端系	一·幫系
（深）臻	ý		uen	*			uen；ue		*		ue	*	ue
臻		ue		*	yin	ue			*			ue	ue
曾				*				ioŋ·uen	*		ioŋ	*	
梗	yin·ioŋ	ioŋ	ioŋ	ioŋ			ioŋ				ioŋ	ioŋ	ioŋ
通	oŋ·ioŋ	ioŋ	ioŋ	ioŋ	ioŋ	ioŋ	oŋ				o	o	o
咸入	ye		*	*	ye	ɤ	a	ua	ua	*	o	o	o
山入		*	uɤ,o	*	ye	ɤ	a；ua	ua	*	*	n	n	n
宕入		*	*	*			o		*	*	xn	n	n
（深入）臻入	y	*	n	*	y	y	n		*		n	n	n
曾入	y		ɤ	x	y	y		uɤ	*	*	uŋ	*	n
梗入	y		n	n	*	*			*		n	*	n
通入	y	n	n	n	n	n	n				n	n	n

3. 聲調

古類　影響條件 今值 今類		陰　平	陽　平	上	去
平	清	˥			
	濁		˩		
上	清			ˇ	
	次　濁			ˇ	
	全　濁				ˊ
去	清				ˊ
	濁				ˊ
入	清		˩		
	次　濁		˩		
	全　濁		˩		

附注:

韵母:—

(1)蟹攝合口一等端系字,端泥兩組讀開,精組讀合。

(2)山攝舒聲合口一等端系字,來母讀開,其他全讀合。

E. 同音字表

今調	陰平┐	陽平┘	上∨	去↑
今韵	ï;ɚ(〇後)			
廣韵	祭‖脂;之;支‖緝‖質‖職‖昔(均開口)			
p p' m f				
t t' n				
ts ts' s	師;思;斯		秭;子 此 死	自;字 次;刺,賜心 四;伺,似士、事
tʂ tʂ' ʂ	之;知,支 施	執‖姪,質‖直值植,殖禪 遲‖秩澄入‖赤 時‖十‖實‖食蝕‖石	只 恥 矢;使審二,始	致,至;痔、治,志;翅審 滯澄 世‖示;試,市;是‖式飾入
ʐ				
tɕ tɕ' ɕ				
k k' x				
〇		而;兒‖日	爾	貳二

今調	陰平	陽平	上	去
今韵	i			
廣韵	祭;齊‖脂;之;支;微‖緝‖質;迄‖職‖昔;陌三;錫			
p p' m f		鼻去‖必,弼‖逼‖碧;壁 皮脾 迷‖祕泌幫去;靡上	比;彼 鄙痞幫,丕平 米	敝‖臂,避 屁
t t' n		的,笛 堤提 梨;離‖立‖栗‖力‖歷	底 禮‖你,李里裏理	帝,第,隸來‖地 例屬
tɕ tɕ' ɕ	妻,棲心,溪‖期羣	緝清,集,急,及,吸曉‖吉‖極‖積;激 齊‖其;奇騎‖七;乞,迄曉‖戚,喫 習,泣溪入‖恤術‖息‖席	己 起 洗‖喜	祭;計繼‖寄;季合 器;技妓羣;氣 系‖戲
○		夷;疑;宜,移;遺合‖噎 屑‖邑‖一,逸‖亦;逆	以,矣	藝‖意;義議‖憶入

今調	陰平「	陽平」	上丶	去丨
今韵	u			
廣韵	模;魚;虞‖侯;尤‖緝‖没;術;物‖屋;沃;燭			
p pʻ m f	 夫	不 勃並入‖卜幫入,撲,僕曝瀑並入 木;目 服	 譜幫,普 母 府,腐奉	步 附‖婦負
t tʻ n	都	讀 圖‖突‖秃 奴‖鹿;陸;綠	賭肚 努	杜
ts tsʻ s	 初	卒‖足 鋤‖族從入;促 蕭,縮;續	 楚	助 素訴;數
tʂ tʂʻ ʂ	猪,諸 書;殊禪	竹;燭囑,觸穿入 除‖出 叔,熟;屬	主 鼠暑	著;柱 樹
ʐ		如;儒‖入‖肉;辱		
k kʻ x	姑孤 呼,乎匣	骨 哭 狐‖忽	 虎	故 户
○	烏	吾;無‖物‖屋	五;武	務‖戊明

今調	陰平˥	陽平˩	上˧	去˥
今韵	y			
廣韵	魚;虞‖術;物‖職‖昔‖屋三;燭(均合口)			
t tʻ n		驢‖律	女,呂‖履脂開	
tɕ tɕʻ ɕ	拘 樞穿,區 虛;須	橘‖菊;局 屈‖曲 徐‖戌‖畜	許	巨;娶清,聚,句 去 序‖遂邪脂合
○		魚於影,餘余、與上;于‖鬱‖域‖ 疫役‖育;欲	羽	遇‖玉入

今調	陰平ㄱ	陽平ㄥ	上ㄥ	去ㄱ
今韵		a		
廣韵		麻二‖合;盍;洽;乏‖曷;鎋;黠;月		
p pʻ m f	巴 〔媽〕	八,拔 法‖髮發	把 馬	壩 怕 罵
t tʻ n	他歌 拉入	答搭‖達 踏;塔 拿‖納;臘‖辣	打庚 〔那〕	大泰 〔那〕
ts tsʻ s		雜	 撒入	
tʂ tʂʻ ʂ	 沙	插‖察 殺		乍 詫
k kʻ x	 〔哈〕			 下

今調	陰平 ¬	陽平 ˩	上 ˥	去 ˥
今韵	ia			
廣韵	麻二‖佳‖洽;狎‖點;鎋(均開口)			
tɕ tɕʻ ç	家‖佳 蝦,霞匣	甲;挾帖匣 恰 狹;匣‖瞎	假₁(真｜)	假₂(放｜) 下
○	鴉	牙‖鴨壓‖軋		

今韵	ua			
廣韵	麻二‖佳;夬‖鎋;點(均合口)			
tʂ tʂʻ ʂ	 刷			
k kʻ x	瓜	刮 滑	□(黃皮｜瘦)	掛 化‖畫;話
○	蛙	挖	瓦	

今調	陰平 ㄱ	陽平 ㄥ	上 ㄥ	去 ㄱ
今韵		o		
廣韵		歌;戈一‖合;盍‖曷;末;薛‖鐸;覺;藥		
p p' m f	波,玻滂 坡	剝;縛奉 婆 末‖莫	剖侯 麼(‖事)	
t t' n	多	脫‖託 羅;騾‖洛	妥	舵 落
ts ts' s		作	左 所魚	坐
tʂ tʂ' ʂ		桌,捉;酌 説		
ʐ		若		
k k' x	歌哥;鍋 喝入	鴿‖割‖各;郭 闊 何‖合;盍‖遏影;活‖鶴;霍	果 可 火	個;過 禍
○	窩	鵝‖惡;握‖沃沃	我	

今調	陰平˥	陽平˩	上˦	去˥
今韵	io			
廣韵	覺;藥（均開口）			
t t' n		略		
tɕ tɕ' ɕ		覺;脚 確;雀精 學;削		
○		虐,約,藥		

今調	陰平 ┐	陽平 ┘	上 ˅	去 ˥
今韵		ɤ		
廣韵		麻二‖葉‖薛‖緝‖櫛‖德；職‖陌二；麥		
p p' m f		北‖百伯，白 泊鐸並‖迫幫入，拍 麥		
t t' n		得德 忒，特定入 劣‖勒		［那］
ts ts' s		則‖責 側照入，測‖澤擇澄入 澀‖瑟‖色		
tʂ tʂ' ʂ		 徹，澈澄入 蛇‖涉‖舌；設		［這］
ʐ		熱	惹	
k k' x		格；革 刻 黑‖赫		［去］
○		厄		

今調	陰平 ㄱ	陽平 ㄴ	上 ㄴ	去 ㄱ
今韵	uɤ			
廣韵	薛‖德‖麥（均合口）			
tʂ tʂ' ʂ		拙		
k k' x		國 或‖獲		

今韵	ie			
廣韵	麻三‖葉;業;帖‖薛;月;屑（均開口）			
p p' m f		撇 滅	瘪入	
t t' n	［爹］	帖‖鐵 列,臬疑		
tɕ tɕ' ɕ	嗟 些	接;劫‖傑;揭,竭;節,結 切 邪‖脅;協‖穴合	寫	謝
○		葉;業‖孽	也野	

今調	陰平 ˥	陽平 ˩	上 ˅	去 ˥
今韵	ye			
廣韵	戈三‖薛;月;屑(均合口)			
tɕ		絶;決		
tɕʻ		茄開;瘸‖缺		
ɕ	靴	薛開		
○		閲;月,越曰		

今韵	ai			
廣韵	咍;泰;皆;佳;夬(均開口)			
p				拜;敗
pʻ				派
m		埋	買	
f				
t	獃(1)			待、代;帶
tʻ				泰
n		来	乃;奶	賴
ts				再,在
tsʻ				菜;蔡
s				
tʂ	齋			寨
tʂʻ		柴		
ʂ				
k	該;皆開		改;解	蓋;介界戒,械匣
kʻ				概見,愾
x		孩;偕見,諧;鞋‖還(⎮是)删合		亥;害
○	哀		矮	愛;艾

(1)當寫作"懛"。

今調	陰平 ˥	陽平 ˩	上 ˥	去 ˥
今韵	uai			
廣韵	泰;皆;佳;夬‖脂;支（均合口）			
ts tsʻ s			揣穿	
tʂ tʂʻ ʂ				帥
k kʻ x		懷	塊去	怪 快
○	歪曉			外

今韵	ei			
廣韵	灰;泰;廢‖脂;支;微			
p pʻ m f	卑;悲;碑 披 飛	 梅‖[没] 肥	 每	倍;貝‖被 配,佩並 廢,肺
t tʻ n				對;兌 屢虞‖內;類;累
k kʻ x			給緝見	

今調	陰平ㄱ	陽平ㄴ	上ㄧ	去ㄱ
今韵	uei			
廣韵	灰;泰;祭;齊‖脂;支;微(均合口)			
ts tsʻ s	錐照三	垂禪 隨		罪;最 脆‖悴從,粹心 歲
tʂ tʂʻ ʂ	追			綴 稅‖睡瑞
ʐ				銳喻
k kʻ x	龜;歸 灰	 回	 毀	桂 會;彗喻;惠‖諱,彙喻
○	威	維惟;危,爲₂(作‖);微,圍	委	衛‖位;爲₁(因‖);未,畏

今調	陰平 ˥	陽平 ˩	上 ˦	去 ˥
今韵	au			
廣韵	豪;肴;宵			
p p' m f	包 貓明平		保 跑並平	 貌
t t' n		 桃 牢	倒,到₂去	到₁,道 鬧
ts ts' s		 草 掃嫂		竈
tʂ tʂ' ʂ	昭 燒		 炒	趙,照 紹
ʐ		饒		
k k' x		 毫	稿;攪 好	告
○				奧

今調	陰平 ㄱ	陽平 ㄴ	上 ˇ	去 ˋ
今韵	iau			
廣韵	肴;宵;蕭			
p p' m f		苗貓	表	
t t' n		條 燎;聊	了	釣 跳
tɕ tɕ' ɕ	消;蕭	喬 淆餚	巧 小;曉	叫 孝,効校;笑
○	妖	堯	舀	要

今調	陰平 ˥	陽平 ˩	上 ˇ	去 ˥
今韵	ou			
廣韵	侯;尤			
p				
p'				
m		謀	某畝	
f			否	
t	都模		斗	鬥,豆
t'		頭‖禿屋		
n				漏
ts			走	做模‖奏;就尤從
ts'		愁		
s				瘦
tʂ	周			
tʂ'			丑	
ʂ				獸
ʐ		柔		
k				
k'				
x		侯		候後
○	歐		偶	

今調	陰平˥	陽平˩	上˦	去˥
今韵	iou			
廣韵	尤;幽			
t tʻ n	［丟］		紐	
tɕ tɕʻ ɕ	秋 羞休	求 囚	九久	就,舅
○		牛,由猶,尤	有	又;幼

今調	陰平 ┐	陽平 ┘	ˋ上 ˊ	去 ┐
今韵	an			
廣韵	覃;談;咸;銜;鹽;凡‖寒;山;删;仙;桓;元			
p			板	扮,辦;半
p'				盼;判,叛並
m			滿	慢
f		凡	反	范‖飯
t			膽	旦
t'	貪	談		歡
n		南;藍‖難		爛;亂
ts	餐			
ts'			慘	
s	三			
tʂ	沾		斬‖展	暫從‖棧
tʂ'			剷,産審	
ʂ	衫‖山	蟬	陝	扇
ʐ		然	染	
k	干;間		感;敢	
k'				看
x		含;鹹;銜‖寒;閑		陷‖漢;限
○	安		眼	暗‖晏

今調	陰平 ˥	陽平 ˩	上 ˦	去 ˥
今韵	uan			
廣韵	桓；山；删；仙；元（均合口）			
t tʻ n			短 暖	
ts tsʻ s	酸			算
tʂ tʂʻ ʂ	專 删朔；閂栓	船		篆
ʐ			軟；阮元疑	
k kʻ x	官觀；鰥 歡	 還	管 款，皖匣 緩匣	貫；慣 唤，换
○	彎	完丸匣（彈｜）	碗	萬

今調	陰平ㄱ	陽平」	上ㄟ	去ㄱ
今韵	ien			
廣韵	咸;銜;鹽;嚴;添‖山;刪;仙;元;先			
p p' m f	邊		貶	辨;辮 徧幫,片
t t' n	天	田 廉‖連聯;年	典 撢	店 念‖戀
tɕ tɕ' ɕ	監‖圓 謙‖千 仙;先	 鉗‖錢 嫌‖賢	減‖剪;繭 險	漸‖諫;件;建;見 限;憲;現;縣合
○	研疑平,煙	嚴‖言	眼;演	驗,厭‖硯

今韵	yen			
廣韵	仙;元;先(均合口)			
tɕ tɕ' ɕ	 鮮開;軒開;宣;暄	全 弦開;玄懸	 癬開;選	倦
○		丸桓匣(肉丨);緣沿鉛, 圓;元,園	遠	院

今調	陰平 ˥	陽平 ˩	上 ˧	去 ˥
今韵	ən			
廣韵	侵‖痕;臻;真;魂;諄;文‖登;蒸‖庚;耕;清			
p	崩			
p'		彭		
m		門		
f	分			奮
t			等	頓
t'	吞			
n		倫‖能	冷	論
ts	臻‖增,僧心‖爭		〔怎〕	
ts'	撑	存		
s	森‖生			
tʂ	徵‖貞,偵徹			鄭,政正
tʂ'		沉‖陳,臣‖成誠		
ʂ	深‖身申‖聲	晨;唇合‖繩₁	審	盛
ʐ		壬‖人‖仍	忍	認;閏
k	跟根‖庚,耕		亘去	更
k'			懇‖肯	
x		恒	很匣	恨‖杏
○	恩			硬

今調	陰平 ㄱ	陽平 ㄴ	上 ㄴ	去 ㄱ
今韵	uən			
廣韵	魂;諄;文‖庚二(均合口)			
tʂ tʂʻ ʂ	椿,春	純‖繩₂ 蒸		
k kʻ x	坤 昏	橫		
○	溫	聞	穩	問

今韵	in			
廣韵	侵‖真;欣‖蒸‖庚;耕;清;青(均開口)			
p pʻ m f	兵	貧‖平;瓶 民‖名	稟 品 敏	病;並 命
t tʻ n	丁 聽	林‖鄰‖陵‖零‖靈	領	定 令
tɕ tɕʻ ɕ	侵清,今‖津,巾;斤‖京荊;經 欽‖親‖輕 心‖新‖星腥	秦 行;形	緊	進晉;近‖靜,勁 信‖幸;性姓
○	音‖因‖鶯;英	銀‖凝‖盈	隱	印‖應

今調	陰平ㄱ	陽平ㄴ	上ㄴ	去ㄱ
今韵	yin			
廣韵	諄;文‖清;庚三;青(均合口)			
tɕ	均			
tɕʻ	傾、頃上	羣‖瓊		
ɕ	勳	尋侵‖旬	迴匣	
○		雲‖營;榮;螢匣	允‖永	孕蒸

今韵	aŋ			
廣韵	唐;江;陽(均開口)			
p	邦			
pʻ		旁		
m		忙		
f	方	房防		
t	當		黨	蕩
tʻ		堂		燙
n		郎	朗	
ts				
tsʻ	倉			
s	桑			
tʂ	張		長	丈
tʂʻ				
ʂ	商	常		尚上
ʐ				讓
k	剛綱			
kʻ				
x				項、巷

今調	陰平ㄇ	陽平ㄆ	上ㄥ	去ㄟ
今韵	iaŋ			
廣韵	江;陽(均開口)			
t				
tʻ				
n		娘,良	兩	量
tɕ	江		講	
tɕʻ		墙		像邪
ɕ	香鄉	詳祥	想	像,向
○			仰	樣

今韵	uaŋ			
廣韵	江;陽;唐			
tʂ	椿;莊			
tʂʻ	窗	牀	撞[1] 澄去	
ʂ				
k	光			
kʻ		狂		曠;況曉
x		黃		
○	汪	王	往	望,旺

(1)'撞'疑當爲'初兩切'之'搶'字,廣韵訓'頭搶地'。

今調	陰平 ˥	陽平 ˩	上 ˥	去 ˥
今韵	oŋ			
廣韵	登‖庚二;耕‖東;冬;鍾			
p				
pʻ		朋		
m		萌		孟‖夢
f	風;封			奉
t	東			動、洞
tʻ	通	同	桶;統去	
n		農;隆;龍	攏	弄
ts			總	
tsʻ		崇		
s	鬆;嵩;松			送;宋;誦
tʂ	中;鍾			衆;種
tʂʻ	充;衝沖		寵	
ʂ				
ʐ		絨;茸		
k	公功;弓;恭			共
kʻ	空		恐	
x		弘‖宏‖紅		
○	翁			

今調	陰平ㄱ	陽平ㄱ	上ㄴ	去ㄱ
今韵	ioŋ			
廣韵	庚三‖東;鍾(均合口)			
tç tç' ç	兄‖胸兇	窮 熊雄喻		
○		融		用

F. 音韵特點

1. 聲母

（1）ts與tʂ分；古精組洪音全讀ts等，如'倉'ts'aŋ；章組字全讀tʂ等，如'身'ʂən。

（2）莊組在外轉韵與止合讀tʂ等，如'柴'tʂ'ai，'帥'ʂuai；其他讀ts等，如'縮'su，'色'sɤ。

（3）知組梗二等韵字讀ts等，如'撐'ts'ən，'澤'ts'ɤ；其他讀tʂ等，如'篆'tʂuan，'詫'tʂ'a。

（4）不分尖團，精組見系細音混，全讀tç等，如'七'='乞'tç'i，'絕'='決'tçye。

（5）見系二等開口在蟹攝與梗攝入聲中不顎化，如'艾'ai，'革'kɤ；其他不定，如'眼'ien，'限'xan。

（6）泥來洪細音全混，如'能'='倫'nən，'女'='吕'ny。

（7）日母合口不失聲母，如'軟'ʐuan。

（8）疑影開口洪音失聲母，如'偶'ou，'安'an。

（9）疑母三四等開口失聲母，不與泥混，如'孽'ie，'驗'ien。

2. 開合

（1）蟹攝一等合口的端系字端泥兩組讀開，如'對'tei，'內'nei，精組讀合，如'最'tsuei。

（2）臻攝舒聲一等合口的端系字全讀開，如'頓'tən，'論'nən，'存'ts'ən。

（3）精組三四等合口字全保持合口，如'徐'ɕy，'歲'suei，'隨'suei，'全'tɕ'yen，'旬'ɕyin。

（4）來母三四等合口字在遇攝與臻攝入聲中仍保持合口，如'呂'ny，'律'ny；其他全讀開，如'累'nei，'戀'nien，'倫'nən，'劣'nɤ。

3. 韻母

（1）模韻端系與魚虞兩韻的莊組字讀u，不與流攝字混，如'杜'tu≠'鬥'tou，'鋤'ts'u≠'愁'ts'ou。（入聲没屋燭的端系莊組字同。）

（2）魚虞兩韻的知系字讀u，見系字讀y，二者不混，如'鼠'ʂu≠'許'ɕy，'儒'zu≠'餘'y。

（3）蟹合一三等與止合的端系字全讀ei，如'兌'tei，'歲'suei，'類'nei。

（4）山咸舒聲元音在i與y之後讀e，如'貶'pien，'倦'tɕyen。

（5）深臻曾梗舒聲混，全收n尾，如'林'='鄰'='陵'='靈'nin。

（6）通三入見系字全讀y，如'局'tɕy，'畜'ɕy，'欲'y。

4. 聲調

（1）不分陰陽去，如'士'sïꜛ='四'sïꜛ='事'sïꜛ。

（2）入聲全歸陽平，如'何'꜔xo='霍'꜔xo='活'꜔xo。

G. 故事

16. oˇ tɕiaŋˇ tʂɤˇ koˑ kuˇ sïꜜ, tɕiouˇ ʂïˇ aˑ, tsïˇ kueiꜛ ɕienꜛ iouˇ
　　我　講　這　個　故　事，　就　是　阿，秭　歸　縣　有

iˑ koˑ tiꜜ faŋꜜ tɕiauꜜ tsoꜜ maˇ tɕiaꜜ paˇ tiˑ。iouˇ iˑ koˑ ɕinꜜ
一　個　地　方　叫　作　<u>馬</u>　<u>家</u>　<u>壩</u>　的。有　一　個　姓

maˇ tiˑ tɕiaꜜ niˑ aˑ, iouˇ iˑ koˑ maˇ kuꜜ niaŋꜜ, t'aꜜ ʂïˇ ʂaŋꜜ
<u>馬</u>　的　家　裏　阿，有　一　個　馬　姑　娘，　他　時　常

tɕiou˦ ɕi˧ xuan˥ ta˥ p'i˩。 t'a˥ ti˧ mu˧ tɕ'in˥ ne˩·， mei˧ mei˧ taŋ˥
就　喜　歡　打　屁。　他　的　母　親　呐，　每　每　當

t'a˥ ta˧ p'i˥ ti˩· ʂï˥ xou˦， tsoŋ˧ ʂï˥ ma˥ t'a˥， pu˩ iau˧ t'a˥ ta˧ p'i˩。
他　打　屁　的　時　候，　總　是　罵　他，　不　要　他　打　屁。

t'a˥ ʂo˨：“ni˧ a˩· tʂɤ˥ iaŋ˥ ta˧ p'i˥ a˩·， tʂ'ən˧ ko˩ mo˧ iaŋ˥ tsï˩·，
他　説："你　阿　這　樣　打　屁　阿，　成　個　麼　樣　子，

tʂɤ˥ pu˩ tʂ'ən˧ iaŋ˥ tsï˩·， ni˧ t'oŋ˩ ʂï˥ tau˦ nə˩· p'o˧ tsï˩· tɕia˥ ni˩·
這　不　成　樣　子，　你　同　時　到　了　婆　子　家　裏

k'ɤ˥ ne˩·， tsai˦ iau˧ tʂɤ˥ iaŋ˥ tsï˩ a˩·， tsən˧ mo˩· ɕin˩ ni˧，ni˧ i˨
去　呐，　再　要　這　樣　子　阿，　怎　麼　行　呢，　你　以

xou˦ pu˩ iau˧ ta˧ p'i˩。” iou˦ iou˧ i˩ t'ien˥， t'a˥ ti˧ ma˥ k'an˧ t'a˥
後　不　要　打　屁。"　又　有　一　天，　他　的　媽　看　他

iou˦ tsai˦ ta˧ p'i˥， t'a˥ ma˥ ɕiaŋ˥ t'a˥ ʂo˨：“ni˧ pu˩ tɕiou˧ a˩·
又　在　打　屁，　他　媽　向　他　説："你　不　久　阿

tɕiou˦ iau˧ tau˦ p'o˩ tsï˩· tɕia˥ tɕ'y˧ niau˧·， ni˧ xai˩ tsai˦ ta˧ p'i˥，
就　要　到　婆　子　家　去　了，　你　還　在　打　屁，

ʂï˥ pu˩ ɕin˩ ti˩·。”
是　不　行　的。"

t'a˥ pu˩ tɕiou˧ t'a˥ tɕiou˧ tau˦ p'o˩ tsï˩· tɕia˥ tɕ'y˧ niau˩·。 t'a˥
他　不　久　他　就　到　婆　子　家　去　了。　他

tsai˦ tɕia˥ ni˩· t'in˥ tau˦ t'a˥ mu˧ tɕ'in˥ ti˩· kau˥ kai˥， t'a˥ tɕiou˦
在　家　裏　聽　到　他　母　親　的　告　戒，　他　就

pu˩ ta˧ p'i˥， tau˦ tɤ˩· i˩ ɤ˩ san˥， san˥ ɤ˩ tɕiou˥， t'a˥ tɕiou˦ tɕ'i˥
不　打　屁，　到　得　一　二　三，　三　二　九，　他　就　氣

tɤ˩· xən˧ sou˥。 tsai˦ iou˧ i˩ t'ien˥， t'a˥ ti˧ koŋ˥ koŋ˩·， t'a˥ ti˧ p'o˩
得　很　瘦。　再　有　一　天，　他　的　公　公，　他　的　婆

tsï˩·， t'a˥ ti˩· ta˥ pɤ˥ tsï˩·， t'a˥ ti˩· ɕiau˥ ʂu˩ tsï˩· y˩ t'a˥ ti˩· tʂaŋ˥
子，　他　的　大　伯　子，　他　的　小　叔　子　與　他　的　丈

fuˑ, touˀ tɕʻyˀ tsoŋˀ tʻienˌ kʻɤˀ niauˇ, tʻaˀ yˀ tʻaˀ tiˑ iˌ koˀ pʻoˌ
夫，都 去 種 田 去 了， 他 與 他 的 一 個 婆

pʻoˌ tsaiˀ uˌ niˑ noŋˌ fanˀ, tʻaˀ tiˑ pʻoˌ pʻoˑ tsaiˀ tsauˀ uˌ xouˀ
婆 在 屋 裏 弄 飯， 他 的 婆 婆 在 竈 屋 後

tʻouˑ ʂauˀ xoˇ aˑ, tʻaˀ tiˑ pʻoˌ pʻoˑ kʻanˀ tauˀ tʻaˀ souˀ tʂɤˑ xuaŋˌ
頭 燒 火 阿， 他 的 婆 婆 看 到 他 瘦 得 黃

pʻi kuaˇ souˀ tiˑ, tɕiouˀ ɕiaŋˀ tʻaˀ ʂoˑ："niˇ tauˀ oˇ tɕiaˀ niˑ
皮 寡 瘦 的， 就 向 他 說："你 到 我 家 裏

naiˌ meiˌ iouˇ xauˇ tɕiouˇ aˑ, tɕiouˀ souˀ tauˀ tʂɤˑ koˀ iaŋˀ tsïˑ,
來 沒 有 好 久 阿， 就 瘦 到 這 個 樣 子，

niˇ ʂïˌ ʂənˑ moˑ pinˀ neˑ, niˇ uaŋˀ oˇ ʂoˑ aˑ, oˇ kʻoˇ iˇ kauˀ
你 是 什 麽 病 呐， 你 望 我 說 阿， 我 可 以 告

ɕyˑ niˇ tiˑ koŋˀ koŋˑ, niˇ tiˑ pʻoˌ tsïˑ, xauˇ noŋˀ ioˇ naiˌ kənˀ
訴(?) 你 的 公 公， 你 的 婆 子， 好 弄 藥 來 跟

niˇ tʂïˇ pinˀ。" tʻaˀ tɕiouˀ puˀ xauˇ ʂoˌ tiˑ, inˀ ueiˀ tʻaˀ tiˑ pʻoˌ
你 治 病。" 他 就 不 好 說 的， 因 爲 他 的 婆

pʻoˌ tsaiˀ sanˀ uənˀ tʻaˀ, tʻaˀ tɕiouˀ paˇ tʂɤˑ koˀ xuaˀ ʂoˌ nəˑ,
婆 再 三 問 他， 他 就 把 這 個 話 說 了，

tʻaˀ tiˑ pʻoˌ pʻoˑ tɕiouˀ ɕiauˀ iˑ ɕiauˇ。"xəˑ! tʂɤˑ koˀ taˇ pʻiˀ məˑ
他 的 婆 婆 就 笑 一 笑。"嘿! 這 個 打 屁 嘠

naˇ koˀ puˀ taˇ aˑ, niˇ iouˇ pʻiˀ tʂïˇ kuanˇ taˇ tɕiouˀ ʂïˀ niauˇ。"
哪 個 不 打 阿， 你 有 屁 只 管 打 就 是 了。"

tʻaˀ tʂɤˑ iˑ tɕiˌ, tʻaˀ tɕiouˀ iˑ pʻiˀ aˑ, tʻaˀ inˀ ueiˀ xənˇ tɕiouˇ
他 這 一 急， 他 就 一 屁 阿， 他 因 爲 很 久

me(i)ˌ iouˇ taˇ pʻiˀ nəˑ, tʂɤˑ koˀ pʻiˀ tiˑ niˌ niaŋˀ xənˇ taˀ,
沒 有 打 屁 了， 這 個 屁 的 力 量 很 大，

tɕiouˀ paˇ naˇ koˑ nanˀ touˀ fuˑ aˑ tɕiouˀ iˑ ɕiaˀ iˑ tʂʻoŋˀ, tʂʻoŋˀ
就 把 那 個 爛 豆 腐 阿 就 一 下 一 衝， 衝

tˠ˩ manˠ ti˩ tou꜒ ʂï˩ ti˥, paˠ ko꜒ p'o˩ tsï˩ tɕiou꜒ t'aŋ꜒ nə˥，na˥
得 滿 地 都 是 的， 把 個 婆 子 就 燙 了， 那

ko꜒ p'o˩ tsï˩ tɕiou꜒ fa˩ tɕ'i˥ tɕ'i˥ nai˩ ʂo˩："tʂˠ˥ xai˥ niauˠ tˠ˩，
個 婆 子 就 發 起 氣 來 說："這 還 了 得，

niˠ nien˩ o˥ tɕiou꜒ ʂï˥ tʂˠ ko꜒ iaŋ꜒，niˠ ti˩ koŋ koŋ꜒，niˠ ti˩
你 連 我 就 是 這 個 樣， 你 的 公 公， 你 的

p'o˩ tsï˩ xuei˩ nai˩ nə˥，o˥ i˩ tin˩ iau˩ kau꜒ su˩ t'aˠ a˥，tɕie˩
婆 子 回 來 了， 我 一 定 要 告 訴 他 阿， 揭

niˠ ti˩ p'i˩ a˥。" t'a꜒ xˠ˩ tau˥ nə˥，t'a꜒ xˠ˩ nə˥ tɕiou꜒ i˩ p'auˠ，
你 的 皮 阿。" 他 嚇 到 了， 他 嚇 了 就 一 跑，

p'auˠ tau꜒ i˩ ko꜒ ie˥ uai꜒ ti˩ faŋ꜒，t'a꜒ tɕiou꜒ tso꜒ tsai꜒ ʂï˩ t'ou˥
跑 到 一 個 野 外 地 方， 他 就 坐 在 石 頭

ʂaŋ꜒ k'u˩ tɕ'i˥ nai˩，tsai꜒ tʂˠ ko꜒ ʂï˩ xou꜒ ne˥ nai˩ niauˠ i˩ ko꜒
上 哭 起 來， 在 這 個 時 候 吶 來 了 一 個

tɕ'i˩ maˠ ti˩ zən˩，tɕiou꜒ uən꜒："niˠ ueiˠ moˠ ʂï꜒ k'u˩ oˠ?" t'a꜒
騎 馬 的 人， 就 問："你 爲 麼 事 哭 哦?" 他

ne˥ in꜒ ueiˠ xai꜒ ɕiou꜒ ie˥ pu˥ xauˠ ʂo˩ tˠ˥。na꜒ ko꜒ zən˩ tsai꜒
吶 因 爲 害 羞 也 不 好 說 得。 那 個 人 再

san꜒ ti˩ uən꜒，t'a꜒ tɕiou꜒ ʂo˩ nə˥。"oˠ mei˩ iouˠ tɕien꜒ ko꜒ taˠ
三 的 問， 他 就 說 了。"我 沒 有 見 過 打

p'i꜒ iou꜒ tʂˠ꜒ iaŋ꜒ ti˩ ɕioŋ꜒，niˠ tʂïˠ kuanˠ taˠ ko꜒ oˠ k'an꜒。" t'a꜒
屁 有 這 樣 的 兇， 你 只 管 打 個 我 看。" 他

ʂo˩："niˠ ʂï꜒ tsai꜒ iauˠ oˠ taˠ ne˥，niˠ paˠ maˠ ʂuan꜒ xauˠ。" t'a꜒
說："你 實 在 要 我 打 吶， 你 把 馬 拴 好。" 他

ni˥ tɕiou꜒ paˠ maˠ ʂuan꜒ tsai꜒ ʂu˩ ʂaŋ꜒ nə˥。t'a꜒ tɕiou꜒ i꜒ p'i꜒ i˩
呢 就 把 馬 拴 在 樹 上 了。 他 就 一 屁 一

taˠ tɕiou꜒ nien˩ kən꜒ tai꜒ maˠ，i˩ ɕiaˠ tʂ'oŋ꜒ tɕ'iˠ nai˩，tɕiou꜒
打 就 連 根 帶 馬， 一 下 沖 起 來， 就

tʂʻoŋ˥ tau˥ pan˥ tʻien˥ yin˩ ni˩˙ kʻɤ˥ nə˩˙。 na˥ ko˩˙ tɕʻi˩ ma˥ ti˩˙
沖　　到　　半　　天　　雲　　裏　　去　　了。　那　　個　　騎　　馬　　的

zən˩ kʻan˥ tai˥ niau˥， tʻa˥ ie˥ pu˩ kan˥ toŋ˥ a˩˙， tɕiou˥ uaŋ˥ tau˥
人　　看　　獃　　了，　他　　也　　不　　敢　　動　　阿，　就　　望　ᵒ到

na˥ ko˩˙ ma˥， tʻa˥ kʻan˥ tau˥ na˥ ko˩˙ ma˥ no˩ ɕia˥ nai˩ i˩ tin˥
那　　個　　馬，　他　　看　ᵒ到　那　　個　　馬　　落　　下　　來　　一　　定

iau˥ ta˥ sï˥， i˩ tin˥ pu˩ tɤ˥ niau˥ sï˥， tʻa˥ tɕiou˥ xɤ˩ tɤ˥ iou˩ i˩
要　　打　　死，　一　　定　　不　　得　　了　　事，　他　　就　　嚇　　得　　又　　一

pʻau˥。 na˥ ko˩˙ ku˥ niaŋ˩ ne˩˙ pu˩ tʂï˥ pʻau˥ tau˥ ʂən˩˙ mo˩˙ ti˩ faŋ˥
跑。　那　　個　　姑　　娘　　吶　　不　　知　　跑　　到　　什　　麼　　地　　方

kʻɤ˥ nə˩˙， tau˥ ɕien˥ tsai˥ ni˩˙ ie˥ xa(i)˩ pu˩ tʂï˥ tau˥。
去　　了，　到　　現　　在　　呢　　也　　還　　不　　知　　道。

一七.巴東（百萬鄉）

A. 發音人履歷

發音人	17
年齡	18 歲
原籍	巴東平陽河北岸百萬鄉
職業	學生
教育程度	中學
幼時語言環境	本地小學
教師方言	本縣
住過的地方	南京一年，宜昌一年半，武昌四個月
曾否學國語	未
能否說別處話	不能說

二十五年五月二十日丁聲樹記音

　　發音人 17 凡非敷奉母及曉匣母合口一律讀x。但有時亦有一二字讀f，自謂係受南京話影響，今不計。

B. 聲韵調表

1. 聲母

p　半步白　　p'　婆品　　　m　母滅

t　丁洞讀　　t'　通同　　　n　拿藍年列

ts　再自爭　　ts'　從愁倉　　　　　s　三生事數

tʂ　斬張竹莊　tʂ'　寵臣柴揣　　　　ʂ　山樹帥施　　z̩　熱柔若茸

tɕ　精見聚就　tɕ'　秋鉗瓊齊　　　　ɕ　新形限象戲

k　該歸皆　　k'　刻狂　　　　　x　亥寒方服虎紅分肺

○　而日艾安義鴨物蛙未餘云亦

2. 韵母

ï　世知斯自直石；ɚ而日　　a　巴納察下　　o　波合脫窩　e　蛇熱革劣

i　妻彼席祭　　　　　　　ia　家鴨佳　　io　略覺虐　　ie　滅列結夜

u　圖書入故屋主　　　　　ua　瓜畫掛法　　　　　　　ue　拙國或

y　女律須局域欲　　　　　　　　　　　　　　　　ye　絕缺曰靴

ai　該拜皆埋　　ei　卑對內類　　au　包炒好鬧　　ou　謀斗周柔後

　　　　　　　　　　　　　　　iau　表釣巧堯　　iou　紐求牛

uai　揣帥快外　　uei　罪隨垂飛位

an　貪難半眼　　　　　　　　ən　門倫生人杏

　　　　　ien　貶年監言　　　　　　　　　　in　兵林情行

uan　凡官萬船　　　　　　　uən　春閏奮橫溫

　　　　　yen　全倦院　　　　　　　　　　yin　均旬雲永

aŋ　邦長讓巷　　uŋ　朋洞充絨共翁

iaŋ　娘江想仰　　iuŋ　窮兄用

　　uaŋ 莊光荒房王

3.聲調

陰平	陽平	上	去
˥	˩	˅	˧
師思因春	時十石色	斗使你有	士市試內

C. 聲韵調描寫

1.聲母

　　巴東共有二十個聲母,依發音部位,分爲p,t,ts,tṣ,tɕ,k,○七組。

　　p組p,pʻ,m。發閉塞音跟送氣音都不強。

　　t組t,tʻ,n。n跟l是變值音位,但讀l的機會極少。在齊齒韵前,n並不顎化。

　　ts組ts,tsʻ,s。部位不很前,是舌尖中音。摩擦成分也弱。

　　tṣ組有tṣ,tṣʻ,ṣ,z̨。捲舌程度平均。遇ï韻時稍偏舌尖中音。z̨的摩擦不強。

　　tɕ組tɕ,tɕʻ,ɕ。舌面接觸很緊,遇齊齒韵時,都有j介音。遇y韵或y介母時,在聲母後有先成齊齒的傾向。如'倦',寫嚴式當作tɕiyen。

　　○在開口韵時前有喉閉塞或後顎摩擦。如'安'嚴式作ʔan或ɣan,'惡'嚴式作ʔo或ɣo。在i,y韵時,前有j摩擦音。在u韵前也有喉閉塞現象。

2.韵母

　　ï在ɿ,ʅ兩值。ɿ跟ts等配,部位不很前。ʅ跟tṣ等配,捲舌程度適中。ɚ只跟無聲母配,部位平均。

　　i,u,y。i在p,t兩組聲母後讀得較鬆,在tɕ等後較緊。u是較鬆的u。y近標準y。

　　a,ia,ua。a比平均ᴀ稍前。ia,ua兩介母都穩。

　　o,io。o是很關的o,在k等聲母後時,略有先關後開的傾向,如'果'嚴式可作kuo。io的i很關，o比較單元音o稍開。

e，ie，ue，ye。e是相當關的e。

ai，uai。ai的a短而偏前，讀得相當的關，有時讀近ɛi。uai的a稍開些。兩韵的i尾都很關而帶點微擦音。

ei，uei。e相當關，i不到標準i的程度，嚴式可作eɪ。

au，iau。a是平均ɑ，u相當關。

ou，iou。o近標準o，u不很關。iou的o並不受i的影響而偏前。

an，uan。a相當前。無聲母時，an的a很近æ。n值穩。

ien，yen。ien的e不很穩，有時開些，有時關些，大致總在ɐ，ɛ之間。yen的e比較關些。

ən，uən。ən的ə相當偏後。uən的ə較短。

in，yin。in的i很短，無聲母時略帶摩擦而關些。yin的i不很顯著。

aŋ，iaŋ，uaŋ。aŋ的a相當前。uaŋ的a比較偏後。ŋ值不很穩定。

uŋ，iuŋ。u不很關，近似ʊ。ŋ值不穩定。

3. 聲調

陰平大致是從"半高"升至"高"（45）。寬式用高平調號（˥55）。

陽平是低平調（˩11）。

上聲從"半高"降至"中"（43），寬式用高降調號（˥˧53）。

去聲是高升調（˧˥35）。調值比其他各調都穩些。

D. 與古音比較

1. 聲母

古聲組及影響條件 ＼ 發音方法及影響條件	全清塞	次清塞	全濁塞 平	全濁塞 仄	次濁	清擦	濁擦 平	濁擦 仄
幫組	幫：p	滂：p‘	並：p‘	並：p	明：m			
非組					微：u	非/敷：x	奉：x	
端組 泥	端：t	透：t‘	定：t‘	定：t	泥：n　來：n			
精組 洪（一二等）	精 ts	清 ts‘	從 ts‘	從 ts		心 s	邪 s	邪 s
精組 細（三四等）	精 tɕ	清 tɕ‘	從 tɕ‘	從 tɕ		心 ɕ	邪 ɕ	邪 ɕ
莊組 內轉	莊（照二） ts	初（穿二） ts‘；tʂ‘(1)	崇（牀二） ts‘；s	崇 ts		生（審二） s；ʂ(1)		
莊組 外轉	莊 tʂ	初 tʂ‘	崇 tʂ‘	崇 tʂ		生 ʂ		
知組	知 ts / tʂ	徹 ts‘ / tʂ‘	澄 ts‘ / tʂ‘	澄 ts / tʂ				
章組	章（照三） tɕ	昌（穿三） tɕ‘	船（牀三） ɕ			書（審三） ɕ	禪：ʑ；tɕ‘	禪：ʑ；tʂ‘

古母今讀 古聲母及今讀條件 古聲母組及影響條件	今讀條件	全清塞	次清塞	全濁塞（平）	全濁塞（仄）	次濁	清擦	濁擦（平）	濁擦（仄）
日母	止（附質）今開					○			
日母	止（附質）今合					z̩			
日母	其他					z̩			
見組曉（開）	一等	k	kʻ			○	x		x
見組曉（開）	二等	k，tɕ	kʻ，tɕʻ			○、i	x，ɕ		x，ɕ
見組曉（開）	三四等	tɕ	tɕʻ	tɕʻ	tɕ	i	ɕ		ɕ
見組曉（合）	一二等	k	kʻ	*	*	u；○	x	匣	x
見組曉（合）	蟹止合三四等	k	kʻ	kʻ	k	u	x		x
見組曉（合）	通舒	k	kʻ	tɕʻ	k	?	ɕ		*
見組曉（合）	其他	tɕ	tɕʻ	tɕʻ	tɕ	y	ɕ		ɕ
影組（開）	一等	○				*			
影組（開）	二等	○、i							
影組（開）	三四等	i				i			
影組（合）	一二等	○、u				u			
影組（合）	蟹止合三四等	u							
影組（合）	通	i							
影組（合）	其他	y				y			

（聲類標目：見　溪　羣　疑　曉　匣　日　影　喻）

2. 韵母

第一表

開

摄 \ 声母（等）	一 帮系	一 端系	一 見系	二 帮系	二 泥組	二 知組莊	二 見系	三四 帮系	三四 端系	三四 莊組	三四 知組章	三四 日母	三四 見系
果	*	o	o	a	a	a	a,ia	*	ie	*	e	e	ie
（遇）										*			
蟹	*	ai	ai	ai	ai	ai	ai,ia	i	i		ï	*	i
止		*						ei,i	i;ï	ï	ï	ɚ	i
效	au	au	au	au	au	au	au,iau	iau	iau	*	au	au	iau
流	ou	ou	ou					ou,iou,u	iou	ou	ou	ou	iou
咸	*	an	an	an	*	an	an,ien	ien	ien	*	an	uan	ien
山	*	an	an	an	*	an	an,ien	ien	ien	*	an	an	ien
宕	aŋ	aŋ	aŋ	aŋ	*	uaŋ	iaŋ,aŋ	*	iaŋ	uaŋ	aŋ	aŋ	iaŋ

攝\聲母	見系	日母	知組章	莊組	端系	幫系	見系	知組莊	泥組	幫系	見系	端系	幫系
（等）	三 四						二				一		
（呼）	開												
深	in	en	en	en	in	in		*				*	
臻	in	en	en	en	in	in		*			ue	ue	*
曾	in	en	en	*	in	in		*			ue	ue	ɯn,en
梗	in	*	en	*	in	in	en,in	en	un	un,en		*	
（通）				*				*				*	
咸入	ie	*	e	*	ie	*	ia	a	un	a	o	a	*
山入	ie	e	e	*	ie	ie	ia	a	*	a	o	a	*
宕入	io	o	o	*	io	*	io,o	o	*	o	o	o	o
深入	i	u	ï	e	i	*						*	
臻入	i	ɤ	ï	e	i	i			*			e	e
曾入	i	*	ï	e	i	i					e	e	e
梗入	i	*	ï	*	i	i	e	e	*	e	e	*	*
（通入）				*				*				*	

第 二 表

攝別＼呼/等/聲母	一 幫系	一 端系	一 見系	二 幫系	二 莊組	二 見系	合 幫系	合 泥組	合 精組	合 三 莊組	合 三四 知組章	合 三四 日母	合 三四 見系
果	o	o	o	*	*	ua			*				ye
遇	u	u	u		*		u	y	y	u	u	u	y
蟹	ei	ei	uei, uai	*	*	uai, ua	uei	*	uei	*	uei	*	uei
止		*		*	*		ei, i; uei	ei	uei	uai	uei	*	uei
(效)		*		*	*					*			
(流)		*		*	*					*			
咸	an	*		*	*		uan			*	*		
山	an	an	uan	*	uan	uan	uan	ien	yen	*	uan	uan	yen
宕		*	uaŋ		*	uaŋ	uaŋ		*	*	uan	uan	uaŋ

攝別＼聲母	合 一 幫系	一 端系	一 見系	二 幫系	二 莊組	二 見系	三四 幫系	三四 泥組	三四 精組	三四 莊組	三四 知章組	三四 日母	三四 見系
(深)	ue	*	uen	*	*	*	uen	ue	yǐn	*	uen	uen	yǐn
臻	uŋ	ue	uŋ	*	*	iuŋ,uen	uŋ	iuŋ	*	*	iuŋ	iuŋ	yin,iun；iuŋ,iun
曾	o	*	*	*	*		iuŋ	iuŋ	iuŋ	iuŋ	iuŋ	iuŋ	iuŋ,iun
梗	uŋ	iuŋ	o	*	ua	ua	ua	e	ye	iuŋ	ue,o	iuŋ	
通		*	o	*	*	ue	o		y	*	*	*	ye
咸入	n	*	n	*	*	*	n	y	y	*	u	*	y
山入	n	u	ue	*	ua	ua	u	y	y	*	u	*	y
宕入	o	o	*	*	*	*	o	*	*	*	*		
(深入)	n	*	n	*	*	*	n	*	y	*	*	*	y
臻入	n	u	n	*	*	*	u	u	*	u	u	*	y
曾入	*	*	ue	*	ue		ue	u	*	*	*		y
梗入	u	*	u	n	*	ue	u	u	*	u	*	u	y
通入	u	u	u	*	*	*	u	u	u	u	u	u	y

3.聲調

古類 \ 今影響條件 \ 今值 今類		陰平	陽平	上	去
平	清	˥			
平	濁		˩		
上	清			ˋ	
上	次濁			ˋ	
上	全濁				ˊ
去	清				ˊ
去	濁				ˊ
入	清		˩		
入	次濁		˩		
入	全濁		˩		

附注：

聲母：—

(1)莊組內轉止攝合口初生兩母讀tʂʻ, ʂ，如'揣'tʂʻuai，'帥'ʂuai。

E. 同音字表

今調	陰平 ˥	陽平 ˩	上 ˧	去 ˥
今韻	ï;ɚ(○後)			
廣韻	祭‖脂;之;支‖緝‖質‖職‖昔(均開口)			
p p' m				
t t' n				
ts			子	自;字
ts'			此	次;伺心;刺,賜心
s	師;思;斯			四;似,士、事
tʂ	之;知	執‖姪,質‖直值植,殖禪‖擲,隻		滯‖致,至;翅審
tʂ'		遲‖秩澄入‖赤	恥	
ʂ	施	時‖十‖實‖食蝕‖石	矢;使審二,始	世‖示;試,市;是‖式飾入
ʐ̩				
tɕ tɕ' ɕ				
k k' x				
○		而‖日	爾	貳

今調	陰平 ˥	陽平 ˩	上 ˥	去 ˥
今韵	i			
廣韵	祭;齊‖脂;之;支;微‖緝‖質;迄‖職‖昔;陌三;錫			
p		鼻去‖必,弼‖逼,愎‖碧,闢;壁	比;彼	
p'		僻	鄙痞幫	
m			米	祕泌幫
t		的,笛	底	帝,弟、第,隸來‖地
t'		堤提	體	
n		梨;離‖立‖栗‖力‖歷	禮‖你;李里裏理	
tɕ		繼去‖緝清‖集,急,及,吸曉‖吉‖極‖積;激	己	祭;計‖寄;季合
tɕ'	妻,棲心,溪‖期羣	齊‖其;奇‖泣‖七;乞,迄曉‖戚,喫	起	去₂溪魚‖器;技妓羣;氣
ɕ	西,奚兮匣‖希	息‖席	喜	系‖戲
k				
k'				去₁溪魚
x				
○	依衣	夷;疑;宜,移,遺合‖邑‖一,逸‖憶‖亦;逆	已以,矣	藝‖義議

今調	陰平ㄱ	陽平」	上ㄣ	去ㄱ
今韵	u			
廣韵	模;魚;虞‖侯;尤‖緝‖没;術;物‖屋;沃;燭			
p		不		步
p'		勃並入‖卜幫入,撲,僕曝瀑並入	譜幫,普	
m		木;目	母	
t	都	讀;篤	賭肚2(魚|)	杜肚1(腹|)
t'		圖‖突‖禿	土	
s		奴‖鹿;陸;綠	努	
ts		卒‖足		助
ts'	初	鋤‖族從入;促	楚	
s		蕭;縮;續		素;數
tʂ	猪,諸	竹;燭囑,觸穿入	主	著;柱、住
tʂ'		除‖出		
ʂ	書;殊禪	熟;屬	暑鼠	樹
ẓ		如;儒‖入‖肉;辱		
k	孤	骨		故
k'		哭;酷		
x	呼,乎匣;夫	胡狐‖忽‖服	虎;府,腐奉	户;附‖婦負
○	烏	吾;無‖物‖屋	五;武	務‖戊明

今調	陰平┐	陽平˩	上ˇ	去˥
今韵		y		
廣韵		魚;虞‖術;物‖職‖昔‖屋三;燭(均合口)		
t tʻ n		律	女,呂‖履脂開	
tɕ tɕʻ ɕ	拘俱 樞穿,區 虛;須	橘‖菊;局 屈‖曲 徐‖戌‖畜	許	巨;聚,句 娶 序‖遂脂邪合
○		魚,於影,餘余、與上;于‖鬱‖域‖疫役‖育;欲	羽	遇‖玉入

今調	陰平˥	陽平˩	上˨	去˥
今韵	a			
廣韵	麻二‖合;盍;洽乏‖曷;鎋;點			
p	巴‖[爸]	八,拔		
p'				
m	[媽]		馬	
t		答搭‖達	打庚	大泰
t'		踏;塔		
n	拉入	拿‖納;臘‖辣	[哪]	[那]
ts		雜		
ts'				
s		撒入		
tʂ				乍
tʂ'	差	插‖察		詫
ʂ	沙	殺		
ʐ				
k				
k'				
x				下

今調	陰平 ˥	陽平 ˩	上 ˥˩	去 ˥
今韵	ia			
廣韵	麻二‖佳‖洽;狎‖鎋(均開口)			
tɕ tɕʻ ɕ	家‖佳 瞎入	甲;挾帖匣 恰 霞‖狹;匣	假₁(真‖)	假₂(放‖)
○	鴉	牙‖鴨		

今韵	ua			
廣韵	麻二‖佳;夬‖乏‖鎋;黠;月(均合口)			
tʂ tʂʻ ʂ		刷		
ʐ				
k kʻ x	瓜	刮 法‖髮		掛 化‖畫;話
○	蛙	挖	瓦‖쫌宵	

今調	陰平┐	陽平⌐	上˅	去˥
今韵		o		
廣韵		歌;戈一‖合;盍‖曷;末;薛‖鐸;覺;藥		
p pʻ m	波,玻滂 坡	剥;縛奉藥 婆 末‖莫	剖侯 [麼]	
t tʻ n	多	 脱‖託 羅;騾‖洛	 妥	舵
ts tsʻ s		作 所魚	左	做;坐
tʂ tʂʻ ʂ		桌,捉;酌 説		
ʐ		若		
k kʻ x	歌哥;鍋	割‖各;郭 闊 何;和‖合;盍‖喝;活‖鶴;霍	果 可	個;過 課 禍
○	窩	鵝‖惡;握‖沃沃	我	

今調	陰平 ˥	陽平 ˩	上 ˧	去 ˥
今韵	io			
廣韵	覺;藥(均開口)			
t tʻ n		略		
tɕ tɕʻ ɕ		覺;脚 確;雀精 學		
○		虐,約		

今調	陰平 ˥	陽平 ˩	上 ˙	去 ˥
今韻	e			
廣韻	麻三‖葉‖薛‖緝‖櫛‖德;職‖陌二;麥			
p		北‖百,白		
pʻ		泊鐸並‖迫幫入,拍		
m		麥		
t		得德		
tʻ		忒,特定入		
n		劣‖勒		
ts		則‖責		
tsʻ		側照入,測‖宅‖澤擇澄入		
s		澀‖瑟‖色		
tʂ				［這］
tʂʻ		徹,澈澄入		
ʂ		蛇‖涉‖舌,設		
ʐ		熱	惹	
k		格;革		
kʻ		刻		
x		黑‖赫		
○		厄		

今調	陰平⌐	陽平⌐	上ˇ	去⌐
今韵	ie			
廣韵	麻三‖葉;業;帖‖薛;月;屑(均開口)			
p p' m		撇 滅	癟入	
t t' n		帖‖鐵 列;臬疑		
tɕ tɕ' ɕ	些	接;劫‖傑;竭;節,結 切 邪‖脅;協‖穴合	寫	謝
○		葉;業‖孽	也野	夜

今韵	ue			
廣韵	薛‖德‖麥(均合口)			
tʂ tʂ' ʂ		綴,拙		
k k' x		國 或‖獲		

今調	陰平 ㄱ	陽平 ㄴ	上 ㄱ	去 ㄱ
今韵	ye			
廣韵	戈三‖薛;月;屑(均合口)			
tɕ		絶;決		
tɕʻ		茄開;瘸‖缺		
ç	靴	薛開		
○		閲;月,越曰		

今韵	ai			
廣韵	咍;泰;皆;佳;夬(均開口)			
p				拜;敗
pʻ				派
m		埋	買	
t				待、代;帶
tʻ				泰
n		来	乃;奶	賴
ts				再,在
tsʻ				菜;蔡
s				
tʂ	齋			寨
tʂʻ		柴		
ʂ				
ʐ̩				
k	該;皆偕街		改;解	蓋;介界戒,械匣
kʻ	開			概見,愾
x		孩;鞋		亥;害
○	哀		矮	愛;艾

今調	陰平 ˥	陽平 ˩	上 ˅	去 ˥
今韵	uai			
廣韵	泰;皆;佳;夬‖脂;支(均合口)			
tʂ			揣	
tʂʻ				
ʂ				帥
k				怪
kʻ			塊去	快
x				壞
○	歪曉			外

今韵	ei			
廣韵	灰;泰‖脂;支;微			
p	卑;悲;碑			倍;貝‖臂,被
pʻ	丕;披			配,佩並
m		梅‖[没]		
t				對;兌
tʻ				
n				内‖類;累

今調	陰平˧	陽平˩	上˥	去˥
今韻		uei		
廣韻		灰;泰;祭;廢;齊‖脂;支;微(均合口)		
ts ts' s		 隨		罪,最 脆‖悴從,粹心 歲
tʂ tʂ' ʂ	追,錐	垂	水	 稅‖睡瑞
ʐ				銳喻
k k' x	龜;歸 灰‖飛	 肥	 毀‖匪	桂‖貴 會;彗喻;廢,肺;惠‖諱,彙喻
○	威	維惟;危,爲₁(作˩);微;圍	委	衛‖位;爲₂(因˩);未,畏

今調	陰平┐	陽平┘	上ˇ	去↗
今韵	au			
廣韵	豪;肴;宵			
p p' m	包 貓明平		保 跑並平 	 貌
t t' n	 桃 牢			到,道 鬧
ts ts' s			早 草 掃	 糙造從
tʂ tʂ' ʂ	昭		 炒 	趙,照 紹
ʐ		饒	擾	
k k' x	高 毫		稿;攬 考 好	告
○				奥

今調	陰平˥	陽平˩	上˦	去˥
今韵	iau			
廣韵	肴;宵;蕭			
p p' m		貓苗	表	
t t' n	雕、釣去	條 燎;聊	了	跳
tɕ tɕ' ɕ	消;蕭	喬 淆餚	巧 小;曉	較;叫 孝,効校
○	妖	堯		要

今調	陰平 ㄱ	陽平 ㄴ	上 ㄱ	去 ㄱ
今韵	ou			
廣韵	侯;尤			
p p' m		謀	某畝	
t t' n	都模	頭	斗	鬥 漏
ts ts' s		愁	走	奏
tʂ tʂ' ʂ	周		丑	獸
ʐ		柔		
k k' x		侯	口 否	後
○	歐		偶	

今調	陰平 ˥	陽平 ˩	上 ˥	去 ˥
今韵	iou			
廣韵	尤;幽			
p p' m				謬
t t' n	[丟]		紐	
tɕ tɕ' ɕ	秋 休	求 囚	久	就,舅
○		牛,由猶,尤	有	幼

今調	陰平 ˥	陽平 ˩	上 ˅	去 ˧
今韵	an			
廣韵	覃;談;咸;銜;鹽‖寒;山;删;仙;桓			
p			板	辦;半
pʻ				盼;判,叛並
m				慢
t			短	旦
tʻ	貪	談		歎
n		南;藍‖難	暖	亂
ts				暫
tsʻ	餐		慘	
s	三			算
tʂ	沾		斬‖展	棧
tʂʻ			剗,産審	
ʂ	衫‖山	蟬	陝	扇
ʐ		然		
k	干;間		感;敢‖[趕]	
kʻ				
x		含;鹹;銜‖寒;閑		漢
○	安		眼	暗‖晏

今調	陰平˥	陽平˩	上˥	去˥
今韻	uan			
廣韻	鹽;凡‖桓;山;刪;仙;元			
tʂ	專			篆
tʂʻ		船		
ʂ	刪開;閂			
z̩			染‖軟;阮元疑	
k	官觀;鰥			貫;慣
kʻ			款	
x		凡‖還	緩匣;反	范‖喚,換
○	彎	完丸匣;頑	碗;晚	萬

今韻	ien			
廣韻	咸;銜;鹽;嚴;添‖山;刪;仙;元;先			
p	邊		貶	辨;辯
pʻ				偏幫,片
m				
t			點‖典	店
tʻ	天			
n	研疑平	廉‖連聯;年		念‖戀
tɕ	監‖間		減‖剪;繭	漸‖件;建,健;見
tɕʻ	謙‖千	錢;前		
ɕ	先	嫌‖賢弦	險	限;憲;現;縣合
○	煙	嚴‖言	眼;演	驗,厭‖硯

今調	陰平 ˥	陽平 ˩	上 ˨	去 ˥
今韵	yen			
廣韵	仙;元;先(均合口)			
tɕ tɕʻ ɕ	仙鮮開;軒掀開;宣;喧	全 弦開;玄懸	癬開	倦
○		緣沿鉛;元,園	遠	院

今韵	ən			
廣韵	侵‖痕;臻;真;魂;諄;文‖登;蒸‖庚;耕;清			
p pʻ m	崩	彭 門	本	
t tʻ n	吞	倫輪‖能	等 冷	頓 論
ts tsʻ s	臻‖增‖爭 森‖生	存	[怎]	
tʂ tʂʻ ʂ	徵‖貞偵微 深‖身申	沉‖陳,臣‖成誠 晨;唇合‖繩	審	鄭,政 盛
ʐ		壬‖人‖仍	忍	認
k kʻ x	跟‖耕	恒	亙去 懇‖肯 很匣	更 恨‖杏
○	恩			硬

今調	陰平 ˥	陽平 ˩	上 ˥˩	去 ˥
今韻	uən			
廣韻	魂;諄;文‖庚二（均合口）			
tʂ tʂʻ ʂ	椿,春	純		
z̺				閏‖孕蒸
k kʻ x	坤 昏;分	橫		奮
○	溫	聞		問

今韻	in			
廣韻	侵‖真;欣‖蒸;庚;耕;清;青（均開口）			
p pʻ m	兵	貧‖平;瓶 民‖名	稟 品 敏	並 命
t tʻ n	丁 聽	林‖鄰‖陵‖靈		令
tɕ tɕʻ ɕ	侵清,今‖津,巾;斤‖京荆;經 親‖輕 心‖新‖興‖星腥	秦‖情 行;形	緊	進晉;近‖靜;勁 信‖幸;性
○	音‖因‖鶯;英	銀‖凝‖盈	引;隱;尹合	印‖應

今調	陰平 ˥	陽平 ˩		上 ˅	去 ˥
今韵	yin				
廣韵	諄;文‖清;庚三;青(均合口)				
tɕ	均				
tɕʻ	傾、頃上	羣‖瓊			
ɕ	勳	尋侵‖旬		迥匣	
○		雲‖營;榮;螢匣		允‖永	

今韵	aŋ			
廣韵	唐;江;陽(均開口)			
p	邦			
pʻ		旁		
m		忙		
t				蕩
tʻ				
n		郎	朗	
ts				
tsʻ	倉			
s	桑			
tʂ	張		長漲	
tʂʻ	昌			
ʂ	商	常		尚上
ʐ				讓
k	綱剛			
kʻ	康			
x				項、巷

今調	陰平 ˥	陽平 ˩	上 ˇ	去 ˥
今韵	ian			
廣韵	江;陽(均開口)			
t tʻ n		娘	兩	
tɕ tɕʻ ɕ	江 香	 詳祥	講 想	 像邪
○			仰	樣

今韵	uaŋ			
廣韵	江;陽;唐			
tʂ tʂʻ ʂ	椿;莊 窗 	 牀 	 撞澄 	
ʐ				
k kʻ x	光 荒;方	 狂 黄;房防		 曠;況曉
○	汪	王	往	

今調	陰平 ˥	陽平 ˩	上 ˦	去 ˥
今韻	uŋ			
廣韻	登‖庚二;耕‖東;冬;鍾			
p				
pʻ		明		
m		萌		孟‖夢
t	東			
tʻ	通	同	桶、統去	洞
n		農;隆;龍	攏	
ts			總	
tsʻ		崇;從		
s	鬆;嵩;松			送;宋;誦
tʂ	中;鍾鐘			衆
tʂʻ	充			
ʂ			寵	
ʐ		絨;茸		
k	公功;弓;恭			共
kʻ	空		恐	
x	風;對	弘‖宏‖紅		奉
○	翁			

今韻	iuŋ			
廣韻	庚三‖東;鍾(均合口)			
tɕ				
tɕʻ		窮		
ɕ	兄‖胸	熊雄喻		
○				用

F. 音韵特點

1. 聲母

(1)非敷奉均讀x，跟曉匣合口洪音混，如'府'＝'虎'xu，'匪'＝'毀'xuei，'凡'＝'還'xuan，'分'＝'昏'xuən，'防'＝'黃'xuaŋ。

(2)泥來兩母無論洪細皆混讀n，如'你'＝'禮'ni，'奴'＝'鹿'nu，'女'＝'呂'ny，'納'＝'臘'na，'鬧'nau，'牢'nau，'暖'nan，'亂'nan，'能'＝'倫'nən，'農'＝'隆'nuŋ。

(3)不分尖團。精組細音讀tɕ等，跟見系細音混，如'祭'＝'計'tɕi，'須'＝'虛'ɕy，'接，節'＝'傑，結'tɕie，'小'＝'曉'ɕiau，'漸'＝'件'tɕien，'親'＝'輕'tɕ'in。

(4)但分ts，tʂ。莊組在止攝合口及外轉各攝讀tʂ等。如'揣'tʂ'uai，'帥'ʂuai，'沙'ʂa，'柴'tsʻai，'莊'tʂuaŋ。在止攝開口及其他內轉各攝讀ts等，跟精組洪音混，如'師'＝'思'sï，'數'＝'素'su，'愁'tsʻou，'臻'tsən，'崇'＝'從'tsʻuŋ。

(5)章組一律讀tʂ等，如'志'tʂï，'周'tʂou，'舌'ʂe，'商'ʂaŋ。

(6)知組梗攝二等韵字讀ts等，如'宅'tsʻe；其他讀tʂ等，如'致'tʂï，'詫'tʂʻa。

(7)日母在止攝及質韵讀無聲母，如'而'ɚ，'二'ɚ，'日'ɚ。在其他韵無論開合均讀z。如'然'zan，'柔'zou，'若'zo，'絨'zuŋ，'染'zuan，'如'zu。

(8)疑母影母在開口一二等皆讀○。如'鵝'＝'惡'o，'愛'＝'艾'ai，'暗'an，'眼'an，'硬'ən，'矮'ai，'鴉'ia，'晏'an。

(9)疑母開口三四等讀i，跟喻母開口三四等混。如'疑'＝'移'i，'業'＝'葉'ie，'堯'iau，'牛'＝'由'iou，'硯'＝'厭'ien，'銀，凝'＝'盈'in。

(10)見系二等開口在蟹攝及梗入讀洪音，如'皆'kai，'諧'xai，'革'ke，'厄'e，在其餘各韵讀洪細不定，如'下'xa，'覺'tɕio，'孝'ɕiau，'閑'xan，'限'ɕien，'杏'xən，'巷'xaŋ。

2. 開合

（1）蟹止攝合口端泥組讀開，如‘對’tei，‘累’nei，‘類’nei，精組讀合，如‘罪’tsuei，‘隨’suei。

（2）山臻攝舒聲合口一等端系均讀開。如‘短’tan，‘算’san，‘論’nən，‘存’ts‘ən。

（3）山攝合口三等泥組讀開，精組讀合。如‘戀’nien，‘劣’ne，‘全’tɕ‘yen，‘絶’tɕye。

3. 韵母

（1）模端系與魚虞莊組字讀u，不與流攝字混，如‘杜’tu≠‘鬥’tou，‘鋤’ts‘u≠‘愁’ts‘ou。

（2）咸山攝舒聲洪音讀an，uan；細音讀ien，yen，如‘貪’t‘an，‘難’nan，‘范’xuan，‘官’kuan，‘監’tɕien，‘前’tɕ‘ien，‘倦’tɕyen，‘全’tɕ‘yen。

（3）曾梗攝舒聲除一部分讀同通舒外，均收n尾，與深臻攝同。如‘杏’＝‘恨’xən，‘平’＝‘貧’p‘in，‘陵，靈’＝‘林，鄰’nin。

（4）通入見系三等讀y，如‘菊’tɕy，‘欲’y，其他聲母一三等全讀u，如‘目’mu，‘毒’tu，‘足’tsu，‘哭’k‘u。

4. 聲調

（1）不分陰陽去，古去聲及上聲全濁同讀去聲，如‘士，世，事’等字。

（2）無入聲。古入聲全部今歸陽平。如‘十’＝‘時’‘赤’＝‘遲’。

G. 會話（一人自問自答）

17：ɕien˥ tsai˥ ni˨ tɕia˥ ni˦· xa(i)˩ xau˨ pa˦·？
現 在 你 家 裏 還 好 吧？

e˧，ɕien˥ tsai˥ xa(i)˩ xɛu˨。
誒，現 在 還 好。

ɕien˥ tsai˥ ni˨ tɕia˥ ni˦· tʂe˥ ko˦· tɕ‘in˩ ɕin˩ tau˥ tsən˨ mo˦·
現 在 你 家 裏 這 個 情 形 到 怎 麽

iaŋ˧?
樣?

çien˧ tsai˧ o˥˧ tçia˥ ni˥˧ tç'in˩ çin˩ pi˥˧ tçiau˧ i˥˧ tç'ien˩ xau˥˧ i˧·
現 在 我 家 裏 情 形 比 較 以 前 好 一

tien˥˧。
點。

çien˧ tsai˧ mei˩ iou˥˧ o˧·，o˥˧ ʂï˩ tʂ'aŋ˩ a˧· in˥ uei˧ iou˥˧ tʂe˧
現 在 没 有 哦，我 時 常 阿 因 爲 有 這

ko˧· çiau˥˧ t'u˥˧ xuei˥˧ ts'uŋ˩ o˥˧ mən˧· ts'ï˥˧ ti˧ tçin˥ ʐau˥˧。
個 小 土 匪 從 我 們 此 地 侵 擾。

ni˥˧ tʂï˥ tau˧ o˥˧ tçia˥ ni˥˧ xau˥˧ pa˧·?
你 知 道 我 家 裏 好 吧?

o˥˧ ʂï˩ tʂ'aŋ˩ tau˧ ni˥˧ tçia˥ ni˧· tç'i˧ uan˩，ni˥˧ tçia˥ ni˧· çien˧
我 時 常 到 你 家 裏 去[①] 玩，你 家 裏 現

tsai˧ xuan˩ xau˥˧。
在 還 好。

çien˧ tsai˧ a˧·，o˥˧ mən˧· pən˥˧ ti˧ t'in˥ ʂo˩ iou˥˧ tʂ'uən˥ xuaŋ˥，
現 在 阿，我 們 本 地 聽 説 有 春 荒，

iou˥˧ pu˩ iou˥˧ na˧ ko˧· sï˧ tç'in˩ a˧·?
有 不 有 那 個 事 情 阿?

iou˥˧ ʂï˧ iou˥˧ a˧·，pu˩ ko˧ tsai˧ çien˧ tsai˧ uan˥˧ me˩ i˥˧ tçin˥
有 是 有 阿，不 過 在 現 在 晚 麥 已 經

tʂ'ən˩ ʂu˩ niau˥˧，pi˥˧ tçiau˧ i˥˧ tç'ien˩ iau˧ xau˥˧ i˧· tien˥˧。
成 熟 了，比 較 以 前 要 好 一 點。

ni˥˧ çien˧ tsai˧ tʂu˧ tsai˧ na˥˧ ni˧·?
你 現 在 住 在 哪 裏?

---

① “去”字白話音，據詞類調查作k'i，此處作tç'i，疑心是受別處影響。

o˥ ɕien˩ tsai˩ tʂu˩ tsai˩ u˥ tʂʻaŋ˥ a˩·。
我　現　在　住　在　武　昌　阿。

ni˩ ɕien˩ tsai˩ tsai˩ u˥ tʂʻaŋ˥ na˩ ko˥ ɕio˩ ɕiau˩ ni˩·?
你　現　在　在　武　昌　哪　個　學　校　裏?

o˥ ɕien˩ tsai˩ tsai˩ u˥ tʂʻaŋ˥ ta˩ kuŋ˥ a˩·。 ni˩ mei˩ iou˩ tso˩
我　現　在　在　武　昌　大公　阿。 你　沒　有　作

si˩ a˩·?
事　阿?

o˥ ɕien˩ tsai˩ mei˩ iou, ni˩ tsai˩ tsʻï˩ ti˩ na˩ ɕie˩· tʂu˩ a˩·?
我　現　在　沒　有, 你　在　此　地　哪　些　住　阿?

o˥ ɕien˩ tsai˩ tsai˩ xuən˩ kai˩ tʻou˩ yin˩ ɕin˥ ni˩ tʂu˩。
我　現　在　在　橫　街　頭　永　興　里　住。

ni˩ tɕia˥ ni˩· iou˩ pu˩ iou˩ ko˥ ko˥ ɕiuŋ˥ ti˩ a˩·?
你　家　裏　有　不　有　哥　哥　兄　弟　阿?

o˥ tɕia˥ ni˩· iou˩ ko˩· ko˥ ko˩·, iou˩ ko˩· ɕiuŋ˥ ti˩, nien˩ o˥ i˩·
我　家　裏　有　個　哥　哥, 有　個　兄　弟, 連　我　一

tɕʻi˩ san˥ ko˩·。
起　三　個。

ni˩ mu˩ tɕʻin˥ xa(i)˩ xau˩ pa˩·?
你　母　親　還　好　吧?

ni˩ ʂï˩ tsʻuŋ˩ na˩ ni˩· nai˩ ti˩ ni˩·?
你　是　從　哪　裏　來　的　呢?

o˥ tsʻuŋ˩ pa˥ tuŋ˥ a˩· ta˩ nən˩ tʂʻuan˩ ta˩ min˩ ɕiaŋ˩ tau˩ i˩
我　從　巴　東　阿　搭　輪　船　搭　民享　到　宜

tʂʻaŋ˥, o˥ tsʻuŋ˩ i˩ tʂʻaŋ˥ a˩· kan˩ tʂe˩ ko˩· yin˩ xuŋ˥　nən˩
昌, 我　從　宜　昌　阿　趕　這　個　雲風(?)　輪

tʂʻuan˩ tau˩ xan˩ kʻou˩, tsai˩ xan˩ kʻou˩ ɕiou˩ ɕi˩ i˩· ie˩, tsʻuŋ˩
　船　到　漢　口, 在　漢　口　休　息　一　夜, 從

na˧ tsai˧ tau˧ tsʻï˥ ti˧ nai˩ ti· a·。
那　在　到　此　地　來　的　阿。

o˥ tsau˥ tɕiou˧ tʻin˧ tau˧ ʂo˥ ʂï˩ ni˥ tsai˧ tsʻï˥ ti˧ tʂu˧ ɕio˩
我　早　就　聽　到　說　是　你　在　此　地　住　學

ɕiau˧, o˥ pən˥ nai˩ ʂï˩ ɕiaŋ˥ nai˩ xən˩ ni˥ uan˩ i· uan˩,
校，我　本　來　是　想　來　和(?)你　玩　一　玩，

tɕin˧ tʻien˧ tsai˧ tsʻï˥ ti˧ xuei˩ tau˧ ni˥ tau˧ xən˥ xau˥ a·。 ni˥
今　天　在　此　地　會　到　你　倒　很　好　阿。你

ɕien˧ tsai˧ ɕio˩ ɕiau˧ kuŋ˧ kʻo˥ xən˥ maŋ˩ pa·?
現　在　學　校　功　課　很　忙　吧?

ie˥ xai˩ xau˥, ɕien˧ tsai˧ o˥ tʂən˥ tsai˧ tʂe˧ ko· ye˩ kʻau˥
也　還　好，　現　在　我　正　在　這　個　月　考

tɕien˧, so˥ i˥ o˥ ie˥ mei˥ iou˥ to˧ ti· ʂï˩ tɕien˧ tʂʻu˥ nai˩
間，　所　以　我　也　沒　有　多　的　時　間　出　來

kən˧ ni˥ uan˩ a·, pu˧ tɕiou˥ o˥ ye˩ kʻau˥ uan˩, o˥ tsai˧ tʂʻu˥
跟　你　玩　阿，　不　久　我　月　考　完，　我　再　出

nai˩ y˥ ni˥ uan˩ au·。 ɕien˧ tsai˧ o˥ mən˩ sï˥ tɕʻin˩ xən˥
來　與　你　玩　噢。　現　在　我　們　事　情　很

maŋ˩, ɕia˧ tsʻï˥ tsai˧ tʻan˩ pa·?
忙，　下　次　再　談　吧?

xau˥, o˥ mən· tsai˧ xuei˧。
好，我　們　再　會。

tsai˧ tɕien˧, tsai˧ tɕien˧。
再　見，　再　見。

一八. 恩施（城内）

A. 發音人履歷

發音人	18a	18b
年齡	22 歲	19 歲
原籍	恩施城内	同左
職業	學生	同左
教育程度	師範	中學
幼時語言環境	本地私塾及小學	同左
教師方言	本地話	同左
住過的地方	四川酉陽二年，武昌三年	初至武昌，未到過別處
曾否學國語	未	未
能否説別處話	不能	不能

二十五年五月十八日丁聲樹記音

　　發音人 18a 離家已久，聲母不分 ts 跟 tʂ 等，但 18b 能分，而且初到武昌，鄉音較純，現以發音人 18b 爲準。

B. 聲韵調表

1. 聲母

p 波敗白	p' 普婆	m 馬民	f 府虎忽	v 武吾鳥
t 都調笛	t' 天頭	n 能龍年聊逆牛		
ts 在造雜爭	ts' 蔡存愁撑宅		s 掃生算	
tʂ 斬莊姪政	tʂ' 川成揣		ʂ 紹水帥	ʐ 銳柔絨軟
tɕ 見静集覺	tɕ' 區奇切詳謙		ɕ 香靴心<u>下</u>	
k 干共骨<u>減</u>	k' 哭狂肯客	ŋ 厄矮硬	x 飛紅黄肺	
○ 而衣義魚羽萬尹鵝惡窩翁				

2. 韵母

i 支四世石日;ɚ 而二　i 妻堤起立亦　u 虎烏婦楚書突六　y 車女徐局
　　　　　　　　　　　　　iu 畜鬱域欲

a 巴納殺<u>下</u>	o 波羅各惡合窩	e 麥蛇涉客色
ia 鴉佳甲瞎	io 略學約	ie 業些結滅
ua 瓜話法刷		ue 拙國獲
		ye 靴絶月

ai 該拜泰諧	ei 悲梅臂	au 包牢照奥	əu 謀愁周柔後
		iau 孝表叫妖	iəu 秋幼牛求
uai 揣帥懷外	uei 灰肥追對桂未		

an 半難三扇然<u>限減</u>		ən 深門能更人	
	ien 面戀<u>限</u>謙言		in 兵心貧陵行
uan 短船軟官凡換		uən 春分横閏	
	yen 全選院		yin 均旬永

aŋ 邦剛常巷　　oŋ 孟東奉宏絨翁
iaŋ 講娘樣　　ioŋ 兄窮用
uaŋ 莊牀光方黃

3. 聲調

陰平	陽平	上	去
˥	˩	˨˩	˧˥
都邊妻虛	蛇來讀急	往左老死	士泰洞樣

C. 聲韵調表

1. 聲母

恩施有二十三個聲母，依發音部位，分p、t、ts、tʂ、tɕ、k、○七組。

p組p，p‘，m，f，v。p‘送氣强。f只跟純u韵配，在其他韵前讀f或xu不定，歸入x音位。v摩擦很弱，也只限於純u韵。

t組t，t‘，n。t‘送氣强，如p‘。n值大致穩定，但有時也會讀成l，或l的近似值。

ts組ts，ts‘，s。部位不很前，在ï韵前是一種舌尖中音。

tʂ組有tʂ，tʂ‘，ʂ，z̩。捲舌程度相當大。tʂ跟tʂ‘在合口韵前，重讀時，閉塞成份很强，有讀成t，t‘的傾向。

tɕ組tɕ，tɕ‘，ɕ。發音相當强。在i韵時，聲韵母間總帶有j介音。

k組k，k‘，ŋ，x。x母在介音u前有x與f兩值，但以讀x時較多，今定爲x音位。x不在純u韵前存在，在純u韵前，國音的f，x，在恩施都是f。

○在開口洪音前略帶舌根摩擦音ɣ。在i韵前，有j擦音。在u跟y前就不帶任何擦音。

2. 韵母

ï在ts組後是略後的ɿ，在tʂ組後是舌尖後音ʅ。ɚ部位平均。

i相當關，在tɕ組後或無聲母時前面略帶j擦音。

u，iu。u近標準u。在舌尖聲母後稍鬆。

y關，並略帶舌尖元音的色彩。

a，ia，ua。a比平均ᴀ稍後一點。

o，io。o比標準o稍開。無聲母時，前面略關，有分化爲uo的傾向。

e，ie，ue，ye。e比標準e稍開一些。

ai，uai。ai的a比前面獨立的a稍前，i尾很鬆。uai的a也偏前，u介母較鬆。

ei，uei。e近標準e。ei只在p組聲母後出現。uei的u稍短。

au，iau。a比平均ᴀ稍後，u不很關。

əu，iəu。əu的ə較長，u較鬆，iəu的ə很短，與iu的主要分別在u更開些。

an，uan。a比平均ᴀ稍後，有時也略前，部位不十分穩定。

ien，yen。e很開，近於ɛ。

ən，uən。ə的部位偏前，在uən中又稍短。

in，yin。i較鬆，略近ɪ。yin的i不顯明。

aŋ，iaŋ，uaŋ。a都在前a跟平均ᴀ之間。ŋ值相當的穩。

oŋ，ioŋ。o較開。ioŋ的i短而關。

3. 聲調

陰平是高平調(55)，有時也略升。寬式用高平調號(˥55)。

陽平是低平調(˩11)。

上聲是降調，從"高"降到"中"。起點很穩，終點往往不到中"中"(如54)。寬式用高降調號(˥˧53)。

去聲是高升調(35)，但起點略帶降勢(如325)。現用高升調號(˧˥35)。

D. 與古音比較

1. 聲母

古聲組	影響條件	全清塞	次清塞	全濁塞 平	全濁塞 仄	次濁	清擦	濁擦 平	濁擦 仄
幫組	一二等 三四等	幫:p	滂:pʻ	並:pʻ	並:p	明:m			
非組						微:u;v(1)	非/敷 }x;f(2)	奉:x;f(2)	
端組泥		端:t	透:tʻ	定:tʻ	定:t	泥:n / 來:n			
精組	洪	精:ts	清:tsʻ	從:tsʻ	從:ts		心:s	邪:s	邪:s
精組	細	精:tɕ	清:tɕʻ	從:tɕʻ	從:tɕ		心:ɕ	邪:ɕ;tɕʻ	邪:ɕ
莊組	內轉	莊(照二):ts	初(穿二):tsʻ;tʂʻ(3)	崇(牀二):tsʻ;ʂ	崇(牀二):tsʻ;s		生(審二):s;ʂ(3)		
莊組	外轉	莊:tʂ	初:tʂʻ	崇:tʂʻ	崇:ʂ		生:ʂ		
知組	梗二等韻 其他	知:tʂ	徹:tʂʻ	澄:tʂʻ	澄:ʂ				
章組	今開/今合 今開/今合	章(照三):tʂ	昌(穿三):tʂʻ	船(牀三):tʂʻ;ʂ	船(牀三):ʂ		書(審三):ʂ	襌:tʂʻ;ʂ	襌:ʂ

古母分讀〔發音方法及影響條件〕 古聲母組及影響條件		全清 塞	次清 塞	全濁 塞 平	全濁 塞 仄	次濁	清 擦	濁 擦 平	濁 擦 仄
		見/影	溪	羣	羣	日/疑/喻	曉	匣	匣
日母	今開 止攝合					○			
	今開 其他					ʐ̩			
	今合					ʐ̩			
見組 曉	開 一等	k	kʰ			ŋ;○[4]	x		x
	開 二等	k,tɕ	kʰ,tɕʰ			ŋ;i	x,ɕ		x,ɕ
	開 三四等	tɕ	tɕʰ	tɕʰ	tɕ	n,i	ɕ		ɕ
	合 一二等	k	kʰ	*	*	u;v[1]	x;f[2]		x;f[2]
	合 蟹止昝 三四等	k	kʰ	kʰ	k	u	x		x
	合 通舒	k	kʰ	tɕʰ	k	ʔ	ɕ		*
	合 其他	tɕ	tɕʰ	tɕʰ	tɕ	y	ɕ		ɕ
影組	開 一等	ŋ;○[4]				喻;i			
	開 二等	ŋ;i;○[4]				*			
	開 三四等	i							
	合 一二等	u				u			
	合 蟹止昝 三四等	i				i			
	合 通舒 其他	y				y			

2. 韵母

第 一 表

摄\呼等聲母	開 一 幫系	開 一 端系	開 一 見系	開 二 幫系	開 二 泥組	開 二 知莊組	開 二 見系	開 三四 幫系	開 三四 端系	開 三四 莊組	開 三四 知章組	開 三四 日母	開 三四 見系
果	*	o	o	a	a	a	a、ia	*	ie	*	e	e	ie
(遇)		*				*				*		*	
蟹	*	ai	ai	ai	ai	ai	ai、ia	i、ei	i		ï		i
止		*				*		i、ei	i;ï	ï	ï	ə	i
效	au	au	au	au	au	au	au、iau	iau	iau	*	au	au	iau
流	ne	ne	ne			*		nei·n·ne	nei	ne	ne	ne	nei
咸	*	an	an	an	*	an	an、ien	ien	ien	*	an	an	ien
山	*	an	an		*	an	an、ien	ien	ien	*	an	an	ien
宕	aŋ	aŋ	aŋ	aŋ		uaŋ	aŋ、iaŋ	*	iaŋ	uaŋ	aŋ	aŋ	iaŋ

摄\列	三四 見系	三四 日母	三四 知章組	三四 莊組	三四 端系	三四 幫系	二 見系	二 知莊組	二 泥組	二 幫系	一 見系	一 端系	一 幫系
深	in	ən	ən	ən	in	in		*				*	*
臻	in	ən	ən	ən	in	in		*			uə	ən	*
曾	in	uə	uə	*	in	in		*			uə	uə	o
梗	in	*	uə	*	in	in	ən·in	uə	uə	uə·oŋ		*	uə·oŋ
（通）		*	*	*				*				*	
咸入	ie	*	e	*	ie	*	ia	a	*	*	o	a	*
山入	ie	e	e	*	ie	ie	ia	a	*	a	o	a	*
宕入	io	o	o	*	io	*	o·io	o	*	o	o	o	o
深入	i	u	ï	e	i	*		*				*	
臻入	i	ï	ï	e	i	i		*	*			*	e
曾入	i	*	ï	e	i	i		*	*		e	e	e
梗入	i	*	ï	*	i	i	e	e	e	e	e	*	*
（通入）			*	*				*				*	*

第 二 表

摄＼声母	合（一）幫系	合（一）端系	合（一）見系	合（二）幫系	合（二）莊組	合（二）見系	合（三四）幫系	合（三四）泥組	合（三四）精組	合（三四）莊組	合（三四）知章組	合（三四）日母	合（三四）見系
果	o	o	o	*	*	ua			*				ye
遇	u	u	u	*	*		u	y	y	u	u	u	y
蟹	ei	uei	uei·uai	*	*	uai·ua	uei	*	uei	*	uei	*	uei
止		*		*	*		ei,i;uei	uei	uei	uai	uei	*	uei
（効）		*	*		*	*				*			
（流）		*	*	*	*					*			
咸	an	uan	uan		uan	uan	uan	ien	yen	*	uan	uan	yen
山		uan	uan	uan	uan	uan	uan	ien	yen	*	uan	uan	yen
宕	*	*	uaŋ	*	*	uan	uaŋ	*	*	*	uan	uan	uaŋ

摄别＼声母	一 帮系	一 端系	一 见系	二 帮系	二 庄组	二 见系	三四 帮系	三四 泥组	三四 精组	三四 庄组	三四 知章组	三四 日母	三四 见系
(深)					*					*			
臻	ue	ue	uen		*		uen	ue	yŋ́	*	uen	uen	yŋ́
曾			ɿo		*					*			yiŋ、ioŋ
梗	ɿoŋ	ɿoŋ	ɿoŋ	*	*	ɿo、uen	ɿoŋ	ɿoŋ	ɿoŋ	ɿoŋ	ɿoŋ	ɿoŋ	oŋ、ioŋ
通							ua						
咸入	o		o		*		ua						
山入		o	o	*	ua	ua	ua	e	ye	*	ue	*	ye
宕入				*	*		o			*	*		
(深入)		*	*		*					*			
臻入	u	u	u		*		u	y	y	*	u	*	u,iu
曾入	ue		ue	*	*				*	iu			iu
梗入	u				*	ue			*	iu	u		iu
通入	u	u	u		*		u	u	u,iu		u	u	y,iu

3. 聲調

古類 ＼ 影響條件 ＼ 今值 ＼ 今類		陰平	陽平	上	去
平	清	˥			
平	濁		˩		
上	清			ˋ	
上	次濁			ˋ	
上	全濁				˥
去	清				˥
去	濁				˥
入	清		˩		
入	次濁		˩		
入	全濁		˩		

附注：

聲母：——

(1)微母及疑影母在今u韵同讀v，如'武'vu，'吾'vu，'烏'vu。

(2)非敷奉及曉組合口在今u韵讀f，如'婦'fu，'虎'fu，'戶'fu；餘全讀x，如'非'xuei，'凡'xuan，'分'xuən，'黃'xuaŋ。

(3)莊組內轉止攝合口初生兩母讀tʂʻ，ʂ，如'揣'tʂʻuai，'帥'ʂuai。

(4)疑母開口一等在今o韵讀無聲母，如'鵝'o；餘讀ŋ，如'艾'ŋai，'偶'ŋəu，影母開口一等及二等洪音亦同，如'惡'o，'握'o；'暗'ŋan，'矮'ŋai。

E. 同音字表

今調	陰平 ┐	陽平 ┙	上 ˅	去 ┐
今韵	ï;ɚ(〇後)			
廣韵	祭‖脂;之;支‖緝‖質‖職‖昔(均開口)			
p pʻ m f v				
t tʻ n				
ts tsʻ s	茲 師;思;斯		子 此 死	自;字 次;刺,賜心 四;伺,似,士,事
tʂ tʂʻ ʂ	之;知,支‖ 隻入 施	執‖姪,質‖直值植,織, 殖禪‖擲 遲‖秩澄入‖赤 時‖十‖實‖食蝕‖石	 恥 矢;使審二,始	致,至;痔,志;翅審 滯澄 世‖示;試,市;是‖式飾入
ʐ		日		
tɕ tɕʻ ɕ				
k kʻ ŋ x				
〇		而	爾	貳二

今調	陰平 ˥	陽平 ˩	上 ˥	去 ˥
今韵	i			
廣韵	祭;齊‖脂;之;支‖微;緝‖質;迄‖職;昔;陌三;錫			
p pʻ m f v		鼻去‖必,弼‖逼‖碧;壁 愎並入‖僻,闢並入 靡上‖[没]	比;彼 鄙痞幫 米	 祕泌幫
t tʻ n		的,笛 堤提 梨;疑‖離‖立‖栗‖力‖逆;歷	底 禮‖你,李里裏理	帝,第,隸來‖地 替 例
tɕ tɕʻ ɕ	妻,棲心‖溪‖期羣 西,奚分匣;攜匣合‖希	繼去‖緝清入,楫集,急,及,吸曉‖吉‖極‖積;激 齊‖其;奇‖七;乞,迄曉‖戚,喫 恤合‖息‖席	己;幾 起 洗‖璽徙支心	祭;計‖忌;寄;技妓‖季合 去魚‖器;氣 系‖戲
○	衣依	夷;宜,移;遺合‖噎屑‖邑‖一,逸‖憶亦	以,矣	藝‖義議

今調	陰平┐	陽平┘		上ㄟ	去┐
今韵	y				
廣韵	魚;虞‖術;物‖屋三;燭				
t tʻ n		律		女,呂‖履脂開	
tɕ tɕʻ ɕ	車;拘 樞穿,區 虛;須	橘‖菊;局 屈‖曲 徐‖戌		許	據,巨;娶,句 去 序‖遂脂合邪
○		魚,於影,餘余、與上;愚,于		羽	預;遇‖玉入

今調	陰平 ˥	陽平 ˩	上 ˦	去 ˥
今韵	u			
廣韵	模;魚;虞‖尤‖緝‖没;術;物‖屋;沃;燭			
p		不		步
pʻ		勃並入‖卜幫入,撲,僕曝瀑並入	譜幫,普	
m		木;目		
f	呼,乎匣	狐‖忽‖服	虎;府,腐奉	户;附‖婦負
v	烏	吾;無‖物‖屋	五;武	務‖戊侯明
t	都	讀;篤督	賭肚	杜
tʻ		圖‖突‖禿		
n		奴‖鹿;六陸;緑録	努	路
ts		卒‖足;促清入	組	
tsʻ	初	鋤‖族從入	楚	
s		續		素訴;數
tʂ	猪,諸	竹;燭囑	主	著;柱
tʂʻ		除‖出		
ʂ	書;殊禪	熟;屬	暑鼠	樹
z̩		如;儒‖入‖肉;辱		
k	孤	骨		故
kʻ		哭;酷		
ŋ				
x				

今韵	iu			
廣韵	物‖職‖昔‖屋三;燭(均合口)			
tɕ				
tɕʻ				
ɕ	肅,縮,畜			
○	鬱‖域‖疫役‖育;欲			

今調	陰平┐	陽平⌐	上˩	去˥
今韵	a			
廣韵	麻二‖合;盍;洽‖曷;鎋;黠(均開口)			
p pʻ m f v	巴 [媽]	八 拔並入	把 馬	
t tʻ n	他歌 拉入	答‖達 搭端入,踏;塔 拿‖納;臘‖辣	打庚 [哪]	大泰 [那]
ts tsʻ s		雜	撒入	
tʂ tʂʻ ʂ	差 沙	查‖察 殺		乍 詫
ʐ				
k kʻ ŋ x				下

今調	陰平 ˥	陽平 ˨		上 ˩	去 ˥
今韵	ia				
廣韵	麻二‖佳‖洽;狎‖鎋;黠(均開口)				
tɕ tɕ' ɕ	家‖佳	甲 恰 霞‖狹;匣‖挾帖‖瞎		假₁(真˩)賈	假₂(放˩) 夏
○	鴉	牙‖鴨壓‖軋			

今韵	ua				
廣韵	麻二‖佳;夬‖乏‖鎋;黠;月(均合口)				
tʂ tʂ' ʂ		刷			
ʐ					
k k' ŋ x	瓜	刮 法‖滑;髮			掛 化‖畫;話
○	蛙	挖		瓦	

今調	陰平 ˥	陽平 ˩	上 ˥	去 ˥
今韵	o			
廣韵	歌;戈一‖合;盍‖曷;末;薛‖鐸;覺;藥			
p pʻ m f v	波.玻滂 坡	撥‖剥;縛藥奉 婆 末‖莫	麽	
t tʻ n	多	脱‖託 羅;騾‖洛	妥	舵
ts tsʻ s		作,昨 。	左 所魚	坐
tʂ tʂʻ ʂ		桌;捉;酌 説		
ʐ		若		
k kʻ ŋ x	歌;鍋	鴿‖割‖各;角;郭 闊 何‖合;盍‖喝;活‖鶴;霍	果 可	個;過 禍
○	窝	鵝‖惡;握‖沃沃	我	

今調	陰平 ˥	陽平 ˩	上 ˎ	去 ˥
今韵		io		
廣韵		覺;藥（均開口）		
t t' n		 略,虐		
tɕ tɕ' ɕ		覺;脚 確;雀精 學;削		
○		約		

今調	陰平˥	陽平˩	上˥˧	去˧˥
今韵	e			
廣韵	麻三‖葉‖薛‖緝‖櫛‖德職‖陌二;麥			
p		泊鐸‖北‖百伯,白		
p‘		迫幫入,拍		
m		麥		
f				
v				
t		得德		
t‘		忒,特定入		
n		劣‖勒		
ts		則‖責		
ts‘		側照入,測‖宅澤擇澄入		
s		澀‖瑟‖色		
tʂ				[這]
tʂ‘	車	徹,澈澄入		
ʂ		蛇‖涉‖舌,設		
ʐ		熱	惹	
k		格;革		
k‘		刻‖客		
ŋ		厄		
x		黑‖赫		

今調	陰平 ㄱ	陽平 ㄴ	上 ㄥ	去 ㄱ
今韵	ie			
廣韵	麻三‖葉;業;帖‖薛;月;屑(均開口)			
p p' m f v		別 撇 滅	瘪人	
t t' n	［爹］	帖‖鐵 聶;業‖列,孽;臬		
tɕ tɕ' ɕ	些	接;劫‖傑;竭;節,結 切 邪‖脅;協	寫	謝
○		爺‖葉	也野	夜

今調	陰平 ㄱ	陽平 ㄴ	上 ㄱ	去 ㄱ
今韵	ue			
廣韵	薛;月‖德‖麥(均合口)			
tʂ tʂʻ ʂ		拙;掘輂		
k kʻ ŋ x		國 或‖獲		

今韵	ye			
廣韵	戈三‖薛;月;屑(均合口)			
tɕ tɕʻ ɕ	靴	絶;決 茄開;瘸‖缺 薛開;血,穴		
○		閲;月,越曰		

今調	陰平 ˥	陽平 ˩	上 ˧	去 ˥
今韵	ai			
廣韵	咍;泰;皆;佳;夬(均開口)			
p p' m f v		埋	買	拜;敗 派
t t' n		來	乃;奶	待、代;帶 泰 賴
ts ts' s				在 菜;蔡
tʂ tʂ' ʂ	齋	柴		寨
ʐ				
k k' ŋ x	該;皆 開 哀	孩;偕見,諧;鞋	改;解 矮	蓋;介界戒,械匣 概見,愾 愛;艾 亥;害

今調	陰平˥	陽平˩	上˦	去˥
今韵	uai			
廣韵	泰;皆;佳;夬‖脂;支(均合口)			
tʂ tʂʻ ʂ			□(闖綽) 揣	帥
k kʻ ŋ x	懷	塊去	怪 會(丨計)見;快 壞	
○	歪曉			外

今韵	ei			
廣韵	祭;灰;泰‖脂;支			
p pʻ m f v	卑;悲;碑 丕;披	梅‖‖[没]		敝;倍;貝‖臂;被;備 配,佩並

今調	陰平 ˥	陽平 ˩	上 ˥	去 ˥
今韵	uei			
廣韵	灰;泰;祭;廢;齊‖脂;支;微(均合口)			
t				對;兌
t'				
n			屢虞去	内‖類;累;彙喻
ts	追知			罪;最
ts'				脆‖悴從,粹心
s		隨		歲
tʂ	錐			綴
tʂ'		垂		
ʂ			水	税‖睡瑞
ʐ				鋭喻
k	龜;規;歸			桂
k'				
ŋ				
x	灰‖非飛	回‖肥	毁	會;彗喻;廢,肺;惠‖諱
○	威	維惟;危,爲$_1$(作˩);微,圍	委	衛‖位;爲$_2$(因˩);未,畏

今調	陰平 ˥	陽平 ˩	上 ˦	去 ˥
今韵	au			
廣韵	豪;肴;宵			
p p' m f v	包 貓明平		保 跑並平	貌
t t' n		桃 牢	倒	到 鬧
ts ts' s			草 掃	糙造
tʂ tʂ' ʂ	昭		[找] 炒	趙,照 紹
z̩		饒		
k k' ŋ x		毫	稿;攬 好	告 靠 奧

今調	陰平 ㄱ	陽平 ㄴ	上 ㄥ	去 ㄱ
今韵	iau			
廣韵	肴;宵;蕭			
p p' m f v		貓苗	表	[票]
t t' n		條調$_1$(⏦和) 燎;聊		釣,調$_2$(⏦動) 跳
tɕ tɕ' ɕ	消銷,囂;蕭	喬 淆餚	巧 小;曉	教;叫 孝,効校
○	妖	堯	舀	要

今調	陰平 ㄱ	陽平 ㄴ	上 ㄴ	去 ㄱ
今韵	əu			
廣韵	侯;尤			
p pʻ m f v		謀	剖 某畝 否	
t tʻ n	都模	頭	斗	鬥 漏
ts tsʻ s	鄒	愁	走	做模;助魚‖奏
tʂ tʂʻ ʂ	周		丑	獸,受
ʐ		柔		
k kʻ ŋ x	歐	侯	口 偶	够 候後

今調	陰平 ㄱ	陽平 ㄴ	上 ㄱ	去 ㄱ
今韵	iəu			
廣韵	尤;幽			
p p' m f v				謬
t t' n	［丟］	牛	紐	
tɕ tɕ' ɕ	秋 修,休	囚,求	糾	就,舅
○		由猶,尤	有	又;幼

今調	陰平 ˥	陽平 ˩	上 ˅	去 ˥
今韵	an			
廣韵	覃;談;咸;銜;鹽‖寒;山;刪;仙;桓			
p			板	辦;扮;半
pʻ				盼;判,叛並
m				慢
f				
v				
t				旦
tʻ	貪	談		歎
n		南;藍‖難		
ts				
tsʻ	餐		慘	
s	三			
tʂ	沾		斬‖展	暫從‖棧
tʂʻ			剗,産審	
ʂ	衫‖山	蟬	陝	扇
ʐ		然	染	
k	干		感;敢;減	
kʻ				看
ŋ	安			暗
x		含;鹹;銜‖寒		陷‖漢;限

今調	陰平 ˥	陽平 ˩	上 ˩	去 ˥
今韵	uan			
廣韵	凡‖桓;山;删;仙;元(均合口)			
t t' n			短 暖	段 亂
ts ts' s				 算
tʂ tʂ' ʂ	專 川 删開;閂	 船		篡
ʐ			軟;阮疑元	
k k' ŋ x	官觀;鰥;關 凡		 款,皖匣 緩匣;反	貫;慣 范‖唤,换
○		完匣	碗;晚	萬

今調	陰平ㄱ	陽平ㄴ	上ㄑ	去ㄱ
今韵	ien			
廣韵	咸;銜;鹽;嚴;添‖山;删;仙;元;先			
p p' m f v	邊		貶	辨、便;辯 徧覵,片 面
t t' n	天 研疑平	廉;嚴‖連聯;年	點‖典	店 驗;念‖戀
tɕ tɕ' ɕ	監‖間 謙‖千 仙;先	鉗‖錢;前 嫌‖閑;賢	減‖簡;剪;繭 險	漸‖諫;件建;見 限;憲;現;縣合
○	煙	言	眼;演	厭‖晏;硯

今韵	yen			
廣韵	仙;元;先(均合口)			
tɕ tɕ' ɕ	鮮開;軒掀開;宣;暄	全 弦開;玄懸	癬開;選	倦
○		丸(肉ㅣ)桓匣;緣沿 鉛,圓;元原,園	遠	院

今調	陰平ㄱ	陽平ㄴ	上ㄚ	去ㄱ
今韵	ən			
廣韵	侵‖痕;臻;真;魂;諄‖登;蒸‖庚;耕;清			
p p' m f v	崩	 彭 門	本	
t t' n	吞	 倫輪‖能	等 冷	頓 論
ts ts' s	臻‖增‖爭 撐 森‖生	 存	[怎]	
tʂ tʂ' ʂ	徵‖貞,偵徹 深‖身申	 沉‖陳,臣‖城成誠 晨;脣合	 審‖[什]	鄭,政 盛
ʐ		壬‖人‖仍	忍	任‖認
k k' ŋ x	跟‖耕 恩	 恒	亘去 懇‖肯 很	更 硬 恨‖杏

今調	陰平 ㄱ	陽平 ㄴ	上 ㄟ	去 ㄱ
今韵	ㅤㅤㅤㅤㅤㅤㅤㅤㅤuən			
廣韵	ㅤㅤㅤㅤ魂;諄;文‖庚二(均合口)			
tʂ tʂʻ ʂ	椿,春	純‖繩蒸	準	
ẓ				閏‖孕蒸
k kʻ ŋ x	坤 昏;分	横		奮
○	温	聞	穩	問

今調	陰平 ⌐	陽平 ⌐	上 ⌐	去 ⌐
今韵	in			
廣韵	侵‖真;欣‖蒸‖庚;耕;清;青(均開口)			
p p' m f v	兵	貧‖平;瓶 民‖名;明	稟 品 敏	並 命
t t' n	丁 聽	停 林臨‖鄰‖陵,凝‖靈		定 令
tɕ tɕ' ɕ	今‖津,巾;斤‖京荊;經 侵,欽‖輕 心‖新‖星腥	秦‖情 行;形		進晉;近‖静,勁 信‖幸;性
○	音‖因‖鶯;英	銀‖盈	隱‖影	印‖應

今韵	yin			
廣韵	諄;文‖清;庚三青(均合口)			
tɕ tɕ' ɕ	均;軍 傾 勳	羣‖瓊 尋侵‖旬	迥匣 頃	
○		雲‖營;榮;螢匣	允尹‖永	運暈

今調	陰平˥	陽平˩	上˨	去˥
今韵	aŋ			
廣韵	唐;江;陽			
p pʻ m f v	幫;邦	旁 忙		
t tʻ n	當	堂 郎	朗	蕩
ts tsʻ s	倉 桑			
tʂ tʂʻ ʂ	張 昌 商	常	長漲 場澄平	尚上
ʐ				讓
k kʻ ŋ x	剛綱			項、巷

今調	陰平 ˉ	陽平 ˊ	上 ˇ	去 ˋ
今韵	iaŋ			
廣韵	江;陽(均開口)			
t tʻ n		娘,良	兩	
tɕ tɕʻ ç	江;將 香	詳祥	講 想,響	像邪 像象
○			仰	樣

今韵	uaŋ			
廣韵	江;陽;唐			
tʂ tʂʻ ʂ	椿;莊 窗	牀	撞[1] 澄去	
ʐ				
k kʻ ŋ x	光 方	狂 黃;房防		曠;況曉
○	汪	王	往	旺

(1)'撞'疑'搶'之借形,廣韵"搶,頭搶地",初兩切。

今調	陰平 ˥	陽平 ˨	上 ˩	去 ˥
今韵	oŋ			
廣韵	登‖庚二;耕‖東;冬;鍾			
p pʻ m f v		朋 萌		孟‖夢
t tʻ n	東 通	同 農;隆;龍	桶;統去 攏	動、洞
ts tsʻ s	鬆;嵩;松	崇	總	送;宋;誦
tʂ tʂʻ ʂ	中;鐘 充		種 寵	衆
ʐ		絨;茸		
k kʻ ŋ x	公工功;弓;恭 空 風,封	 弘‖宏‖紅	 恐	共 奉
○	翁			

今調	陰平ㄱ	陽平ㄟ	上ㄴ	去ㄱ
今韵		ioŋ		
廣韵		庚三‖東三;鍾(均合口)		
tɕ tɕʻ ɕ	兄‖胸	窮 熊雄喻		
○		融		用

F. 音韵特點

1. 聲母

（1）恩施分 ts, tʂ。精組洪音皆讀 ts 等，章組皆讀 tʂ 等，如'茲'ʼtsï≠'之'ʼtʂï，'作'ʼtso≠'酌'ʼtʂo，'存'ʼtsʻən≠'臣'ʼtʂʻən。

（2）莊組在止攝開口及其他内轉各攝讀 ts 等，如'師'ʼsï，'臻'ʼtsən，'崇'ʼtsʻoŋ；在止攝合口及外轉各攝讀 tʂ 等，如'帥'ʼʂuai，'寨'ʼtʂai，'炒'ʼtʂʻau，'山'ʂan。

（3）知組只在梗二等讀 ts 等，如'撑'ʼtsʻən，'宅'ʼtsʻe，其他皆讀 tʂ 等，如'桌'ʼtʂo，'沉'ʼtʂʻən，'中'ʼtʂoŋ，'趙'ʼtʂau。

（4）不分尖團。精組細音一律讀 tɕ 等，跟見系細音混。如'齊'＝'其'ʼtɕʻi，'須'＝'虛'ɕy，'接,節'＝'傑,結'ʼtɕie，'錢'＝'鉗'ʼtɕʻien，'信,性'＝'幸'ɕin。

（5）非敷奉與曉匣合口一二等在今 u 韵同讀 f，如'服'＝'狐,忽'ʼfu，'虎'＝'府'ʼfu，'户'＝'附,婦'ʼfu。其餘混讀 x，如'滑'＝'法,髮'xua，'肥'＝'回'ʼxuei，'范'＝'换'ʼxuan，'分'＝'昏'ʼxuən，'黃'＝'房'ʼxuaŋ。

（6）微母與疑影兩母合口在今 u 韵同讀 v。如'無'＝'吾'ʼvu，'武'＝'吾'vu。

（7）泥來兩母無論洪細音均混讀n。如'你'＝'禮'ni,'女'＝'呂'ny,'納'＝'辣'na,'南'＝'藍'nan,'能'＝'輪'nən。

（8）日母除止攝無論開合均讀z̩,如'日'z̩ɿ,'如'zu,'惹'zɛ,'柔'zəu,'若'zo,'絨'zoŋ。

（9）除o韵,疑影母開口一等讀ŋ,如'愛,艾'ŋai,'暗'ŋan,'恩'ŋən;在今o韵讀o,如'鵝'o,'惡'o。

（10）見系開二等在蟹攝（除'佳'字）及梗二入讀k等,如'皆'kai,'客'kʻe,'厄'ŋe;其餘讀k,tɕ不定,如'<u>下</u>'xa'甲'tɕia,'<u>限</u>'xan,ɕien,'硬'ŋən,'杏'xən,'幸'ɕin。

（11）疑母三四等開口讀n或〇不定,如'逆'ni,'虐'nio,'臬'nie,'驗'nien,但'藝,義'i,'堯'iau,'言'ien,'銀'in,'仰'iaŋ。影母開口三四等一律讀〇如'要'iau,'厭'ien,'隱'in,'約'io。

2. 開合

（1）蟹攝及山攝舒聲合口一等端系今音仍爲合口,如'對'tuei,'罪'tsuei,'短'tuan,'算'suan。

（2）蟹止攝合口三等端系亦仍讀合,如'歲'suei,'隨'suei,'類'nuei。

（3）山攝合口三四等端系泥組讀開,精組讀合。如'戀'nien,'劣'ne,'全'tɕʻyen,'絕'tɕye。

3. 韵母

（1）遇攝三等知系讀u,與一等幫端見系同。如'書'ʂu,'主'tʂu,'楚'tsʻu,'步'pu,'圖'tʻu,'故'ku。

（2）咸山攝舒聲洪音讀an,uan;細音讀ien,yen。如'南,難'nan,'官'kuan;'監,間'tɕien,'全'tɕʻyen。

（3）深臻曾梗攝舒聲洪音讀ən,uən,細音讀in,yin,如'沉,陳,城'tʂʻən,'春'tʂʻuən,'橫'xuən;'林,鄰,陵,靈'nin,'均'tɕyin,'永'yin。

（4）曾梗攝入聲合口三等見系讀iu,如'域,疫,役'iu。通三入精莊組讀u,iu不定,如'肅'ɕiu,'足'tsu,'縮'ɕiu。

（5）臻通攝入聲合口三等見系字讀y,iu不定,如'橘,局'tɕy,'屈,曲'

tɕʻy，但'鬱，欲'iu。

4.聲調

(1)恩施不分陰陽去。古去聲全體及上聲全濁均讀去聲，如'四'＝'事'＝'士'。

(2)無入聲。古入聲全部均歸入陽平。如'篤，直，力，亦'等字今皆爲陽平調。

G. 會話

18 a：tʂaŋ˥ tsʻuei˦ y˩　　ni˦ zən˦ teˑ pa˧˨？
　　　 <u>張　粹　餘</u>(？)　你　認　得　吧？

18 b：tʂaŋ˥ tsʻuei˦ y˩　　zən˦ teˑ。tʻa˥ tsai˧ ti˦ iˑ ɕiau˩ taŋ˥
　　　 <u>張　粹　餘</u>(？)　認　得。他　在　<u>第　一　小　當</u>

　　　 tɕiau˦ vu˦ tʂu˩ zən˦。
　　　 教　務　主　任。

a：o˥ tʻin˥ pie˧ ko˥ ʂo˧，ʂo˧ tʻa˥ tɕiaŋ˥ nai˦ y˦ pei˦ taŋ˥ ti˥
　　 我　聽　別　個　説，説　他　將　來　預　備　當　<u>第</u>

　　 san˥ ɕiau˩ ɕio˦ ti˧ ɕiau˦ tʂaŋ˩。
　　 <u>三　小　學</u>　的　校　長。

b：e˧˨——tʻa˥，pu˧ i˩ tin˦ o˧˨。
　　 誒——他，不　一　定　喔。

a：iəu˦ pu˧ i˩ tin˦ a˧˨。
　　 又　不　一　定　阿。

b：pu˧ i˩ tin˦，in˥ uei˦ tʻa˥ tʂʻən˧ ni˧ iəu˩ ɕy˩ to˥ zən˦ təu˥
　　 不　一　定，因　爲　他　城　裏　有　許　多　人　都

　　 xən˦ tʻa˥，iəu˩ ɕie˥ pu˧ ta˥ xau˩ a˧˨，o˥ mən˧ tʂe˥ tsʻï˥ kʻai˥
　　 恨　他，有　些　不　大　好　阿，我　們　這　次　開

　　 yin˦ toŋ˦ fei˦，o˥ mən˧ tsai˦ yin˦ toŋ˦ tʂaŋ˩ ʂaŋ˦，pei˦……
　　 運　動　會，我　們　在　運　動　場　上，被……

tʻa˥ tuei˩ y˩ o˥ mən˨ iəu˩ ɕie˩ pu˨ ta˥ xau˥, fei˥ tʂʻaŋ˨ pu˨
他　對　於　我　們　有　些　不　大　好，　非　常　不

kʻe˨ tɕʻi˥, so˥ i˩ o˥ mən˨ ze˥ tʂʻu˨ xo˥ tʂʻu˨ nai˨ ʂa˩。
客　氣，　所　以　我　們　惹　出　禍　出　來　煞。

a：ze˥ tʂʻu˨ mo˥ xo˥?
　　惹　出　麼　禍?

b：na˥ sï˩ tɕʻin˨ xən˥ tʂʻaŋ˥, pu˨ iau˩ tɕiaŋ˥ niau˥。ni˥ tʂe˥ tsʻï˥
　　那　事　情　很　長，　不　要　講　了。　你　這　次

nai˨ ʂï˩ tso˥ tɕʻi˥ tʂʻe˥ ti˩ ma˩?
來　是　坐　汽　車　的　嗎?

a：tʂe˥ koŋ˥ nu˥ ie˥ mei˨ iəu˩ ɕiəu˥ xau˥。tso˥ ti˩ koŋ˥ zən˨
　　這　公　路　也　没　有　修　好。　坐　的　工　人

tʂʻe˥。
車。

b：koŋ˥ zən˨ tʂʻe˥ na˥ xən˥ tən˥ zən˨。
　　工　人　車　那　很　墩①　人。

a：ʂï˥ ti˩ ma˩, o˥ mən˨ tau˩ i˩ tʂʻaŋ˥ xa(i)˩ iau˩ xen˥ ɕie˥。
　　是　的　嗎，　我　們　到　宜　昌　還　要　很　些。

b：tsai˥ i˩ tʂʻaŋ˥ tau˥ xan˥ kʻəu˥ xai˥ iau˩ xən˥ ɕie˥, na˥ tso˥
　　在　宜　昌　到　漢　口　還　要　很　些，　那　坐

tʂe˥ ko˩ tʂʻe˥ ʂaŋ˥, nu˥ ʂaŋ˥ tɕien˥ ʂï˨ pu˨ pʻin˨。
這　個　車　上，　路　上　簡　直　不　平。

a：o˨, iəu˨ pa˥ toŋ˥ tau˥ i˩ tʂʻaŋ˥ tso˥ mo˥?
　　哦，　由　巴　東　到　宜　昌　坐　麼?

b：tso˥ ti˩ tʂʻuan˨。
　　坐　的　船。

---

①　'墩'謂顛簸。

a：tso˥ tʂʻuan˩，tso˥ nən˩ tʂʻuan˩。
　　坐　　船，　坐　輪　　船。

b：iəu˧ ti˩· iəu˥ na˩· nin˩ ʂʅ˩ ʂuɤ˥ tʻa˥ mən˩· tɕyin˥ zən˩ ti˩· in˥
　　有　的　有　啦　臨　時　受　他　們　　軍　人　的　影

　　ɕiaŋ˥。
　　響。

a：na˥ ko˩· ʂʅ˩ pa˥ koŋ˥ nu˧ ʂən˩· moɤ˩· ʂʅ˩ tɕʻi˥ kʻoɤ˥ iˇ tʻoŋ˥
　　那　個　施　巴　公　　路　什　麼　時　期　可　以　通

　　kʻe˩？
　　客？

b：tʂʻa˥ pu˩ to˥ iau˧ tsai˥ tɕʻi˩ pa˥ ye˩ tɕien˥。
　　差　　不　多　要　　在　七　八　月　間。

a：tʻa˥ ti˩· pʻiau˥ tɕia˥ ti˩· mu˩ nu˩？
　　他　的　票　　價　　的　目　錄？

b：tʻa˥ xa(i)˩ mei˩ iəu˥ kuei˥ tin˥ pa˩·。
　　他　還　　没　有　規　　定　吧。

a：mei˩ iəu˥ kuei˥ tin˥ ne˩·。tɕy˥ ɕiaŋ˥ a˩· ta˥ nio˩ iau˥ xau˥
　　没　有　規　　定　呐。據　想　阿　大　略　要　好

　　to˥ tɕʻien˩？
　　多　錢？

b：tɕy˥ ɕiaŋ˥ a˩· to˥ pan˥ ʂʅ˥——vu˥ nu˩ kʻuai˥ tɕʻien˩ ti˩ iaŋ˥
　　據　想　阿　多　半　是——五　六　塊　　錢　的　樣

　　tsʅ˩。
　　子。

a：vu˥ nu˩ kʻuai˥ tɕʻien˩。vu˥ nu˩ kʻuai˥ tɕʻien˩ pu˩· ɕin˩ pa˩·。
　　五　六　塊　　錢。　五　六　塊　　錢　不　行　吧。

b：ni˥ mən˩· na˥ ko˥ nu˧ kʻan˥ tau˥ ʂʅ˥ na˥ ɕie˩· mei˩ iəu˥ ɕiəu˥
　　你　們　那　個　路　看　　到　是　哪　些　没　有　修

xauˇ aˈ·?
好　阿?

a：nuˉ aˈ·，tɕiəuˉ ʂïˉ tɕienˉ ʂïˇ tauˉ noŋ˩ tʼan˩ niˇ　　naˉ iˉ
　路　阿，　就　是　建　始　到　龍　潭　里(?)　那　一

tuanˉ mei˩ iəuˇ ɕiəuˉ xauˇ。
　段　　没　有　修　好。

b：tɕienˉ ʂïˇ tauˉ noŋ˩ tʼan˩ niˇ ʂanˉ xənˇ taˉ。
　建　始　到　龍　潭　里　山　很　大。

a：ʂïˉ tiˈ·。
　是　的。

一九. 宣恩（長潭河）

A. 發音人履歷

發音人	19
年齡	26 歲
原籍	宣恩縣城東長潭河
職業	本縣區長
教育程度	高級小學
幼時語言環境	本地
教師方言	本地
住過的地方	武昌,漢口
曾否學國語	未
能否説別處話	不能

二十五年五月十九日楊時逢、吳宗濟記音

無故事或會話

B. 聲韵調表

1. 聲母

p 巴壁辮	p' 普瓶	m 名滅木	f 服户負忽	v 吾無屋
t 的得洞	t' 歎提	n 梨納聶逆		
ts 災自責臻	ts' 才撑測蔡		s 思師森桑	
tʂ 之札齋追	tʂ' 沉成察徹揣		ʂ 世示山帥	ʐ 日染惹絨
tɕ 集計江就	tɕ' 切秦氣求		ɕ 邪行心孝	
k 骨貴共介	k' 哭開狂	ŋ 哀硬歐	x 漢法范回	
○ 惡位未温外危因用如				

2. 韵母

ï 子時石	a 馬達札沙	o 某多歌活我坐	e 北勒蛇熱黑
i 敝里七席	ia 家甲瞎	io 略學約	ie 撒帖邪謁
u 木步書出	ua 法刷瓦		ue 國獲
y 區除入屈玉			ye 靴月絶拙

ai 敗代蔡皆	ei 卑貝對歲隨	au 到炒趙	ou 頭杜數六卒
		iau 表聊巧	iou 謬紐有欲
uai 揣怪外	uei 追肥諱		

an 辦短算減		ən 崩門等存跟閏	
	ien 貶戀諫言		in 兵民令侵銀
uan 官反彎凡		uən 春坤分穩	
	yen 專全川院		yin 旬純瑩允

aŋ 忙蕩上巷	uŋ 孟洞絨弘共	
iaŋ 兩江樣	iuŋ 窮融兄	

uaŋ 方旺莊牀

3.聲調

陰平	陽平	上	去
˥	˩	˧	˦
官家清沙	楊頭必讀	打總馬有	去辮柱用

C.聲韵調描寫

1.聲母

宣恩聲母二十二個。

p組p,pʻ,m,f,v。p,pʻ都像北平音,是較軟的。f,v只在獨立的u前才有,摩擦都不很强。

t組t,tʻ,n。t,tʻ也如北平音。n在洪音前很純粹,在細音前微有顎化的傾向,近ȵ,而非ȵ。

ts組ts,tsʻ,s。跟北平音相近,沒有偏後的色彩。

tʂ組tʂ,tʂʻ,ʂ,ʐ。tʂ,tʂʻ,ʂ的部位比北平音偏前,舌尖不翹起,但跟ts,tsʻ,s顯然不同。ʐ却很像北平的ʐ。

tɕ組tɕ,tɕʻ,ɕ。部位靠前,像北平音。

k組k,kʻ,ŋ,x。k,kʻ也較軟,跟p,pʻ,t,tʻ一例。ŋ只在開口洪音前才有,甚穩固。x在介音u前微帶雙唇摩擦;在開口洪音如北平的x。宣恩的x不能存在於獨立的u韵之前;在獨立的u韵,國音的x在宣恩一律是f;而宣恩的f也只限於獨立的u韵才有;其他國音讀f的,宣恩統作xu-。由這點看,宣恩的f跟xu-似乎可以併爲一個音位,都寫作x。不過宣恩的f,如'虎'fu,清清楚楚是齒唇音,我們不願意把他併在x裏頭。

〇包括ʔ(只限於o韵,ɚ韵的無輔音聲母時偶有),u-,y。u-只限於後面有元音的時候才有,獨立的u韵作v,如'五'vu。

2.韵母

ï包括ʅ、ɿ兩值,在ts組後作ɿ,在tʂ組後作ʅ。

ɚ是央元音ə的捲舌,近乎北平的ɚ。

i很緊,無輔音聲母時,微帶摩擦,簡直是j。

u的舌位很高,雙唇也很接近,但不甚圓。

y相當于宣恩i的圓唇,無輔音聲母時,也帶摩擦,如ɥ。

a,ia,ua。a是平均A。

o,io。o近於標準元音的o,但在k組聲母後跟無輔音聲母時,前面略有寄生u的色彩,如'各'ko,'窩'o,聽起來像kᵘo,ᵘo。

e,ie,ue,ye。e略開,是ɛ。

ai,uai。這裏的a偏前而較關,i很短很開。

ei,uei。i在此也很短很開,近ɪ。

au,iau。a是平均A,u只到ʊ的程度。

ou,iou。o較短,u較長,在iou中尤其顯明。

an,uan。a是A。

ien,yen。e較開,是ɛ。

ən,uən。ə很短,在uən中更短。

in,yin。i較獨立的i略開,而不到ɪ。

aŋ,iaŋ,uaŋ。a近乎A而稍偏後,在uaŋ中近於ɑ。

uŋ,iuŋ。u很鬆,嚴式可寫作ʊ。

3. 聲調

陰平,高平調(˥55)。

陽平,低平調(˩11)。

上聲,自"高"降至"半低"(52),寬式用高降調號(˥˧53)。

去聲,中升調(˨˦24)。

D. 與古音比較

1. 聲母

古母今讀 (發音方法及影響條件) 古聲組及影響條件	全清塞	次清塞	全濁塞 平	全濁塞 仄	次濁	清擦	濁擦 平	濁擦 仄
幫組	幫:p	滂:pʻ	並:pʻ	並:p	明:m			
非組					微:v;u⁽¹⁾	非/敷:f;x⁽¹⁾	奉:f;x⁽¹⁾	
端組 泥 一二等洪／三四等細	端:t	透:tʻ	定:tʻ	定:t	泥:n　來:n			
精組 洪	精 ts	清 tsʻ	從 tsʻ	從 ts		心 s		
精組 細	tɕ	tɕʻ	tɕʻ	tɕ		ɕ	邪 s	邪 s
精組 細							ɕ	ɕ
莊組 內轉	莊(照二) ts	初(穿二) tsʻ;tɕʻ⁽²⁾	崇(牀二) tsʻ,tɕʻ,ɕ	崇(牀二) ts;s		生(審二) s;ʂ⁽²⁾		
莊組 外轉	莊 tʂ	初 tʂʻ	崇 tʂʻ	崇 tʂ		生 s		
知組 極二等韻其他 今開	知 tʂ	徹 tʂʻ	澄 tʂʻ	澄 tʂ				
知組 今合	知 tʂ,tɕ	徹 tʂʻ,tɕʻ	澄 tʂʻ,tɕʻ,ɕ	澄 tʂ,tɕ				
章組 今開	章(照三) tʂ	昌(穿三) tʂʻ	船(牀三) tʂʻ,tɕʻ,ɕ	船(牀三) ʂ		書(審三) ʂ	禪 ʂ,s;ɕ	禪 tʂ;ʂ,s;ʂ;ɕ
章組 今合	章 ʂ	昌 ʂ,tɕʻ,ɕ	船	船 ʂ;ɕ		書 s;ɕ		

本表為宣恩方言「古母今音」聲母今讀對照表。表頭欄（古聲母依發音方法分）自左至右為：全清塞（見／影）、次清塞（溪）、全濁塞平（羣）、全濁塞仄（疑）、次濁（日／疑／喻）、清擦（曉）、濁擦平（匣）、濁擦仄（匣）。

古聲組	古韻・影響條件	全清塞	次清塞	全濁塞 平	全濁塞 仄	次濁	清擦	濁擦 平	濁擦 仄
日母	止（今合）					○			
日母	止（今開）・其他					ʐ			
日母	其他					ʐ, ɣ			
見組曉	開 一等	k	kʻ	tɕʻ	tɕ	ŋ	x		x
見組曉	開 二等	tɕ, k	tɕʻ, kʻ	*	*	i, ŋ	ɕ, x		ɕ, x
見組曉	開 三四等	tɕ	tɕʻ	kʻ	k	i, n (1)	ɕ		ɕ (1)
見組曉	合 一二等	k	kʻ	tɕʻ	k	v; u (1)	f; x (1)		f; x (1)
見組曉	合 蟹止合	k	kʻ	tɕʻ	tɕ	u	x		x
見組曉	合 通舒	k	kʻ			ʔ	ɕ		*
見組曉	合 其他	tɕ	tɕʻ	tɕʻ	tɕ	y	ɕ		ɕ
見	（聲母）	見	溪	羣	疑	疑	曉	匣	匣
影組	開 一等	ŋ; ○ (3)							
影組	開 二等	ŋ, i; ○ (3)							
影組	開 三四等	i				*			
影組	合 一二等	v; u; ○ (3)				u			
影組	合 蟹止合	u				i			
影組	合 通	i							
影組	合 其他	y				y			
影	（聲母）	影				喻（喻: i）			

註：(1)、(3) 為原表腳註標號。

2. 韵母

第 一 表

開

摄 \ 呼·等·声母	一			二				三四					
	帮系	端系	见系	帮系	泥組	知組莊	见系	帮系	端系	莊組	知章组	日母	见系
果	*	o	o	a	a	a	a,ia	*	ie	*	e	e	ie
(遇)						*				*			
蟹	*	ai	ai	ai	ai	ai	ai,ia	i	i	*	ï	*	i
止						*		i,ei	i;ï	ï	ï	ɚ	i
効	au	au	au	au	au	au	au,iau	iau	iau	*	au	au	iau
流	o	ou	ou					iou	iou	ou	ou	ou	iou
咸	*	an	an		*	an	an,ien	ien	ien	*	an	an	ien
山	*	an	an	an	*	an	an,ien	ien	ien	*	an	an	ien
岩	aŋ	aŋ	aŋ	aŋ		uaŋ	aŋ,iaŋ	*	iaŋ	uaŋ	aŋ	aŋ	iaŋ

摄别＼呼·等·声母　（呼＝開）

攝別	三四·見系	三四·日母	三四·知章組	三四·莊組	三四·端系	三四·幫系	二·見系	二·知組莊	二·泥組	二·幫系	一·見系	一·端系	一·幫系
深	in	en	en	en	in	in		*				*	
臻	in	en	en	en	in	in		*			ue	ue	*
曾	in	ue	ue	*	in	in		*			ue	ue	ɱ·ue
梗	in	*	en	*	in	in	en·in	ən	ue	ɱ·ue			
（通）				*				*					
咸入	ie	*	e	*	ie	*	ia	a	*	a	o	a	*
山入	ie	e	e	*	ie	ie	ia	a	*	o	o	a	o
宕入	io	o	o	*	io	*		*	*		o	o	o
深入	i	y	ï	e	i	*		*				*	
臻入	i	ï	ï	e	i	i		*			e	e	e
曾入	i	*	ï	e	i	i		*			e	e	o
梗入	i	*	ï	*	i	i	e	e	*	o		*	
（通入）				*				*				*	

第 二 表

攝＼聲母・等・呼	一			二			合　三四						
	幫系	端系	見系	幫系	莊組	見系	幫系	泥組	精組	莊組	知章組	日母	見系
果	o	o	o	*	*	ua			*	*			ye
遇	u	ou	u				u	y	y	ou	u,y	y	y
蟹	ei	ei	uei,uai	*	*	uai,ua	uei	*	ei	*	uei	*	uei
止		*			*		ei,i;uei	ei	ei	uai	uei	*	uei
(效)		*			*					*			
(流)	*	*			*					*	*		
咸	an	an	uan		uan	uan	uan	ien	yen		yen		
山	an	an	uan	*	uan	uan	uan		yen	*	yen	an	yen
宕		*			*		uaŋ			*	*		uaŋ

合

声母＼摄	（深）	臻	曾	梗	通	咸入	山入	宕入	（深入）	臻入	曾入	梗入	通入
三四　见系	yin,iun	yin,iun	iun,iun	iun,iun	yin,iun	ye			y	y	y	y	iou,y
三四　日母	ue	ɿn	ɿn	ɿn	ɿn	*	*		*	*			ou
三四　知章组	yin,uen	ɿn	ɿn	ɿn	ɿn	o,ye	*		y	n	n		ou
三四　庄组	*	*	ɿn	ɿn	ɿn	*	*		*	*	*		ou
三四　精组	yin	yin	ɿn	ɿn	ɿn	ye	y	y	y	y	*		ou
三四　泥组	ue	ue	ɿn	ɿn	ɿn	ie	y	y	y	y			ou
三四　帮系	uen	uen	ɿn	ɿn	ɿn	ua	ua	o	n	n	y	n	n
二　见系			ɿn:uen	ɿn:uen		ua	ua	o	n	ue			u
二　庄组	*	*	*	*	*	*	ua	*	*	*	*	*	*
二　帮系	*	*	*	*	*	*	*	o	o	n	n		n
一　见系	uen	uen	ɿn	ɿn	ɿn	o	o		n	ue			u
一　端系	*	ue	*	*	ɿn	o	o		*	no	*		ou
一　帮系	ue	ue	ɿn	ɿn	ɿn	o	o		n	n	*		u

3. 聲調

古類 \ 影響條件 \ 今值類		陰平	陽平	上	去
平	清	˥			
平	濁		˩		
上	清			˅	
上	次濁			˅	
上	全濁				ˊ
去	清				ˊ
去	濁				ˊ
入	清		˩		
入	次濁		˩		
入	全濁		˩		

附注：

聲母：——

（1）微母及疑影母一等合口在今u韵作v，如'無'vu，'五'vu，'屋'vu，其餘作無聲母，如'未'uei，'外'uai，'碗'uan。非敷奉及曉匣一等合口在今u韵作f，如'否'fu，'忽'fu，'户'fu，其餘作x，如'飛'xuei，'范'xuan，'黃'xuaŋ，'化'xua。

（2）莊組初母在止攝合口讀tʂ'，生母在止攝合口讀ʂ，即'揣，帥'二字，此外在内轉讀tsʻ，s。參看音韵特點聲母。

（3）影母開口一二等只在今o韵讀無聲母，如'惡'o，'握'o。其他讀ŋ。合口一等，戈韵讀〇，如'窩'o。其他讀v，u，參看注（1）。

E. 同音字表

今調	陰平ㄱ	陽平ㄴ	上ㄑ	去ㄔ
今韵	ï;ɚ(○後)			
廣韵	祭‖脂;之;支‖缉‖質‖職‖昔(均開口)			
p pʻ m f v				
t tʻ n				
ts tsʻ s	茲 師;思、伺去;斯		子 此 死	自;字 次;刺,賜心‖秩澄入 四;似,士、事
tʂ tʂʻ ʂ	之;知,支‖隻入 施	置去‖執‖姪,質‖直值植,殖禪‖擲 遲 時‖十‖實‖食蝕‖石	指 恥 矢;使審二,始	致,至;痔,志;翅審 滯澄 世示;試,市;是‖式飾入
ʐ		日		
tɕ tɕʻ ɕ				
k kʻ ŋ x	翁(ㄅ)			
○		而	爾	貳

今調	陰平 ㄱ	陽平 ㄴ	上 ㄴ	去 ㄱ
今韵	i			
廣韵	祭;齊‖脂;之;支;微‖緝‖質;迄‖職;昔;陌三;錫			
p p' m f v		必‖逼‖碧;壁	比;彼 鄙痞幫 米‖祕泌幫去; 靡	敝‖臂 屁‖闢並入
t t' n		的,笛 堤提 梨;疑;離‖立‖栗‖力‖逆;歷	底 禮‖你,李里理裏	帝,第‖地 替 例
tɕ tɕ' ɕ	妻,棲心,溪‖期羣 西,溪分匣;携匣合‖希	緝清,集楫,急,及,吸曉‖吉‖極‖積;擊激 齊‖其;奇‖七;乞,迄曉‖喫 息‖席	己 起 洗‖璽徙 支心	祭;計繼‖忌;寄,技妓;季合 去魚‖器;氣‖戚入 細,系‖戲
○	衣依	夷;宜,移;遺合‖噎屑‖邑‖一,逸‖亦	以,矣	藝‖義議‖憶入

今調	陰平˥	陽平˩	上˥	去˥
今韵	u			
廣韵	模;魚;虞‖尤‖没;術;物‖屋;沃;燭			
p pʻ m		不 勃並入‖卜幫入,撲,瀑曝僕並入 木;目	 譜幫,普	步
f v	烏‖沃入	狐胡乎‖忽‖服 吾;無‖屋	虎;府,腐奉‖否 五;武	户;附‖婦負 務‖戊侯明‖物入
tʂ tʂʻ ʂ	猪,諸 書;殊禪	 出		著;柱
k kʻ ŋ x	孤 酷入	骨 哭		故

今韵	y			
廣韵	魚;虞‖緝‖術;物‖職‖昔‖屋三;燭(均合口)			
t tʻ n		 律	 女,呂‖履脂開	
tɕ		橘‖菊;局	主	巨;娶清,聚,拘平、句
tɕʻ ɕ	樞,區 虛;須	徐邪,除‖屈‖曲 戍恤	 暑鼠,許	遂邪脂合 序‖樹
○		如,魚,於影,余餘,與上;儒,愚,于‖入	羽	遇‖鬱入‖域入‖役疫入‖玉入

今調	陰平ㄱ	陽平ㄴ	上ˇ	去ˋ
今韵	a			
廣韵	麻二‖合;盍;洽‖曷;鎋;黠(均開口)			
p pʻ m f v	巴 [媽]	八 拔並入	馬	
t tʻ n	他歌 拉入	答搭‖達 踏;塔 拿‖納;臘‖辣	打庚 [哪]	大泰 [那]
ts tsʻ s		雜 撒		
tʂ tʂʻ ʂ	剎入 沙	札;軋影 插‖察 殺		詫徹,乍
k kʻ ŋ x				下(等一|子)

今調	陰平┐	陽平┘	上┐	去┘
今韵	ia			
廣韵	麻二‖佳‖洽;狎‖鎋(均開口)			
t t' n	［箸］(祖父曰‖)			
tɕ tɕ' ɕ	家‖佳	甲;挾帖匣 恰 霞‖狹;匣‖瞎	假(真‖,放) 賈	
○	鴉	牙‖鴨		

今韵	ua			
廣韵	麻二‖佳;決‖乏‖鎋;黠;月(均合口)			
tʂ tʂ' ʂ		刷		
k k' ŋ x	瓜	刮 法‖滑;髮		掛 化‖畫;話
○	蛙‖挖入	［娃］	瓦	

今調	陰平 ˥	陽平 ˩	上 ˧	去 ˩˧
今韵	o			
廣韵	歌;戈‖模‖侯;尤‖合;盍‖曷;末;薛‖鐸;覺;藥			
p p' m f v	波,玻滂 坡	縛藥奉 婆 模‖謀‖末‖莫	剖 某畝	
t t' n	多	脱‖託 羅;騾‖洛	妥	舵
ts ts' s		作	左 所魚	坐
tʂ tʂ' ʂ		桌;捉;酌 説		
ʐ		若		
k k' ŋ x	歌;鍋	鴿‖割‖各;郭 闊 何‖合;盍‖喝;活‖鶴;霍	我	個;過 禍
○	窩	鵝疑‖惡;握		

今調	陰平ㄱ	陽平ㄴ	上ㄟ	去ㄣ
今韵		io		
廣韵		覺;藥(均開口)		
t t' n		略,虐		
tɕ tɕ' ɕ		角覺,脚 確;雀精 學;削		
○		約		

今調	陰平ㄱ	陽平ㄴ	上ㄣ	去ㄱ
今韵		e		
廣韵		麻三‖葉‖薛‖緝‖櫛‖德;職‖陌;麥(均開口)		
p p' m f v		北‖百,白 泊鐸並‖迫幫入,拍		
t t' n		德得 忒,特定入 勒		
ts ts' s		則‖責 側照入,測‖宅擇澤澄入 澀‖瑟‖色		
tṣ tṣ' ṣ		徹,澈澄入 蛇‖舌		涉入‖設入
ẓ		熱	惹	
k k' ŋ x		格;革 刻 厄 黑‖赫		

今調	陰平 ˥	陽平 ˩	上 ˦	去 ˧
今韵	ie			
廣韵	麻三‖葉;業;帖‖薛;月;屑			
p p' m f v		撇 滅‖麥麥	瘺入	
t t' n	［爹］	帖‖鐵 聶‖列,孽;臬;劣		
tɕ tɕ' ɕ	些	接‖傑;竭;節,結 切 邪‖脅‖穴合	寫	謝
○		葉‖謁	也野	

今調	陰平 ㄱ	陽平 ㄴ	上 ㄙ	去 ㄟ
今韵	ue			
廣韵	德‖麥(均合口)			
k kʻ ŋ x		國 或‖獲		

今韵	ye			
廣韵	戈三‖薛;月;屑(均合口)			
tɕ tɕʻ ɕ	嗟開 靴	絶,綴,拙;掘;決 茄開;瘸‖缺 薛開‖削藥		
○		閱;月,越曰		

今調	陰平˥	陽平˩	上˅	去˧
今韵	ai			
廣韵	咍;泰;皆;佳;夬(均開口)			
p p' m f v		埋	買	拜;敗 派
t t' n		來	乃;奶	待、代;帶 泰 賴
ts ts' s	災	才		再,在 菜;蔡
tʂ tʂ' ʂ	齋	柴		寨
k k' ŋ x	該;皆 開 哀 偕見,諧;鞋‖還刪合		改;解 矮	蓋;介界戒,械匣 概見,愾 愛;艾 亥;害

今調	陰平 ㄱ	陽平 ㄴ	上 ㄑ	去 ㄱ
今韵	uai			
廣韵	泰;皆;佳;夬‖脂;支(均合口)			
tʂ tʂʻ ʂ			揣	帥
k kʻ ŋ x		懷	塊去	怪 會(‖計)見;快
○	歪曉			外

今韵	ei			
廣韵	灰;泰;祭‖脂;支			
p pʻ m f v	卑;悲;碑 披	梅	丕平	倍;貝‖被 配,佩並
t tʻ n			屢虞去‖累	對;兌 内‖類
ts tsʻ s		隨		最 脆‖悴從,粹心 歲

今調	陰平 ˥	陽平 ˩	上 ˅	去 ˧
今韵	uei			
廣韵	灰;泰;祭;廢;齊‖脂;支;微(均合口)			
tʂ	追,錐			
tʂʻ		垂		
ʂ				税‖瑞睡
ʐ̩				鋭喻‖彙喻
k	龜;歸			桂‖貴
kʻ				
ŋ				
x	灰‖飛	回‖肥	毀	會;彗喻;廢,肺;惠‖諱
○	威	維惟;危,爲;微,圍	委	衛‖位;未,畏

今調	陰平 ˥	陽平 ˩	上 ˧	去 ˨
今韵	au			
廣韵	豪;肴;宵			
p p' m f v	包		保 跑並平	貌
t t' n		桃 牢	到去(坐丨)	到 鬧
ts ts' s			草 掃	造糙
tʂ tʂ' ʂ	昭		炒 少	趙 紹
ʐ		饒		
k k' ŋ x	高	毫	稿;攬(亂丨) 考 好	告 奧

今調	陰平 ˥	陽平 ˩	上 ˦	去 ˥
今韵	iau			
廣韵	肴;宵;蕭			
p p' m f v		苗貓	表	
t t' n		條 燎;聊		釣 跳
tɕ tɕ' ɕ	消;嚻;蕭	喬 淆餚	巧 曉	叫 孝,校效
○	妖	堯	舀	

今調	陰平 ˥	陽平 ˩	上 ˧	去 ˥˩
今韻	ou			
廣韻	模;魚;虞‖侯;尤‖沒‖屋;沃;燭			
t	都	讀;篤	賭肚‖斗	杜‖鬥
tʻ		頭		突入‖禿入
n		奴‖鹿;六陸,綠	努	漏
ts		足,促清入	走	做‖奏
tsʻ	初	愁‖卒精入‖族從入	楚	助牀
s		縮;續		素;數‖肅入
tʂ	周	竹;燭囑		
tʂʻ		鋤牀二‖觸	丑	
ʂ		熟;屬		獸
ʐ̩		柔‖肉;辱		
k				
kʻ				
ŋ	歐		偶	
x		侯		後

今調	陰平 ˥	陽平 ˩	上 ˅	去 ˋ
今韵	iou			
廣韵	尤;幽‖屋三;燭			
p p' m f v				謬
t t' n	〔丢〕	牛	紐	
tɕ tɕ' ɕ	糾上 秋 休	囚,求 畜	九	就,舅
○		由猶,尤	有	幼‖育入;欲入

今調	陰平 ˥	陽平 ˩	上 ˦	去 ˥
今韵	an			
廣韵	覃;談;咸;銜;鹽‖寒;山;删;仙;桓			
p	扮去		板	辦;半,伴
p'				盼;判,叛並
m			滿	慢
f				
v				
t			短	旦
t'	貪	談		歉
n		南;藍‖難		亂
ts				暫
ts'	餐		慘	
s	三			算
tʂ	沾		斬‖展	棧
tʂ'			剗,產審	
ʂ	衫‖山	蟬	陝	扇
ʐ		然	染‖軟;阮疑元	
k	干;間(房ㄐ)		感;敢;減	
k'				
ŋ	安			暗
x		含;鹹;銜‖寒		陷‖漢;限

今調	陰平 ˥	陽平 ˩	上 ˇ	去 ˋ
今韵	uan			
廣韵	凡‖桓;山;删;仙;元(均合口)			
k	官觀;鰥			貫;慣
kʻ			皖匣	
ŋ				
x		凡	緩匣;反	范‖唤,换
○	彎	完匣;頑	碗	萬

今韵	ien			
廣韵	衔;鹽;嚴;添‖山;删;仙;元;先			
p	邊		貶	辨;辮
pʻ				徧幫,片
m				面
f				
v				
t			典	店
tʻ	天	田		
n	研疑平	廉‖連聯;年		驗;念‖硯;戀
tɕ	間		剪;繭	監‖諫;件;建;見
tɕʻ	謙‖千	鉗‖錢;前		
ɕ	先;仙鮮	嫌‖閑;賢	險	憲;現;縣合
○	煙	嚴‖言	眼;演	厭‖晏

今調	陰平 ꜖	陽平 ꜔	上 ꜅	去 ꜆
今韵	yen			
廣韵	仙;元;先(均合口)			
tɕ	專			篆,倦
tɕʻ	川	全,船		
ɕ	删_{删開};掀_{軒開};宣;喧	弦_開;玄懸	癬_開;選	
○		丸桓匣(彈丨,肉丨);緣鉛 沿;元,園	遠	院

今調	陰平 ⌐	陽平 ⌐	上 ∨	去 ⌐
今韵	ən			
廣韵	侵‖痕;臻;真;魂;諄‖登;蒸‖庚;耕;清			
p	崩		本	
pʻ		彭		
m		門		
f				
v				
t			等	頓
tʻ	吞			
n		倫‖能	冷	論
ts	臻‖爭			增
tsʻ	撑	存		
s	森‖生			
tʂ	徵‖貞,偵徹			鄭,政
tʂʻ		沉‖陳,臣‖成誠		
ʂ	深‖申身	晨;唇合	審	盛
ʐ		人‖仍	忍	任平‖認;閏‖孕喻
k	跟‖耕		亘去	更
kʻ			懇‖肯	
ŋ	恩			硬
x		恒		恨‖杏

今調	陰平 ㄱ	陽平 ㄴ	上 ㄟ	去 ㄱ
今韵	uən			
廣韵	魂;諄;文‖庚二（均合口）			
tʂ tʂʻ ʂ	椿,春‖傾溪清合、頃溪清合上			
k kʻ ŋ x	坤 昏;分	横		奮
○	温	聞	穩	問

今韵	in			
廣韵	侵‖真;欣‖蒸‖庚;耕;清;青（均開口）			
p pʻ m f v	兵	貧‖平;瓶 民‖萌耕二;名	稟 品 敏	並 命
t tʻ n	丁 聽	林‖鄰‖陵‖靈		定 令
tɕ tɕʻ ɕ	侵清,今‖津,巾;斤‖京荆;經 欽‖輕 心‖新‖星腥	秦‖情 行;形	醒	晉進;近‖静,勁 信‖幸;性姓
○	音‖因‖鶯;英	銀‖凝‖盈	隱	印‖應

今調	陰平 ˥	陽平 ˩	上 ˥	去 ˥
今韵	yin			
廣韵	諄;文‖清;庚三;青(均合口)			
tɕ	均		迥匣	
tɕʻ		羣‖瓊		
ɕ	勳	尋侵‖旬,純‖繩禪蒸	損魂	
○		云‖營;榮;螢匣	允尹‖永	運

今調	陰平˥	陽平˩	上˥	去˩
今韵	aŋ			
廣韵	唐;江;陽			
p	邦			
pʻ		旁		
m		忙		
f				
v				
t	當			蕩
tʻ		堂		
n		郎	朗	
ts				
tsʻ	倉			
s	桑			
tʂ	張		長	
tʂʻ				
ʂ	商	常		上尚
ʐ				讓
k	剛綱			
kʻ				
ŋ				
x				項、巷

今調	陰平ㄱ	陽平ㄟ	上ㄟ	去ㄟ
今韵	iaŋ			
廣韵	江;陽			
t / t' / n		娘	兩	
tç / tç'	江;將		講	像邪
ç	香鄉	詳祥	想	
○		陽楊	仰	

今韵	uaŋ			
廣韵	江;陽;唐			
tʂ	椿;莊			
tʂ'	窗	牀	撞澄;創去	
ʂ	雙			
k	光			
k'		狂		曠,況曉
ŋ				
x	方	黃;房防		
○	汪	王	往	旺

今調	陰平 ˥	陽平 ˊ	上 ˇ	去 ˋ
今韵	uŋ			
廣韵	登‖庚二;耕‖東;冬;鍾			
p pʻ m f v		朋		孟‖夢
t tʻ n	通	同 農;隆;龍	桶;統去 攏	洞
ts tsʻ s	鬆;嵩;松	崇	總	送;宋;誦
tʂ tʂʻ ʂ	中;鐘 充		寵	衆
ʐ		絨;茸		
k kʻ ŋ x	公功;弓;恭 空 風;封	弘‖宏‖紅	恐	共 奉

今調	陰平ㄱ	陽平ㄥ	上ㄥ	去ㄱ
今韵	iuŋ			
廣韵	庚三‖東三,鍾(均合口)			
tɕ tɕʻ ɕ	兄‖胸	窮 雄熊喻		
○		融		用

F. 音韵特點

1. 聲母

(1)宣恩分ts,tʂ。精組洪音如ts等,章組開口讀tʂ等,如'茲'tsï≠'之'tʂï,'存'tsʻən≠'臣'tʂʻən,'桑'saŋ≠'商'ʂaŋ。

(2)莊組在止攝開口及其他內轉各攝讀ts等,如'事'sï,'責'tse,'瑟'se,'愁'tsʻou,'生'sən。在止攝合口及外轉各攝讀tʂ等,如'揣'tʂʻuai,'帥'ʂuai,'沙'ʂa,'柴'tʂʻai,'炒'tʂʻau,'棧'tʂan。

(3)知組開口只在梗攝二等讀ts,如'撑'tsʻən,'宅'tsʻe;此外皆讀tʂ等,如'知'tʂï,'桌'tʂo,'長'tʂʻaŋ,'趙'tʂau,'丑'tʂʻou。

(4)知章組合口在蟹止通攝及臻攝入聲讀tʂ等,如'稅,瑞'ʂuei,'追,錐'tʂuei,'鍾,中'tʂuŋ,'熟'ʂou,'出'tʂʻu;在山攝舒聲讀tɕ等,如'專'tɕyen,'船'tɕʻyen;在山攝入聲,臻攝舒聲,及遇攝,讀tʂ或tɕ不定,如'說'ʂo,'椿'tʂʻuən,'豬'tʂu,'著'tʂu,但'拙'tɕye,'純'ɕyin,'除'tɕʻy,'樹'ɕy。

(5)不分尖團。精組細音跟見系細音皆讀tɕ等,如'聚'='巨'tɕy,'節'='結'tɕie,'將'='江'tɕiaŋ,'就'='舅'tɕiou,'細'='戲'ɕi,'宣'='暄'ɕyen。

(6)曉匣今合口洪音與非敷奉混,在今音獨立的u韵前皆讀f,如'狐,忽'

＝'服'fu,'户'＝'附'fu；此外一律混作x(u-)，如'肺'＝'惠'xuei,'范'＝'换'xuan,'分'＝'昏'xuən。

（7）日母在止攝開口，遇攝，及深攝入聲讀○，如'而'ɚ,'如'y,'入'y,此外讀z̩，如'日'zï,'閏'zən,'絨'zuŋ,'饒'zau。

（8）影疑合口及微母在今音獨立的u韵前讀v，如'烏'vu,'屋,吾,無'vu,'五,武'vu；在其他u介音前一律作無聲母，如'危'＝'微'uei,'聞'uən,'瓦'ua。

（9）疑影母今開口洪音，除o韵外，皆作ŋ，如'愛,艾'ŋai,'歐'ŋou,'厄'ŋe，硬ŋən。但影母在今o韵作○，如'窩'o,'握'o。

（10）疑母開口三四等今讀n或○不定，如'疑,逆'ni,'臬'nie,'硯'nien；但'宜'i,'言,嚴'ien,'銀'in。

（11）泥來兩母洪細皆混，一律讀n，如'女'＝'呂'ny,'年'＝'連'nien,'内'＝'類'nei,'藍'＝'難'nan。

（12）見系開口二等在蟹攝（除'佳'字）及梗入不顎化，如'戒'kai,'鞋'xai,'格,革'ke，在効攝（除'攪'字白話音）及咸山攝入聲顎化爲tɕ等，如'巧'tɕʻiau,'甲'tɕia,'瞎'ɕia。其餘k,tɕ不定，如'鹹'xan,'限'xan,'巷'xaŋ。但'監'tɕien,'閑'ɕien,'江'tɕiaŋ。

2. 開合

（1）端系合口一等在遇蟹山臻攝皆讀開口，如'奴'nou,'對'tei,'最'tsei,'短'tan,'算'san,'頓'tən,'存'tsʻən,'突'tʻou。

（2）來母合口三四等在遇攝及通舒臻入仍爲合口，如'呂'ny,'龍'nuŋ,'律'ny。在山攝及通入臻舒則讀開口，如'戀'nien,'劣'nie,'六'nou,'倫'nən。

（3）精組合口三四等在蟹止攝及通入皆變開口，如'歲'sei,'隨'sei,'續'sou,'足'tsou；在遇山臻攝及通舒仍爲合口，如'序'ɕy,'全'tɕʻyen,'絕'tɕye,'旬'ɕyin,'戌'ɕy。

3. 韵母

（1）遇攝模韵端系魚虞韵莊組讀ou，與流攝混，如'肚'tou（＝斗）,'素,數'sou,'初'ts'ou。魚虞韵知章組讀u或y不定,如'柱'tʂu,但'除'tɕ'y。

（2）流攝幫系,一等讀o,如'某'mo,'剖'po,三等讀o,iou,或u,如'謀'mo,'謬'miou,'婦'fu,'否'fu。

（3）山攝舒聲合口三等,知章組讀yen,如'專'tɕyen,'船'tɕ'yen,日母讀an,如'軟'zan。

（4）臻攝舒聲合口三等知章組讀yin或uən,如'純'ɕyin,'椿'ts'uən,日母讀ən,如'閏'zən。

（5）山攝入聲三等知章組,開口讀e,如'徹'tʂ'e,'舌'ʂe,合口讀ye或o不定,如'拙'tɕye,'説'ʂo。

（6）曾梗攝舒聲除幫見系一部分字混入通攝外,皆與深臻攝舒聲同收n尾,如'徵'＝'真'tʂən,'爭'＝'臻'tsən,'更'＝'跟'kən,'生'＝'森'sən,'盈'＝'銀'in,'營'＝'云'yin。

4. 聲調

（1）宣恩不分陰陽去聲。古上聲全濁去聲清濁音,今調同爲去聲,如'動,再,事,見'等字。

（2）無入聲。古入聲今音歸陽平,如'食,拙,甲,六'等字。

二〇. 來鳳 (城內)

A. 發音人履歷

發音人	20a	20b
年齡	26 歲	24 歲
原籍	來鳳城內	來鳳城內
職業	學生	學生
教育程度	師範	師範
幼時語言環境	本地小學及私塾	同左
教師方言	本地話	同左
住過的地方	武漢	同左
曾否學國語	未	未
能否説別處話	能説漢陽話	稍能説漢陽話

二十五年五月十八日吳宗濟、楊時逢記音

B. 聲韵調表

1. 聲母

p 不敗白　　　p' 披婆　　　m 馬滅　　　f 灰肺分黃房

t 到大達　　　t' 太同　　　n 南來業聊

ts 左照雜争　　ts' 菜遲　　　　　　　　s 三師生　z 日惹茸

tɕ 祭覺猪莊　　tɕ' 切喬春牀　　　　　　ɕ 洗賢暑

k 剛共格　　　k' 開刻狂　　ŋ 偶哀厄　　x 風紅黑活

○ 衣五如而鴉我未堯

2. 韵母

ï 世思日，ɚ 而二　a 巴插達滑下　o 波鴿末作獲鵝　e 惹澀澈麥黑赫

i 妻梨必笛　　　ia 鴉佳瞎下　io 略約學　　　ie 謝帖滅列

u 狐虎五木　　　ua 蛙掛刮　　　　　　　　ue 國

y 猪序女菊域入　ya 刷　　　　　　　　　　ye 靴絶曰

ai 埋拜代開諧　ei 灰悲　　au 包炒趙攪　ou 某杜周侯鹿辱

　　　　　　　　　　　　　iau 孝苗妖叫　iou 牛就欲

uai 外快　　　uei 對内龜微

yai 揣帥　　　yei 追罪隨

an 旦慘干限凡　　　　　ən 沉恩等政仍

　　　ien 謙店年言間　　　　　　　in 心貧引命

uan 官碗短　　　　　　uən 坤問

　　　yen 專全院算　　　　　　　yin 春旬永營

aŋ 剛常黃方　oŋ 朋鳳中翁絨

iaŋ 江祥様　ioŋ 兄窮用

uaŋ 光汪王

yaŋ 椿莊牀

3. 聲調

陰平	陽平	上	去
˥	˩	˦	˧
光天孤衣	平人出食	紙品老引	就序正用

C. 聲韵調描寫

1. 聲母

　　來鳳聲母有十九個，依發音部位分爲p，t，ts，tɕ，k，○六組。

　　p組p，pʻ，m，f。m發音强，近mb。f跟xu是變值音位，並且不跟o元音配。'馮，鳳'等字都歸x母。

　　t組t，tʻ，n。部位都不很前。n有時讀的像l，遇齊齒韵時，又有點顎化的傾向。

　　ts組ts，tsʻ，s，z。部位偏舌尖中。s擦音並不强，但z的擦音比較清晰。

　　tɕ組tɕ，tɕʻ，ɕ。部位平均，但跟y或y介母配時，有時讀成tʃ音。

　　k組k，kʻ，ŋ，x。部位稍偏後。ŋ弱，有時變ɣ。x的擦音比較的輕，不跟u配。

　　○遇i韵時，略有擦音j。在y韵前也帶擦音ɥ。u韵前帶有摩擦。

2. 韵母

　　ï韵僅有ɿ一值；ɚ讀得稍開。

　　i是很緊的高元音，就是在p，t等組聲母後，也不顯着鬆。

　　u比標準u開，像ʊ。

　　y也開些，在y，ʏ之間。

　　a，ia，ua，ya。a比平均ᴀ稍後。ia的i短而關。ua的u短而稍開。ya只跟ɕ母配，介母y也比較開。

o，io。o很闔，遇k等聲母時，前面略有u介音的傾向。

e，ie，ue，ye。e是很闔的e。i介音在p，t兩組後開得像ɪ。ue只跟k配，e稍開，u介母略帶擦音。ye的y較開，e比單元音e稍開一點。

ai，uai，yai。ai的a偏前，i尾相當闔。uai，yai的a更前些。

ei，uei，yei。ei的e很闔，i稍開，所以乍聽不大像元音，u，y兩介音都不十分闔。

au，iau。au的a偏後，u近標準u。iau的i介音很短。

ou，iou。ou的o不很圓唇，有時可作ɤu。iou的o稍圓。兩韵的u都不大闔。

an，uan。a平均，u介音稍闔。兩n尾都很穩固。

ien，yen。ien的e近ɛ。yen的e更開，近ɛ，有時還比ɛ更開些。n值都穩。

ən，uən。ən的ə很短，n很弱。uən的n尾比較穩定。

in，yin。in的i很闔，n尾也弱。yin的i雖短，但非常穩，y比較闔，n較穩。

aŋ，iaŋ，uaŋ，yaŋ。aŋ的a部位不很穩，大致總不離平均ᴀ左右。uaŋ的a都較後，iaŋ的a都較前。

oŋ，ioŋ。o稍比標準o闔些。在此處前面並沒有u的色彩，與獨立的o韵不同。

3. 聲調

陰平是高平調(55)，有時略帶升勢。寬式用高平調號(˥55)。

陽平是低平調(11)，但有時調尾也略升(12)。寬式用低平調號(˩11)。

上聲是高降調(53)有時起點稍低如(43)。寬式用高降調號(˥˧53)。

去聲是高升調(35)。有時讀得加重，起點略降成(325)。寬式用高升調號(˧˥35)。

D. 與古音比較

1. 聲母

古聲母及影響條件\發音方法及影響條件（古聲母今讀）		全清塞	次清塞	全濁塞 平	全濁塞 仄	次濁	清擦	濁擦 平	濁擦 仄
幫組	幫	幫：p	滂：pʻ	並：pʻ	p	明：m			
	非					微：u	非敷：f;x⁽¹⁾	奉：f;x⁽¹⁾	
端組泥		端：t	透：tʻ	定：tʻ	定：t	泥：n　來：n			
精組	洪（一二等）	精：ts	清：tsʻ	從：tsʻ	從：ts		心：s	邪：s	邪：s
	細（三四等）	精：tɕ	清：tɕʻ	從：tɕʻ	從：tɕ		心：ɕ	邪：ɕ	邪：ɕ
莊組	今開	莊(照二)：ts	初(穿二)：tsʻ	崇(牀二)：tsʻ	崇(牀二)：ts;s		生(審二)：s		
	今合	莊(照二)：tɕ	初(穿二)：tɕʻ	崇(牀二)：tɕʻ	崇(牀二)：tɕ		生(審二)：ɕ		
知組	梗二等韻今開／其他	知：ts	徹：tsʻ	澄：tsʻ	澄：ts				
	今合	知：tɕ	徹：tɕʻ	澄：tɕʻ	澄：tɕ				
章組	今開	章(照三)：ts	昌(穿三)：tsʻ	船(牀三)：ts	船(牀三)：s		書(審三)：s	禪：tsʻ,s	禪：s
	今合	章(照三)：tɕ	昌(穿三)：tɕʻ	船(牀三)：tɕ	船(牀三)：ɕ		書(審三)：ɕ	禪：tɕʻ,ɕ	禪：ɕ

古聲母組及影響條件	今開/今合	等・條件	全清塞（見/影）	次清塞（溪）	全濁塞 平（羣）	全濁塞 仄（羣）	次濁（日/疑/喻）	清擦（曉）	濁擦 平（匣）	濁擦 仄（匣）
日母		止攝					○			
日母		其他					z			
日母							y			
見組曉	開	一等	k	kʻ			ŋ；○(2)	x		x
見組曉	開	二等	k，tɕ	kʻ，tɕʻ			ŋ，i	x，ɕ		x，ɕ
見組曉	開	三四等	tɕ	tɕʻ	tɕʻ	tɕ	n，i	ɕ		ɕ
見組曉	合	一二等	k	kʻ	*	*	u	f；x(1)		f；x(1)
見組曉	合	蟹止合三四等	k	kʻ	kʻ	k	u	f		f
見組曉	合	通（舒）	k	kʻ	tɕʻ	k	ʔ	ɕ		*
見組曉	合	其他	tɕ	tɕʻ	tɕʻ	tɕ	y	ɕ		ɕ
影組	開	一等	ŋ；○(2)				喻 i			
影組	開	二等	i；○(2)				喻 *			
影組	開	三四等	i				喻 u			
影組	合	一二等	u；○(2)				喻 i			
影組	合	蟹止合三四等	u							
影組	合	通	i							
影組	合	其他	y				喻 y			

2. 韵母

第 一 表

攝別	開 一 幫系	開 一 端系	開 一 見系	開 二 幫系	開 二 泥組	開 二 知莊組	開 二 見系	開 三四 幫系	開 三四 端系	開 三四 莊組	開 三四 知章組	開 三四 日母	開 三四 見系
果	*	o	o	a	a	a	a,ia	*	ie	*	a, e_2	e	ie
(遇)	*	*				*				*			
蟹	*	ai	ai	ai	ai	ai	ai,ia	i	i	*	ï	*	i
止	*	*				*		i,ei	i;ï	ï	ï	ɚ	i
效	au	au	au	au	au	au	au,iau	iau	iau	*	au	au	iau
流	ou	ou	ou		*	*		ou,u;iau	iou	ou	ou	ou	iou
咸	*	an	an	an	*	an	an,ien	ien	ien	*	an	an	ien
山	*	an	an	an	*	an	an,ien	ien	ien	*	an	an	ien
宕	aŋ	aŋ	aŋ	aŋ		yaŋ	iaŋ,aŋ	*	iaŋ	yaŋ	aŋ	aŋ	iaŋ

攝＼等·聲母	開 三·四						開 二				開 一		
	見系	日母	知章組	莊組	端系	幫系	見系	知莊組	泥組	幫系	見系	端系	幫系
深	in	ue	ue	ue	in	in		*				*	
臻	in	ue	ue	ue	in	in		*			ue	ue	*
曾	in	ue	ue	*	in	in		*			ue	ue	fio·ue
梗	in	*	ue	*	in	in	en·in	ue	ue	fio·ue		*	*
(通)				*				*				*	
咸入	ie	*	e	*	ie	*	ia	a	*	a	o	a	*
山入	ie	e	e	*	ie	ie	ia	a	*	o	o	a	*
宕入	io	o	o	*	io	*	o·io	o	*		o	o	o
深入	i	y	ï	e	i	*		*				*	e
臻入	i	ï	ï	e	i	i		*	e	e	e		e
曾入	i	*	ï	e	i	i		*	*	e	e	e	e
梗入	i	*	ï	*	i	i	e	e	*			*	*
(通入)				*				*				*	

第 二 表

攝別	合 (一) 幫系	端系	見系	(二) 幫系	莊組	見系	(三) 幫系	泥組	精組	莊組	知章組	日母	(三四) 見系
果	o	o	o	*	*	ua;a[1]			*			y	ye
遇	u	ou	u		*		u	y	y	ou	y	y	y
蟹	ei	uei;yei[2]	ei;uei,uai	*		uai;ai,ua;a	ei	*	yei	*	yei	*	uei;ei
止		*			*	*	ei,i	ei	yei	yai	yei	*	uei;ei
(效)		*			*	*				*			
(流)		*			*	*				*	*		
咸	an	*		*	?		an	ien	yen	*	*		
山	an	uan;yen[3]	uan;an		*	uan;an	an;uan	ien	yen	*	yen	an	yen
宕		*	uaŋ;aŋ				aŋ;uaŋ		*	*			uaŋ;aŋ

攝別 \ 聲母	合 · 一			合 · 二			合 · 三四						
	幫系	端系	見系	幫系	莊組	見系	幫系	泥組	精組	莊組	知組章	日母	見系
(深)							*		*		*		
臻	ue	ue	ue:tuen				uen;ue	ue	yin	*	yin	yin	yin
曾	oŋ	*	oŋ				oŋ		*	*	yin	yin	yin
梗	o	*	o			*	oŋ	oŋ	oŋ	oŋ	*	oŋ	yin·ioŋ
通	oŋ	oŋ	oŋ			oŋ	oˀ	oŋ	oŋ	oŋ	oŋ	oŋ	oŋ·ioŋ
咸入	o	o	o	*		ioˀ,ue	a		ie		*		
山入	o	o	o	*	ya	ua;a	a;ua	ie	ye	*	ye	*	ye
宕入		*		*	*	o	u	u			*		
(深入)							*		*		*		
臻入	n	nou	u		*	u	u	u	y	*	y	*	y
曾入		*	ue	*	*	ue		y	y	*	y	*	y
梗入		*		*	*	o		*	*	*		*	y
通入	n	nou	n			n	u	ou	ou	ou	ou	ou	y;iou(4)

3. 聲調

古類 \ 影響條件 \ 今值 \ 今類		陰　平	陽　平	上	去
平	清	˥			
	濁		˩		
上	清			ˋ	
	次　濁			ˋ	
	全　濁				˧
去	清				˧
	濁				˧
入	清		˩		
	次　濁		˩		
	全　濁		˩		

附注：

1. 聲母：——

(1)非敷奉及曉匣合口在今o韵前讀x，如'禍'xo，'獲'xo，'風'xoŋ，'鳳'xoŋ，'紅'xoŋ，'弘'xoŋ。

(2)疑母一等開口及影組一二等在今o韵一律讀無聲母。如'我'o，'惡'o，'沃'o，'窩'o。

2. 韵母：——

(1)果合二見系除曉組讀a外都讀ua。以後凡曉匣合口變f，而韵變開口的，不另注。

(2)蟹合一端系：端泥組讀uei，如'對'tuei，'內'nuei；精組讀yei，如'罪'tçyei，'最'tçyei。

(3)山合一端系：端泥讀uan，如'短'tuan，'亂'nuan；精組讀yen，如'算'çyen。

(4)通入見系：見組讀y，如'菊'tçy，'局'tçy；曉影組讀iou，如'育'iou，'畜'çiou。

E. 同音字表

今調	陰平 ˥	陽平 ˩	上 ˅	去 ˦
今韵	ï;ɚ(〇後)			
廣韵	祭‖脂;之;支‖緝‖質‖職‖昔(均開口)			
p p' m f				
t t' n				
ts ts' s	之;知,支‖隻入 師;思;斯,施	執‖姪,質‖直值植,殖禪‖擲 遲‖秩澄入‖赤 時‖十‖實‖食蝕‖石	子;只紙 恥;此 矢;使,始	自,致,至;字,痔,志;翅審 滯澄‖次;刺,賜心 世‖四,示;伺,似,士、事,試,市;是‖式飾入
z		日		
tɕ tɕ' ɕ				
k k' ŋ x				
〇		而;兒	爾	貳二

今調	陰平ㄱ	陽平ㄴ	上ㄱ	去ㄱ
今韵	i			
廣韵	祭;齊‖脂;之;支;微‖緝‖質;迄‖職;昔;陌三;錫			
p p' m f		鼻去‖必‖逼,愎‖碧;壁 皮‖弼並入‖僻,闢並入 祕泌幫去;靡上	比;彼 鄙痞幫,㔻平 米	敝‖臂
t t' n		的,笛 提 梨;疑‖離,宜‖立‖栗‖力‖逆;歷	底 禮‖你,李里 裏理	帝,弟、第,隸來‖地 例,藝‖義議
tɕ tɕ' ɕ	妻,棲心,溪‖期羣西,奚分匣;攜匣合‖希‖泣溪入	繼去‖緝清入,集,急,及,吸曉‖吉‖極‖積;激 齊‖其;奇‖七;乞,迄曉入‖戚,喫 恤心合‖息‖席	己;幾 起 洗‖璽徙支心	祭;計‖忌;寄;技妓 器;氣 系‖戲
○	衣依	夷;移;遺合‖邑‖一,逸‖憶‖亦	以,矣	意

今調	陰平ㄱ	陽平ㄥ	上ㄚ	去ㄟ
今韵		u		
廣韵		模;虞‖尤‖没;物‖藥‖屋;沃		
p p' m f		不 勃並入‖卜幫入,撲,僕曝瀑並入 木;目 胡狐乎‖忽‖縛‖服	譜幫,普 虎;府,腐奉	步 户;附‖婦負
k k' ŋ x	孤	骨 哭;酷		故
○	烏	吾;無‖物‖屋	五;武	務‖戊侯明

今韵		y		
廣韵		魚;虞‖緝‖術;物‖職‖昔‖屋三;燭		
t t' n		律	女,吕‖履脂開	
tɕ	猪,諸;拘俱	橘‖菊;局	主	著,巨;娶,聚,柱、住,句
tɕ' ɕ	樞,區 書;須,殊禪	除‖出;屈‖曲 徐‖戌	暑鼠,許	序;樹‖遂脂合
○		如,魚,於影,餘余、與上;儒,愚,于‖入‖鬱‖域‖疫役	雨羽	遇‖玉入

今調	陰平 ˥	陽平 ˩	上 ˥	去 ˥
今韻	a			
廣韻	麻二‖合;盍;洽;乏‖曷;鎋;點;月			
p	巴	八		
p'		拔並入		
m	[媽]		馬	
f		法‖滑;髮		化‖畫;話
t		答搭‖達	打庚	大泰
t'	他歌	踏;塔		
n	拿泥平‖拉入	納;臘‖辣	[哪]	[那]
ts		雜;閘‖札,軋影入		乍
ts'	差	插;察		
s	沙	蛇‖撒;殺	剎穿入	
k				
k'				
ŋ				
x				下

今韻	ia			
廣韻	麻二‖佳‖洽;狎‖鎋(均開口)			
tɕ	家‖佳	甲;挾帖匣	假$_1$（真丨）賈	假$_2$（放丨）
tɕ'		恰		
ɕ		霞‖狹;匣;挾帖‖瞎		下
○	鴉	牙‖鴨		

今調	陰平 ㄱ	陽平 ㄴ	上 ㄚ	去 ㄱ
今韵	ua			
廣韵	麻二‖佳；夬‖鎋；黠（均合口）			
k kʻ ŋ x	瓜	刮		掛
○	蛙	挖	瓦	

今韵	ya			
廣韵	鎋（合口）			
tɕ tɕʻ ɕ		刷		

今調	陰平 ㄱ	陽平 ㄴ	上 ㄱ	去 ㄱ
今韵	o			
廣韵	歌;戈一‖合;盍‖曷;末,薛‖鐸;覺;藥‖麥			
p	波,玻澪	剝		
p'	坡	婆	剖侯	
m		末‖莫	［麽］	
f				
t	多			
t'		脱‖託	妥	
n		羅;騾‖洛		落入
ts		作;桌,捉;酌	左	坐
ts'				
s		説	所魚	
z		若		
k	歌;鍋	鴿‖割‖各;角;郭	果	個;過
k'		闊		
ŋ				
x	喝入	何;和‖合;盍‖活‖霍‖獲		禍
○	窩	鵝‖惡;握‖沃沃	我	

今調	陰平 ㄱ	陽平 ㄴ	上 ㄚ	去 ㄱ
今韵	io			
廣韵	覺;藥(均開口)			
t tʻ n		略,虐		
tɕ tɕʻ ɕ		覺;爵,嚼,脚 確;雀精 學;削		
○		約,藥		

今調	陰平 ㄱ	陽平 ㄴ	上 ㄚ	去 ㄱ
今韵		e		
廣韵		麻三‖葉‖緝‖薛‖櫛‖德;職‖陌二;麥（均開口）		
p		北‖百,白		
p'		泊並‖鐸‖迫幫,拍		
m		麥		
f				
t		德得		
t'		忒,特定入		
n		勒	［那］	
ts		則‖責		［這］
ts'		徹,澈澄入‖側照,測‖澤宅擇澄入	扯	
s		蛇‖涉‖澀‖舌,設‖瑟‖色		
z		熱	惹	
k		格;革		
k'		刻		
ŋ		厄		
x		黑‖赫		

今調	陰平 ˥	陽平 ˩		上 ˥	去 ˥
今韵	ue				
廣韵	德(合口)				
k k‘ ŋ x		國			

今韵	ie			
廣韵	麻三‖葉;業‖帖‖薛;月;屑			
p p‘ m f		別;瘪上 撇 滅		
t t‘ n	[爹]	 帖‖鐵 聶;業‖列,孽,臬;劣		
tɕ tɕ‘ ɕ	嗟 些	接;劫‖傑;竭;節,結 切 邪‖脅;協‖穴合	且 寫	謝
○		葉‖謁;噎	也野	

今調	陰平 ˥	陽平 ˩	上 ˊ	去 ˥
今韵	ye			
廣韵	戈三‖薛;月;屑(均合口)			
tɕ tɕʻ ɕ	靴	絕,拙;掘;決 茄開;瘸‖缺 薛開		
○		閱;月,越曰		

今韵	ai			
廣韵	咍;泰;皆;佳;夬			
p pʻ m f		埋 懷‖或德	買	拜;敗 派
t tʻ n		來	乃;奶	待、代;帶 太泰 賴
ts tsʻ s	栽;齋	柴		再,在;寨 菜;蔡
k kʻ ŋ x	該;皆 開 哀	孩;諧;鞋‖還(ǀ是)删合	改;解 矮	蓋;介界戒,械匣 概見,愾 愛;艾 亥;害

今調	陰平 ˥	陽平 ˩	上 ˅	去 ˧
今韵	uai			
廣韵	泰;皆;佳;夬(均合口)			
k kʻ ŋ x			塊去	怪 會(丨計)見;快
〇	歪曉			外

今韵	yai			
廣韵	脂;支(均合口)			
tɕ tɕʻ ɕ			揣	帥

今調	陰平˥	陽平˩	上˥	去˥
今韵	ei			
廣韵	灰;泰;祭;廢;齊‖脂;支;微			
p	卑;悲;碑			倍;貝‖被
pʻ	披			配,佩並
m		梅‖‖[没]		
f	灰‖飛	肥	毀	會;彗喻;廢,肺;惠‖諱

今韵	uei			
廣韵	灰;祭;齊‖脂;支;微(均合口)			
t				對,隊;兌
tʻ				
n		雷	屢虞去	內‖類;累;彙喻
k	龜;歸			桂‖貴
kʻ	虧			
ŋ				
x				
○	威	維惟;危,爲;微,圍	委	衛‖位;未,畏

今調	陰平ㄱ	陽平ㄴ	上ㄴ	去ㄱ
今韵	yei			
廣韵	灰;泰;祭‖脂;支;微(均合口)			
tɕ tɕ' ɕ	追,錐	垂 隨		罪;最 脆‖悴從,粹心 歲,稅‖睡瑞

今韵	au			
廣韵	豪;肴;宵			
p p' m f	包		保 跑並平	 貌
t t' n		桃 牢	倒 討 老	到道 鬧
ts ts' s	昭招		[找] 草;炒 掃	趙,照 糙造 紹
z		饒		
k k' ŋ x		 毫	稿;攬 好	告 奧

今調	陰平ㄱ	陽平ㄴ	上ㄱ	去ㄱ
今韵	iau			
廣韵	肴;宵;蕭‖幽			
p p' m f		苗貓	表	謬
t t' n		條 燎;聊	了	釣 跳
tɕ tɕ' ɕ	消;囂;蕭	喬 淆餚	巧 小;曉	教;叫 孝,効校
○	妖	堯	舀	要

今調	陰平˥	陽平˩	上˥	去˥
今韵	ou			
廣韵	模;魚;虞‖侯;尤‖没‖屋;沃;燭			
p p' m f			某畝 否	
t t' n	都	讀;篤 圖‖頭‖突‖禿 奴‖鹿;陸六;緑	賭肚‖斗 努	杜‖鬥 路‖漏
ts ts' s	周 初	卒‖竹;足,燭囑 鋤‖愁‖族從入;促,觸 蕭,縮,熟;續;屬	走 楚‖丑	做‖奏 助狀 素;數‖獸
z		柔‖肉;辱		
k k' ŋ x	歐	侯	偶	後候

今調	陰平 ˥	陽平 ˩	上 ˇ	去 ˥
今韵	iou			
廣韵	尤;幽‖屋三;燭			
t	［丟］			
tʻ				
n		牛	紐	
tɕ	糾上			就,舅
tɕʻ	秋	囚,求		
ɕ	休	畜		
○	育入	由猶;尤‖欲	有	幼

今調	陰平┐	陽平┘	上ˇ	去┐
今韵	an			
廣韵	覃;談;咸;銜;鹽;凡‖寒;山;删;仙;桓;元			
p pʻ m f	班;扮去 	 凡	板 緩匣;反	辦;半 盼;判,叛 慢 范‖唤,換
t tʻ n	 貪	 談‖團合 南;藍‖難		旦 歎
ts tsʻ s	沾 餐 三;衫‖山;删	 蟬	斬‖展 慘‖剗,産審 陝	暫‖棧 扇
z		然	染‖軟;阮疑元合	
k kʻ ŋ x	干;間 安 	 含;鹹;銜‖寒;閑	感;敢;減 眼 	監‖諫 看 暗 陷‖漢;限

今調	陰平┐	陽平┘	上ˇ	去ˋ
今韻	uan			
廣韻	桓;山;删;元(均合口)			
t t' n			短	 亂
k k' ŋ x	官觀;鰥		管 皖匣	貫;慣
○	彎	完匣	碗	萬

今韻	ien			
廣韻	咸;衔;鹽;嚴;添‖山;删;仙;元;先			
p p' m f	邊		貶	辨;辯 徧帮,片
t t' n	天 研疑平	廉;嚴‖連聯;年	點‖典	店 驗;念;硯;戀
tɕ tɕ' ɕ	監‖間 謙‖千 仙;先	鉗‖錢 嫌‖賢	剪;繭 險	件;建;見 憲;現;縣合
○	煙	言	眼;演	厭‖晏

今調	陰平 ˥	陽平 ˩	上 ˥	去 ˥
今韵	yen			
廣韵	桓;仙;元(均合口)			
tɕ	專			篆,倦
tɕ'		全,船		
ɕ	鮮開;軒掀開;宣;暄	弦開;玄懸	癬開;選	算
○		丸(肉˩)桓匣;緣沿鉛,員;元;園	遠	院

今韵	ən		
廣韵	侵;痕;臻;真;魂;諄;文‖登;蒸‖庚;耕;清		
p	崩		
p'		彭	
m		門	
f	昏;分	橫	奮
t			等 / 頓‖鄧
t'	吞		
n		倫‖能	冷 / 論
ts	臻‖增;徵‖爭;貞,偵徹		鄭,政
ts'	撐	沉‖陳,臣;存‖成誠	
s	森,深‖身申‖生	晨‖唇合‖[什]	審 / 盛
z		壬‖人‖仍	忍 / 認
k	跟‖耕		更
k'			懇‖肯
ŋ	恩		硬
x		恒	很匣 / 恨‖查

今調	陰平 ˥	陽平 ˩	上 ˧	去 ˩
今韵	uən			
廣韵	魂;文			
k kʻ ŋ x	坤			
○	温	文聞	穩	問

今韵	in			
廣韵	侵‖真;欣‖蒸‖庚;耕;清;青(均開口)			
p pʻ m f	兵	貧‖平;瓶 民‖萌	稟 品 敏	並 命
t tʻ n	丁 聽	林‖鄰‖陵,凝‖靈		令;另
tɕ tɕʻ ɕ	今‖津,巾;斤‖京荆;經 欽‖親‖輕 心‖新‖星腥	秦‖情 行;形		進晉;近‖静,勁 信‖查;幸;性姓
○	音‖因‖鶯;英	銀‖盈	引;隱	印‖應

今調	陰平ㄱ	陽平ㄴ	上ㄴ	去ㄱ
今韵	yin			
廣韵	諄;文‖清;庚三;青(均合口)			
tɕ	均;軍			
tɕ'	椿,春‖傾、頃上	尋侵‖羣‖瓊		
ɕ	勳	旬,脣,純‖繩蒸開	迴匣	
○		雲‖營;榮;螢匣	允尹‖永	閏;運‖孕蒸開

今韵	aŋ			
廣韵	唐;江;陽			
p	邦			
p'		旁		
m		忙		
f	方	黃;房防		
t	當			蕩
t'		堂		
n		郎	朗	
ts	張		長	丈
ts'	倉;窗穿二			
s	桑;商	常		尚上
z				讓
k	剛綱			
k'				
x				項、巷

今調	陰平˥	陽平ˊ	上ˇ	去ˋ
今韵	iaŋ			
廣韵	江;陽			
t tʻ n		娘	兩,仰	
tɕ tɕʻ ɕ	江 香鄉	詳祥	講 搶 想	像邪 像
○	秧			樣

今韵	uaŋ			
廣韵	唐;陽(均合口)			
k kʻ ŋ x	光	狂		曠;況曉
○	汪	王	往	旺

今調	陰平 ˥	陽平 ˩	上 ˥	去 ˥
今韵	ɣaŋ			
廣韵	江;陽			
tɕ tɕʻ ɕ	椿;莊	牀	撞澄	

今韵	oŋ			
廣韵	登‖庚二;耕‖東;冬;鍾			
p pʻ m f		朋		孟‖夢
t tʻ n	東 通	同 農;隆;龍	桶;統去 攏	洞
ts tsʻ s	中;鍾 充 鬆;嵩;松	崇	總 寵	衆 送;宋;誦
z		絨;茸		
k kʻ ŋ x	公功;弓;恭 空 風;封	 弘‖宏‖紅	恐	共 鳳;奉
○	翁			

今調	陰平ㄱ	陽平ㄑ	上ㄚ	去ㄱ
今韵	ioŋ			
廣韵	庚三‖東;鍾(均合口)			
tɕ tɕʻ ɕ	兄‖胸	窮 熊雄喻		
○		融		用

F. 音韵特點

1. 聲母

（1）非敷奉跟曉匣合口洪音今音不分。在今o韵或oŋ前一律讀x，如'活'xo，'獲'xo，'風'xoŋ，'紅'xoŋ，在其他一律讀f，如'飛'fei，'狐'fu。

（2）泥來無論洪細皆混讀n。如'納'＝'辣'na，'奴'＝'鹿，六'nou，'南，難'＝'藍'nan，'禮，李'＝'你'ni。

（3）不分ts，tʂ。知章莊組今開口均讀ts等，跟精組洪音混。如'子'＝'只'tsï，'作'＝'桌，捉'tso，'柴'tsʻai，'菜，蔡'tsʻai，'草'＝'炒'tsʻau，'三'＝'衫，山'san。

（4）不分尖團。精組細音一律讀tɕ等跟見系細音混。如'祭'＝'計，忌'tɕi，'接，節'＝'傑，結'tɕie，'絕'＝'掘，決'tɕye，'囚'＝'求'tɕʻiou，'消，蕭'＝'囂'ɕiau，'信'＝'幸'ɕin。

（5）知莊章組今開口讀ts等，如第（3）條。今合口讀tɕ等，如'豬'tɕy，'綴'tɕyei，'垂'tɕʻyei，'船'tɕʻyen，'椿'tɕʻyin，'莊'tɕʻyaŋ，'揣'tɕʻyai，'刷'ɕya。

（6）日母今合口讀○，如'入'y，'如'y。今開口在止攝讀○，如'兒'ɚ，'二'ɚ，餘讀z，如'日'zï，'茸'zoŋ。

（7）疑母影母開口一等在今o韵讀○，如'鵝'o，'惡'o，其餘讀ŋ，如'艾'

＝'愛'ŋai,'硬'ŋən,'恩'ŋən。疑母三四等開口讀n,〇不定,如'藝'ni,'疑'ni,'嚴'nien,'仰'nian,'疑'nin,但'堯'iau,'言'ien,'銀'in;影母三四等開口一律讀〇,如'野'ie,'衣'i,'音'in。

(8)端系一等合口;精組讀細音,其餘讀洪音,如'對'tuei,'內'nuei,但'罪,最'tɕyei,'短'tuan,'亂'nuan,但'算'ɕyen。

(9)見系開二等在蟹攝及梗攝入聲讀k等,如'解'kai,'格'ke,'赫'xe,'厄'ŋe;其餘k,tɕ不定,如'家'tɕia,'巧'tɕ'iau,'減'kan,'陷'xan,'監'kan,tɕien,'眼'ŋan,ien,'講'tɕian,'巷'xan,'杏'xən,ɕin。

2. 開合

(1)端系一等合口只在蟹攝及山攝舒聲讀合,餘全讀開。如'對'tuei,'罪'tɕyei,'亂'nuan,'算'ɕyen;'杜'tou,'頓'tən,'存'ts'ən,'送'son,'託't'o,'鹿'nou,'卒'tsou。

3. 韵母

(1)遇攝一等端系,三等莊組,臻入一等端系通入端知系,都讀ou,跟流攝洪音混。如'圖,突,禿'＝'頭't'ou,'賭,肚'＝'斗'tou,'杜'＝'鬥'tou,'路'＝'漏'nou。

(2)咸山攝舒聲洪音讀an,uan,如'談't'an,'范'fan,'干'kan,'短'tuan;細音讀ien,yen,如'廉'nien,'謙'tɕ'ien,'眼'ien,'船'tɕ'yen,'元'yen。

(3)曾梗攝舒聲全讀n尾,(除少數讀ŋ尾)跟深臻混,如'鄧'tən,'能'nən,'增,爭'tsən,'生'sən,'仍'zən,'陵,靈'nin,星ɕin,'靜'tɕin,'營'yin,'瓊'tɕ'yin。

(4)止攝知系:日母讀ɚ,如'而'ɚ,'二'ɚ。其餘讀ï,如'遲'ts'ï,'市'sï,'知'tsï。

4. 聲調

(1)不分陰陽去。凡古去聲全部,及上全濁都讀去聲,如'四'＝'士'＝'事'。

(2)無入聲。古入聲全部歸陽平,如'十'＝'時','忽'＝'胡','洛'＝'羅'。

G. 會話

20 b: niˇ kuei˥ çin˥ ne⊦?
你　貴　姓　呐?

20 a: çin˥ nei˩。
姓　雷。

b: niˇ tsai˥ na˥ ni⊦ nai˩ a⊦?
你　在　那　裏　來　阿?

a: tsouˇ nai˩ xoŋ˥ nai˩。
走　來鳳　來。

b: oˇ tçia˥ ni⊦ tɕʻin˩ çin˩ çien˥ tsai˥ naˇ mo˥ iaŋ˥ a⊦?
我　家　裏　情　形　現　在　哪　麼　樣　阿?

a: niˇ tçia˥ ni⊦ xa(i)˩ xauˇ。
你　家　裏　還　好。

b: oˇ çioŋ˥ ti˥ ne⊦, çien˥ tsai˥ ni⊦?
我　兄　弟　呐,　現　在　呢?

a: çioŋ˥ ti˥ tsai˥ tçia˥ ni⊦。
兄　弟　在　家　裏。

b: tʻa˥ tsou˥ sən˩ mo⊦ sï˥ tɕʻin˩ a⊦?
他　做　什　麼　事　情　阿?

b: tʻa˥ çien˥ tsai˥ tsai˥ u˩ ni⊦, tçiou˥ sï˥ tçin˥ kuanˇ tʻa˥ ti⊦
他　現　在　在　屋　裏,　就　是　經　管　他　的

tçia˥ sï˥, mei˩ iouˇ tsou˥ mo˥ pie˩ ti⊦。
家　事,　没　有　做　麼　別　的。

b: çien˥ tsai˥ tʻa˥ tsai˥ ti˥ faŋ˥ saŋ˥ tɕʻin˥ çin˩ xaiˇ sï˥ na˥
現　在　他　在　地　方　上　情　形　還　是　那

mo⊦ iaŋ˥ a⊦?
麼　樣　阿?

a：t'aɷ tsaiɷ tiˈ faŋɷ saŋɷ ieˇ tɕiouˇ sïˈ tseɷ moˈ koɷ noˈ。
　　他　在　地　方　上　也　就　是　這　麼　過　咯。

b：m̩——tseɷ niaŋˇ zïˈ tsïˈ tsaiɷ niauˇ iaŋɷ taˈ auˈ?
　　姆——這　兩　日　子　栽　了　秧　達　噢?

a：eˈ, tseɷ tɕiˇ t'ienɷ tsaiɷ niauˈ。
　　誒，這　幾　天　栽　了。

b：m̩ˈ——noɷ yˇ meiˌ iouˇ noɷ yˇ neˈ?
　　姆——落　雨　没　有　落　雨　呐?

a：xa(i)ˌ meiˌ iouˇ。
　　還　没　有。

b：xa(i)ˌ meiˌ iouˇ ɕiaɷ, ɕiaɷ iaŋɷ meiˌ iouˇ neˈ?
　　還　没　有　下，下　秧　没　有　呐?

a：eˈ, xa(i)ˌ meiˌ iouˇ ɕiaɷ iaŋɷ, oˇ naiˌ tiˈ sïˌ xouˇ, naɷ
　　誒，還　没　有　下　秧，我　來　的　時　候，那

　　koˈ t'ienɷ tɕ'iˇ xa(i)ˌ xənˇ xauˇ, oˇ t'inɷ tɕienɷ oˇ mənˈ
　　個　天　氣　還　很　好，我　聽　見　我　們

　　iouˈ koˈ tɕ'inɷ tɕ'iˈ, iouˇ koˈ nauˇ piauˇ tɕiaŋɷ aˈ, t'aɷ
　　有　個　親　戚，有　個　老　表　講　阿，他

　　tɕiaŋˇ tɕinɷ nienˌ iaŋɷ xauˇ。
　　講　今　年　秧　好。

b：m̩ˈ——naɷ koˈ, naɷ koˈ……
　　姆——那　個，那　個……

a：tseɷ koˈ ɕioˌ t'aŋˌ niˈ aˈ, tɕinɷ nienˌ tsïˈ niˇ ɕienɷ sənɷ aˈ,
　　這　個　學　堂　裏　阿，今　年　子　李　先　生　阿，

　　t'aɷ tsauˇ nəˈ tɕiauˇ yenˌ naiˌ, pinɷ tɕ'ieˇ tseɷ koˈ ɕioˌ sənɷ
　　他　找　了　教　員　來，並　且　這　個　學　生

　　ieˇ toˈ ɕieˈ, xaiˌ iouˇ iˈ panɷ nyˇ ɕioˌ sənɷ neˈ, nyˇ ɕioˌ
　　也　多　些，還　有　一　班　女　學　生　呐，女　學

sən˥ xən˥˧ to˥，ie˥˧——tou˥ iou˥˧ sï˩ i˩ ɚ˧˥ ɕyei˧˥ i˩ koı· i˩
生 很 多，也——都 有 十 一 二 歲 一 個 一

koı· tiı·——tse˧˥ koı· ny˥˧ tɕiau˧˥ yen˩ tɕiou˧˥ xən˥˧ nan˩ tsau˥˧
個 的——這 個 女 教 員 就 很 難 找

tau˧˥，ɕien˧˥ tsai˧˥ iou˥˧ koı· t'e˩ ɕyei˧˥ tsaŋ˧˥ t'ai˧˥ t'aiı· aı·，t'a˥
到，現 在 有 個 特 税 長 太 太 阿，他

mənı· tɕ'i˧˥ tɕ'in˥˧ t'a˥ tau˧˥ na˧˥ ɕio˩ t'aŋ˩ niı· taŋ˥ tɕiau˧˥ yen˩，
們 去 請 他 到 那 學 堂 裏 當 教 員，

t'e˩ ɕyei˧˥ tsaŋ˧˥ t'ai˧˥ t'aiı· t'in˥ so˩ ɕiaŋ˧˥ ta˩ in˧˥ nəı· paı·，tse˧˥
特 税 長 太 太 聽 説 像 答 應 了 吧，這

koı· ny˥˧ ɕio˩ sən˥‿aı· i˩ koŋ˧˥ iou˥˧ koı· ɚ˧˥ sï˩ tɕi˥˧ koı·。
個 女 學 生 阿 一 共 有 個 二 十 幾 個。

b：nin˧˥ uai˧˥ se˩ tiı· iou˥˧ pan˥?
另 外 設 的 有 班?

a：nin˧˥ uai˧˥ se˩ niau˥˧ koı· ny˥˧ sï˥——tɕiau˧˥ koı· moı· ny˥˧ sən˥
另 外 設 了 個 女 師——叫 個 麽 女 生

pan˥。
班。

b：tou˥ sï˧˥ ts'ən˩ niı· tiı·——ɕio˩ sən˥ neı·?
都 是 城 裏 的——學 生 吶?

a：tou˥ sï˧˥ ts'ən˩ niı· ɕio˩ sən˥，in˥ uei˧˥ ɕiaŋ˥ niı· yen˥˧ niau˥˧
都 是 城 裏 學 生，因 爲 鄉 裏 遠 了

aı·，tsou˥˧ nou˧˥ ts'a˥ puı· to˥ tau˧˥ ɕio˩ t'aŋ˩ nai˩ tou˩ ɕy˥ aı·，
阿，走 路 差 不 多 到 學 堂 來 讀 書 阿，

t'a˥ tiı· sï˩ tɕien˥ saŋ˧˥ nai˩ pu˩ tɕi˩。
他 的 時 間 上 來 不 及。

b：xau˥˧，xau˥˧，xau˥˧，tsai˧˥ tɕien˧˥。
好，好，好，再 見。

a：tsai˧ fei˧ au˩·。
　　再　會　噢。

二一. 利川（忠路）

A. 發音人履歷

發音人	21a	21b
年齡	34 歲	32 歲
原籍	利川忠路	利川禮智鄉李子坳
職業	政界	同左
教育程度	法政大學	中學
幼時語言環境	本地	本地
教師方言	本地	本地
住過的地方	川鄂等地	同左
曾否學國語	未	未
能否説別處話	能説武漢話	不能

二十五年五月十九日吳宗濟記音

B. 聲韵調表

1.聲母

p 邦步白　　　pʻ 坡旁撲　　　m 麥米　　　f 飛肺防虎忽

t 多代獨丁　　tʻ 太同帖　　　n 拿來連義逆

ts 主子莊爭　　tsʻ 差楚次春牀　　　　　s 師生死純　z 惹日茸

tɕ 江就見　　　tɕʻ 其秋全　　　　　　　ɕ 香信靴

k 干歸耕共　　kʻ 坤肯哭客　　ŋ 哀偶硬　x 漢赫紅或

○ 而幼眼温未域餘玉

2.韵母

ï 世之執日石;ɚ而二　i 妻禮七逆　u 杜如柱府孤哭　y 女律徐魚去
　　　　　　　　　　　　　　　　　iu 卒蕭菊疫

a 巴納髮下　　　o 波莫合窩握　　　e 麥蛇則厄惹

ia 鴉佳狹下　　　io 略學約　　　　ie 滅邪劣帖也

ua 蛙掛畫刷　　　　　　　　　　　　ue 拙國或

　　　　　　　　　　　　　　　　　ye 靴瘸絕月

ai 埋皆拜艾　ei 飛肺敝配梅披　au 包炒趙毫　əu 謀頭愁柔後

iai 諧　　　　　　　　　　　　　iau 表孝聊堯　iəu 謬幼久

uai 揣帥快懷　uei 灰對罪未追

an 凡半貪陝然減　　　　　ən 森臣倫鄭仍耕杏

　　　　ien 片點謙剪眼　　　　　　　　in 兵心鄰應

uan 短官萬換船　　　　　uən 椿純昏問閏

　　　　yen 倦全元遠　　　　　　　　yin 均瓊尹榮

aŋ　邦長巷　　　uŋ　孟弘東風絨翁

iaŋ　江樣娘　　　iuŋ　窮兄用

uaŋ　莊光黃王

3. 聲調

陰平	陽平	上	去
˥	˩	˥	˥
知天	狐一六	把暖	士去坐

C. 聲韵調描寫

1. 聲母

利川共有聲母十九個,依發音部位,分為p,t,ts,tɕ,k,○六組。

p組p,pʻ,m,f。p,pʻ,發音比較強。f的唇齒摩擦很清晰,不跟xu混。

t組t,tʻ,n。t,tʻ屬強性,n是跟l的變值音位,但讀n時比較多。

ts組ts,tsʻ,s,z。都是不很前的舌尖音,摩擦相當強。

tɕ組tɕ,tɕʻ,ɕ。部位都偏前,摩擦也強。

k組k,kʻ,ŋ,x。部位偏後,發音都較強。

○組在ɚ韵前略帶喉閉塞。在i,y前略有j擦音。在u前略有雙唇擦音。

2. 韵母

i只跟ts組配,所以只有ɿ一值,跟北平ɿ音相近。

i相當關,前面總帶著點j擦音。

u,iu。u的部位很關。iu的u較開些。

y也是較關的y。前面也略帶摩擦音。

a,ia,ua。a比較偏前,是距[a]較近距[ɑ]較遠的音。i,u兩介音都比較短,但部位仍穩定。

o,io。o是介乎標準o與ɔ中間的音。io的i短而關。

e,ie,ue,ye。e,ue的e都比較開,近ɛ。u介音較關。ie,ye的e近標準e。i

跟y兩介音與單元音i,y相近,也帶擦音j。

ai,iai,uai。a是很前的a。i尾都收得相當關。

ei,uei。e近中ɛ,在uei中略短。i尾也相當關。

au,iau。au的a比[ʌ]稍後,iau的a比[ʌ]稍前。兩u尾都很關。

əu,iəu。əu的ə比較關u穩定。iəu的ə稍開,並不很短。

an,uan。an的a很開,n值穩。uan的a稍關一些。

ien,yen。ien的e稍開像ɛ。yen的e也不很關,但比ien又關些,像ɛ。n值都穩定。

ən,uən。ə很短,在uən中差不多消失。n值都穩定。

in,yin。i都短而關。n值有些近ŋ。

aŋ,iaŋ,uaŋ。aŋ,iaŋ的a都比平均ʌ稍前。uaŋ的a近ʌ。ŋ值不很穩定。

uŋ,iuŋ。u不很關,ŋ尾弱。

3. 聲調

陰平是高平調(55),有時調尾也略升。寬式用高平調號(ˉ55)。

陽平是低平調(11),有時也因語氣關係,讀成微降調,如(21)。寬式用低平調號(˩11)。

上聲是中降調(42),但實際常常讀得調域稍狹,如 32 或 43。寬式一律用中降調號(ˋ42)。

去聲是高升調(ˊ35)。

D. 與古音比較

1. 聲母

古聲母及影響條件 ＼ 發音方法及影響條件		全清塞	次清塞	全濁塞 平	全濁塞 仄	次濁	清擦	濁擦 平	濁擦 仄
幫組		幫:p	滂:pʻ	並:pʻ	並:p	明:m			
非組						微:u	非敷:f	奉:f	奉:f
端組 泥	一二等洪	端:t	透:tʻ	定:tʻ	定:t	泥:n 來:n			
精組	一二等洪	精:ts	清:tsʻ	從:tsʻ	從:ts		心:s	邪:s	邪:s
精組	三四等細	精:tɕ	清:tɕʻ	從:tɕʻ	從:tɕ		心:ɕ	邪:ɕ；tɕʻ	邪:s
莊組	內轉	莊(照二):ts	初(穿二):tsʻ	崇(牀二):tsʻ	崇(牀二):ts；s		生(審二):s		
莊組	外轉				崇(牀二):ts				
知組		知:ts	徹:tsʻ	澄:tsʻ	澄:ts				
章組	梗二等韻其他 今開	章(照三):ts	昌(穿三):tsʻ	船(牀三):s	船(牀三):s		書(審三):s	禪:tsʻ,s	禪:s
章組	今合			船(牀三):tsʻ,s					

古聲組及影響條件	影響條件	全清塞（見/影）	次清塞（溪）	全濁塞 平（羣）	全濁塞 仄（羣）	次濁（疑/日/喻）	清擦（曉）	濁擦 平（匣）	濁擦 仄（匣）
日母	今 止攝					○			
日母	今 其他					z			
日母	合					z			
見組曉	開 一等	k	kʻ			ŋ；○(1)	x		x
見組曉	開 二等	k、tɕ	kʻ、tɕʻ	tɕʻ	tɕ	ŋ、i	x、ɕ		x、ɕ
見組曉	開 三四等	tɕ	tɕʻ			n、i	ɕ		ɕ
見組曉	合 一二等	k	kʻ	*	*	u；○	x；fʲ(2)		x；fʲ(2)
見組曉	合 蟹止合口	k	kʻ	kʻ	k	u	x		x
見組曉	合 通舒	k	kʻ	kʻ	k	ʔ	ɕ		*
見組曉	合 其他（三四等）	tɕ	tɕʻ	tɕʻ	tɕ	y	ɕ		ɕ
影組	開 一等	ŋ；○(3)				喻 i			
影組	開 二等	ŋ、i；○(3)				*			
影組	開 三四等	i				u			
影組	合 一二等	u；○(4)				i			
影組	合 蟹止合口	u				y			
影組	合 通（三四等）	i							
影組	其他	y							

字母：日、見、溪、羣、疑、曉、匣、影、喻

2. 韵母

第 一 表

攝\聲母	開 三四 見系	三四 日母	三四 知章	三四 莊組	三四 端系	三四 幫系	二 見系	二 知莊組	二 泥組	二 幫系	一 見系	一 端系	一 幫系
果	ie	e	e	*	ie	*	a,ia	a	a	a	o	o	*
(遇)				*								*	
蟹	i	*	ï	*	i	i,ei	ai,iai,ia	ai	ai	ai	ai	ai	*
止	i	ə	ï	ï	i;ï	ei;i						*	
效	iau	au	au	*	iau	iau	au,iau	au	au	au	au	au	au
流	neu	ne	ne	ne	neu	neu,neu,n					ne	ne	ne
咸	ien	an	an	*	ien	ien	an,ien	an	*		an	an	*
山	ien	an	an	*	ien	ien	an,ien	an	*	an	an	an	*
宕	ian	aŋ	aŋ	uaŋ	iaŋ	*	aŋ,iaŋ	uaŋ		aŋ	aŋ	aŋ	aŋ

攝＼聲母	開 三四 見系	日母	知章組	莊組	端系	幫系	開 二 見系	知莊組	泥組	幫系	開 一 見系	端系	幫系
深	in	ue	ue	ue	in	in		*				*	*
臻	in	ue	ue	ue	in	in		*			ue	ue	*
曾	in	ue	ue	*	in	in			ue	o	ue	ue	o
梗	in	*	ue	*	in	in	ən·in	ue	ue	ɯn·ue		*	ɯn·ue
(通)				*				*					
咸入	ie	*	e	*	ie	*	ia	a		a	o	a	*
山入	ie	e	e	*	ie	ie	ia	a	*	o	o	a	*
宕入	io	o	o	*	io	*	o·io	o	*		o	o	o
深入	i	u	ï	?	i	*		*				*	e
臻入	i	ï	ï	e	i	i		*	*		e	*	e
曾入	i	ï	ï	e	i	i		*		e	e	e	
梗入	i	*	ï	*	i	i	e	e	*	e		*	*
(通入)		*		*	*				*				

第 二 表

攝＼等・呼・聲母	三四 見系	三四 日母	三四 知章組	三四 莊組	三四 精組	三四 泥組	合 幫系	二 見系	二 莊組	二 幫系	一 見系	一 端系	一 幫系
果	ye				*			ua	*	*	o	o	o
遇	y	u	u	u	y	y	u		*	*	u	u	u
蟹	uei	*	uei	*	uei	*	ei	uai, ua	*	*	uei, uai	uei	ei
止	uei	*	uei	uai	uei	uei	ei, i; uei(1)		*		*	*	
(效)				*					*		*	*	
(流)				*					*		*	*	
咸			*				an		*			*	an
山	yen	uan	uan	*	yen	ien	an; uan	uan	uan	*	uan	uan	an
宕	uaŋ	uan	uan	*	*		aŋ; uaŋ	uan	*		uaŋ		*

摄 \ 等·声母	一 帮系	一 端系	一 见系	二 帮系	二 庄组	二 见系	三四 帮系	三四 泥组	三四 精组	三四 庄组	三四 知章组	三四 日母	三四 见系
（深）		*			*					*	uen	yin	yin,iun
臻	ue	ue	uen		*		uen;ue	ue	yin	*	uen	yin	yin
曾		*	ŋ		*		ŋ	ŋ	ŋ	ŋ		ŋ	
梗	ŋ	ŋ	ŋ	*	*	uŋ,uen	ŋ	ŋ	ŋ	ŋ	ŋ	ŋ	ŋ,iuŋ
通	ŋ		o				ŋ				ŋ	ŋ	uŋ,iuŋ
咸入	o	o	o	*	ua	ua	a	e,ie	ye	*	*	*	ye
山入	o	*	n	*	*	*	a;ua			*	ue,o		
宕入		*	ue	*	*	o	o		*	*	*	*	
（深入）					*					*			
臻入	n	u;iu[2]	n		*		u	y	y,iu	*	u	*	y,iu
曾入		*		*	*	o				iu	u		iu
梗入					*					iu	iu		iu
通入	u	u;iu[2]	n		*		u	u	iu	iu	u	u	y,iu

3.聲調

古類＼今影響條件＼今值類		陰平	陽平	上	去
平	清	˥			
	濁		˩		
上	清			ˎ	
	次濁			ˎ	
	全濁				˥
去	清				˥
	濁				˥
入	清			˩	
	次濁			˩	
	全濁			˩	

附注：

1.聲母：—

(1)疑母一等開口在今o韵讀無聲母，如'鵝'o。

(2)曉匣在今u韵讀f，如'狐'fu，'忽'fu。

(3)影母開一二等在今o韵讀無聲母，如'惡'o，'握'o。

(4)影母一等合口在今o韵讀無聲母，如'窩'o。

2.韵母：—

(1)止攝三等合口幫系讀開，但微母讀合，如'未'uei。他攝微母亦同，不另注。

(2)臻通入聲合口一等端系：端泥組讀u，如'突，秃'tʻu，'鹿'nu，精組讀iu，如'卒'tɕiu，'族'tɕʻiu。

E. 同音字表

今調	陰平 ˥	陽平 ˩	上 ˅	去 ˥
今韻	ï;ɚ(○後)			
廣韻	祭‖脂;之;支‖緝‖質‖職‖昔(均開口)			
p pʻ m f				
t tʻ n				
ts	之;知,支‖隻入	執‖姪,質‖直值植,殖禪‖擲	子;只	自,致,至;字,痔、治,志;翅審
tsʻ s	師;㿝;斯,施	遲‖秩澄入‖赤 時‖十‖實‖食蝕‖石	恥;此 死,矢;使,始	滯澄‖次;刺,賜心 世‖四;示;伺,似,士、事,試,市;是‖式飾入
z		日		
tɕ tɕʻ ɕ				
k kʻ ŋ x				
○		而	爾	貳

今調	陰平 ┐	陽平 ┘	上 ヽ	去 ┤
今韵	i			
廣韵	祭;齊‖脂;之;支;微‖緝‖質;迄‖職‖昔;陌三;錫			
p p' m f	披	必‖逼‖碧;壁 弼並入‖復並入‖僻,闢並入	比;彼 鄙痞幫 米	祕泌幫
t t' n	［爹］	的,笛 堤提 梨;疑;離,宜‖立‖栗‖力‖逆;歷	底 禮‖你,李里 理裏	帝,第,隸來‖地 例,藝‖義議
tɕ tɕ' ɕ	幾$_2$(|乎) 妻,棲心溪‖期羣 西,奚分匣;攜匣合‖希	緝清入,集,急,泣溪,及,吸曉‖吉‖極‖積,激 齊‖其;奇‖七;乞,迄曉;戚,喫 恤心合‖息‖席	己;幾(|個) 起 洗‖璽徙支心	祭;計繼‖忌;寄,技妓;季合 去魚‖器棄;氣 系‖戲
○	衣依	夷;移;遺合‖邑‖一,逸‖憶‖亦	以,矣	

今調	陰平ㄱ	陽平ㄴ	上ㄴ	去ㄱ
今韵	u			
廣韵	模;魚;虞‖尤‖緝‖没;術;物‖屋;沃;燭			
p		不		步
p‘		勃並入‖卜幫入,撲,僕曝瀑並入	譜幫,普	
m		木;目		
f	呼,乎匣	狐‖忽‖服	虎;府,腐奉	戶;附‖婦負
t	都	讀;篤	賭肚	杜
t‘		圖‖突‖秃		
n		奴;鹿;陸;綠		路
ts	猪,諸	竹;燭囑,觸穿入	主	著;柱、住
ts‘	初	除,鋤‖出	楚	
s	書;樞穿,殊褝	熟;續邪,屬	暑鼠	素;數樹
z		如;儒‖入‖肉;辱		
k	孤	骨‖穀		故
k‘		哭;酷	苦	
ŋ				
x				
○	烏	吾;無‖物‖屋	五伍;武	務‖戊侯明

今韵	iu			
廣韵	没;術;物‖職‖昔‖屋;燭(均合口)			
tɕ	卒;橘$_2$‖菊$_2$;足,局$_2$			
tɕ‘	族$_1$從入;促			
ɕ	戌$_2$‖肅,縮,畜			
○	鬱‖域‖疫役‖育;欲			

今調	陰平 ㄱ	陽平 ㄴ	上 ㄑ	去 ㄱ
今韻	y			
廣韻	魚;虞‖術;屋;燭			
t				
t'				
n		律	女,呂‖履脂開	
tɕ	拘俱	橘$_1$‖菊$_1$;局$_1$		巨;聚;句
tɕ'	區	屈‖曲		去
ɕ	虛;須	徐‖戌$_1$	許	序‖遂脂合
○		魚,於影,餘余;愚;于	與;羽	遇‖玉入

今韻	a			
廣韻	麻二‖合;盍;洽;乏‖曷;鎋;黠;月			
p	巴	八,拔	把	
p'				
m	[媽]		馬	
f		法‖髮,發		
t		答‖達	打庚	大泰
t'	他歌	搭端入,踏;塔		
n	拉入	拿‖納;臘‖辣	[哪]	[那]
ts		雜;閘‖札紮,軋影入		乍
ts'	差	插‖刹;察		
s	沙	殺		
z				
k				
k'				
ŋ				
x				下

今調	陰平 ˥	陽平 ˩	上 ˋ	去 ˥
今韵	ia			
廣韵	麻二‖佳‖洽;狎‖鎋(均開口)			
tɕ tɕʻ ɕ	家‖佳	甲 恰 霞‖狹;匣‖挾帖‖瞎	假₁(真ǀ)賈	假₂(放ǀ)價 下̲
○	鴉	牙‖鴨		

今韵	ua			
廣韵	麻二‖佳;夬‖鎋;黠(均合口)			
ts tsʻ s		刷		
z				
k kʻ ŋ x	瓜	刮 滑		掛 化‖畫;話
○	蛙	挖	瓦	

今調	陰平˥	陽平˩	上˦	去˥
今韵	o			
廣韵	歌;戈‖合;盍‖曷;末,薛‖鐸;覺;藥‖麥合			
p p' m f	波,坡玻_滂	剝;縛_奉 婆 末‖莫漠	［麼］	
t t' n	多	脫‖託 羅;騾‖洛	妥	舵
ts ts' s		作;桌,捉;着,酌 說	左 所_魚	做;坐
z		若		
k k' ŋ x	歌	鴿‖割‖各;角;郭 闊 何‖合;盍‖活;鶴;霍‖獲	果 可	個;過 賀;貨,禍
○	鍋_見,窩	鵝‖惡;握‖沃_沃	我	

今調	陰平 ˥	陽平 ˩		上 ˋ	去 ˥
今韵		io			
廣韵		覺;藥(均開口)			
t t' n		 略,虐			
tɕ tɕ' ɕ		覺;爵,嚼,脚 確;雀精 學			
○		約			

今調	陰平ㄱ	陽平ㄴ	上ㄑ	去ㄱ
今韵		e		
廣韵		麻三‖葉‖薛‖櫛‖德;職‖陌二;麥(均開口)		
p pʻ m f		北‖百,白 泊並鐸‖迫幫入,拍 麥		
t tʻ n		得德 忒,特定入 劣₂‖勒		
ts tsʻ s		則‖責 徹,澈澄入‖側照入,測‖澤宅擇澄入 蛇‖涉‖舌‖設‖瑟‖塞;色	者	[這]
z		熱	惹	
k kʻ ŋ x		格;革隔 刻 厄 黑‖赫		

今調	陰平ㄱ	陽平ㄴ	上ㄴ	去ㄱ
今韻	ie			
廣韻	麻三‖葉;業;帖‖薛;月;屑			
p p' m f		癟 滅		
t t' n		帖‖鐵 聶;業‖列,孽,臬;劣₁		
tɕ tɕ' ɕ	嗟 些	接;劫‖傑;竭;節,結 切 邪‖脅;協‖穴合	 寫	 謝
○		葉‖謁;噎	也野	

今韻	ue			
廣韻	薛‖德(均合口)			
ts ts' s		綴,拙		
z				
k k' ŋ x		國 或		

今調	陰平 ㄱ	陽平 ㄴ	上 ㄴ	去 ㄱ
今韵	ye			
廣韵	戈三‖薛；月；屑（均合口）			
tɕ		絶；決		
tɕʻ		茄開；瘸‖缺；掘		
ɕ	靴	薛開‖削葉		
○		閲；月，越曰		

今韵	ai			
廣韵	咍；泰；皆；佳；夬（均開口）			
p				拜；敗
pʻ				派
m		埋	買	賣
f				
t			□（捉也）	待、代；帶
tʻ				泰
n		來	乃；奶	賴
ts	齋			再，在；寨
tsʻ		才；柴	採	菜；蔡
s				
k	該；皆偕		改；解	蓋；介界戒，械匣
kʻ	開			概見，愾
ŋ	哀		矮	愛；艾
x		孩；鞋‖還（ㄧ是）删合		亥；害

今調	陰平┐	陽平┘	上∨	去┐
今韵	iai			
廣韵	皆(開)			
tɕ tɕʻ ɕ		諧		

今韵	uai			
廣韵	泰;皆;佳;夬‖脂;支(均合口)			
ts tsʻ s			揣	帥
z				
k kʻ ŋ x		懷	塊去	怪 會(‖計)見;快
○	歪曉			外

今調	陰平┐	陽平┘	上˅	去˥
今韵	ei			
廣韵	祭;齊;泰;灰;廢‖脂;支;微			
p p' m f	臂去;悲;碑 披;丕 [没] 飛	 梅 肥	 匪	敝;閉;倍;貝‖卑平,被配,佩並 廢,肺
k k' ŋ x			給緝見	

今韵	uei			
廣韵	灰;泰;祭;齊‖脂;支;微(均合口)			
t t' n			 屢虞去	對,隊;兌 内‖類;累;彙喻
ts ts' s	追,錐	 垂 隨		罪;最‖悴 脆‖粹心 歲,稅‖睡瑞
z				銳喻
k k' ŋ x	龜;歸 虧 灰	 回	軌 毁	桂 會;彗喻;惠‖諱
○	威	維惟;危,爲1(作|);微	委	衛‖位;爲2(因|);未味,畏

今調	陰平 ˥	陽平 ˩	上 ˥	去 ˥
今韵	au			
廣韵	豪;肴;宵			
p p' m f	包	袍	保 跑並平	貌
t t' n		桃 牢	倒,到去(穀不丨) 老	到,道 鬧
ts ts' s	糟;招 稍去;燒		草;炒 掃	趙,照 糙造 紹
z		饒	擾	
k k' ŋ x		毫	稿;攪 好	告 奧

今調	陰平ㄱ	陽平ㄴ	上ㄱ	去ㄱ
今韵	iau			
廣韵	肴;宵;蕭			
p p' m f		苗貓	表	
t t' n		條 燎;聊	了	釣吊,掉 跳
tɕ tɕ' ɕ	交 消,嚚;蕭	喬 淆餚	巧 曉	較;叫 孝,校
○	妖	堯		要

今調	陰平 ㄱ	陽平 ㄴ	上 ㄴ	去 ㄱ
今韵	əu			
廣韵	侯;尤			
p p' m f		謀	剖 畝某 否	
t t' n	都模	頭	斗 努模	鬥 漏
ts ts' s	周 收	愁‖族₂屋	走 丑	奏 助魚牀
z		柔蹂		
k k' ŋ x	歐	侯	偶	後

今調	陰平˥	陽平˩	上˨	去˥
今韵	iəu			
廣韵	尤;幽			
p p' m f				謬
t t' n	［丟］	劉,牛	紐	
tɕ tɕ' ɕ	糾上 秋 休	囚,求	久	就,究,舅
○		由猶,尤	有	又;幼

今調	陰平˥	陽平˩	上˥	去˥
今韵	an			
廣韵	覃;談;咸;銜;鹽;凡‖寒;山;删;仙;桓;元			
p			板	扮,辦;半
pʻ				盼;判,叛並
m				慢
f		凡	反	范‖飯
t				旦
tʻ	貪	談		歎
n		南;藍‖難		
ts	沾		斬‖展	暫‖棧
tsʻ	餐		慘‖剷,産審	
s	三;衫‖山	蟬	陝	扇
z		然	染	
k	干		感;敢;減	
kʻ	堪			
ŋ	安			暗‖晏
x		含;鹹;銜‖寒		陷‖漢;限

今調	陰平˥	陽平˩	上˥˩	去˥
今韵	uan			
廣韵	桓;山;删;仙;元(均合口)			
t			短	
t'				
n				亂
ts	專		轉	篆
ts'	川	船		算
s	删開;閂			
z			軟;阮疑元	
k	官觀;鰥;關			貫;慣
k'			皖匣	
ŋ				
x			緩匣	唤,换
○	彎	完丸匣	碗	院疑元;萬

今調	陰平˥	陽平˩	上˨	去˥
今韵	ien			
廣韵	咸;銜;鹽;嚴;添‖山;删;仙;元;先			
p pʻ m f	邊		貶	辨;辯 徧幫,片
t tʻ n	天 研疑平	廉;嚴‖連聯;年	點‖典	店 驗;念‖硯;戀
tɕ tɕʻ ɕ	監‖間;堅 謙‖千 仙;先	潛,鉗‖錢;前 嫌‖閑;賢	剪;繭 險	漸‖諫;件;建;見 憲;現;縣合
○	煙	言	眼;演	厭‖晏

今調	陰平 ˥	陽平 ˩	上 ˥	去 ˥
今韵		yen		
廣韵		仙;元(均合口)		
tɕ				倦
tɕʻ		全		
ɕ	鮮開,軒掀開;宣;暄	弦開;玄懸	癬開;選	
○		緣沿鉛,員;元,園	遠	

今韵	ən			
廣韵	侵‖痕;臻;真;魂;諄;文‖登;蒸‖庚;耕;清			
p	崩			
pʻ		彭		
m		門		
f	分			奮
t			等	頓
tʻ	吞			
n		倫‖能	冷	論
ts	臻‖增;徵‖爭;貞,偵徹		整‖〔怎〕	鄭,政
tsʻ	撐	沉‖陳,臣;存‖成城誠		
s	森,深‖身申‖生	晨‖唇₂合‖繩	審‖損	盛
z		壬‖人‖仍	忍	認
k	跟‖耕		亘	更
kʻ			懇‖肯	
ŋ	恩			硬
x		恒	很	恨‖杏

今調	陰平˥	陽平˩	上˥	去˥
今韵	uən			
廣韵	魂;諄;文‖庚(均合口)			
ts ts' s	椿,春	唇₁,純		
z				閏
k k' ŋ	坤			
x	昏	横		
○	温	聞	穩	問

今韵	in			
廣韵	侵‖真;欣‖蒸‖庚;耕;清;青(均開口)			
p p' m f	兵	貧‖平;瓶 民‖名	稟 品 敏	並 命
t t' n	丁 聽₁(‖見)	林‖鄰‖陵,凝‖靈		聽₂(‖從) 躪‖令
tɕ tɕ' ɕ	侵清,今‖津;巾;斤‖京荆;經 欽‖輕 心‖新‖星腥	秦 行;形	緊	進晉;近‖静,勁;竟 信‖幸;性姓
○	音‖因‖鶯;英	銀‖盈	隱	印‖應

今調	陰平˥	陽平˩	上˥	去˥
今韵	yin			
廣韵	諄;文‖清;庚三;青(均合口)			
tɕ / tɕʻ / ɕ	均 / 傾 / 勳	羣‖瓊 / 尋侵‖旬	頃 / 迥匣	
○		雲‖營;榮;螢匣	允尹‖永	運‖孕蒸開

今韵	aŋ			
廣韵	唐;江;陽			
p	邦			
pʻ		旁		
m		忙		
f	方	防房		
t	當			蕩
tʻ				
n		郎	朗	
ts	張		長	丈
tsʻ	倉;窗穿二			
s	桑;商	常		尚上
z				讓
k	剛綱			
kʻ				
ŋ				
x				巷

今調	陰平 ㄱ	陽平 ㄱ	上 ㄱ	去 ㄱ
今韵	iaŋ			
廣韵	江;陽			
t tʻ n		娘	兩,仰	
tɕ tɕʻ ɕ	江;將 相,香	詳祥	講 搶	像邪 項;向
○			癢	樣

今韵	uaŋ			
廣韵	江;陽;唐			
ts tsʻ s	椿;莊	牀	撞澄去	
k kʻ ŋ x	光	狂 黃		曠;況曉
○	汪	王	往	旺

今調	陰平 ˥	陽平 ˧	上 ˩	去 ˥
今韵	uŋ			
廣韵	登‖庚二;耕‖東;冬;鍾			
p				
pʻ		朋		
m		萌		孟‖夢
f	風;封			奉
t	東			洞
tʻ	通	同	桶;統去	痛
n		農;隆;龍	攏	
ts	中忠;鍾		總	衆
tsʻ	充	崇;從	寵	
s	鬆;嵩;松			送;宋;誦
z		絨;茸		
k	公功;弓;恭			共
kʻ	空		恐	
ŋ				
x		弘‖宏‖紅		
○	翁			

今韵	iuŋ			
廣韵	庚三‖東;鍾(均合口)			
tɕ				
tɕʻ		窮		
ɕ	兄‖胸	熊;雄喻		
○		融		用

F. 音韵特點

1. 聲母

(1)曉匣合口在今u韵讀f,跟非敷奉混,如'狐'＝'服'fu,'虎'＝'府'fu,'户'＝'附,負'fu。其餘各韵合口洪音仍讀x,如'化'xua,'或'xue,'灰'xuei,'黄'xuaŋ。

(2)泥來無論洪細均混讀n。如'奴'＝'鹿'nu,'納'＝'辣'na,'難,南'＝'藍'nan,'女'＝'吕'ny。

(3)知系一律讀ts等,跟精組洪音混。如'師'＝'思'sï,'數'＝'素'su,'柴'＝'才'ts‘ai,'追,錐'tsuei,'罪,最'tsuei,'崇'＝'從'ts‘uŋ。

(4)不分尖團。精組細音讀tɕ等,跟見系細音混,如'祭'＝'計,忌'tɕi,'須'＝'虚'ɕy,'邪'＝'協'ɕie,'囚'＝'求'tɕ‘iəu,'千'＝'謙'tɕ‘ien,'信'＝'幸'ɕin。

(5)疑影兩母一二等開口在今o韵一律失去聲母,如'鵝'o,'惡'o,'握'o;其他各韵一等讀ŋ,如'哀'ŋai,'艾'ŋai,'奥'ŋau,'暗'ŋan;二等讀ŋ,i不定,如'矮'ŋai,'晏'ŋan,ien,'眼'ien,'硬'ŋən,'厄'ŋe。

(6)見系二等開口在梗入均讀k等,如'格,革'ke,'厄'ŋe,'赫'xe,梗舒及其他各韵讀k,tɕ不定,如'介'kai,'諧'ɕiai,'巧'tɕ‘iau,'減'kan,'鴨'ia,'諫'tɕien,'限'xan。

(7)疑母三四等開口多數字讀n,少數字讀無聲母,如'藝'ni,'疑,宜'ni,'嚴'nien,'仰'niaŋ,'孽'nie,'逆'ni;但'言'ien,'銀'in,'堯'iau。

(8)日母在止攝失去聲母,如'而'ɚ,'二,貳'ɚ;其餘無論開合均讀z,如'惹'ze,'饒'zau,'柔'zəu,'然'zan,'壬'zən,'茸'zuŋ,'辱'zu,'若'zo。

2. 開合

(1)端知見系舒聲合口除果,山臻攝外全讀合,如'徐'ɕy,'諸'tsu,'罪'tsuei,'毁'xuei,'永'yin,'公'kuŋ,'寵'ts‘uŋ。

(2)山攝合口舒聲;端系一等讀合,如'短'tuan,'亂'nuan,'算'suan,但三等泥組讀開,如'戀'nien,精組讀合,如'全'tɕʻyen。臻攝合口舒聲;一等端系讀開,如'頓'tən,'論'nən,'存'tsʻən,三等泥組亦讀開,如'倫'nən,但精組讀合,如'旬'ɕyin。

(3)莊組在宕攝開口均讀合。如'椿'tsuaŋ,'莊'tsuaŋ,'牀'tsʻuaŋ。

3.韵母

(1)止攝日母讀ɚ,跟知系其餘各組讀i不同,如'而'ɚ,'爾'ɚ。

(2)魚虞韵只端系見系讀y,如'女,呂'ny,'聚'tɕy,'徐'ɕy;'巨'tɕy,'羽'y。其餘各組均讀u,如'豬'tsu,'楚'tsʻu,'數,樹'su。

(3)咸山攝舒聲開口洪音讀an,細音讀ien,如'南'='難'nan,'三'='山'san,'廉'='連'nien,'厭'='晏'ien。山攝舒聲合口洪音讀uan,細音讀yen,如'短'tuan,'官'kuan,'倦'tɕyen,'元'yen。

(4)曾梗攝舒聲均收-n尾,跟深臻舒聲混,如'跟'='耕'kən,'恨'='杏'xən,'貧'='平,瓶'pʻin,'林,鄰'='陵,靈'nin。

(5)臻合入及通入端系一等讀u,但精組讀iu,如'突,禿'tʻu,'鹿'nu,'卒'tɕiu,'族'tɕʻiu。通三入亦同。如'陸,綠'nu,但'肅'ɕiu,'足'tɕiu。

4.聲調

利川只有陰平,陽平,上,去四聲。不分陰陽去,亦無入聲。古聲調歸法與武昌同。

G. 會話

21 a: niˇ tʻinˉ puˇ tʻinˉ tɕienˉ aˑ, xoˉ feiˇ tsəuˇ naˉ niˑ koˉ nuˉ
你 聽 不 聽 見 阿, □ 匪 走 那 裏 過 路

aˑ zənˉ minˉ tɕʻi niauˇ tienˇ kʻuˇ mei iəuˇ?
阿 人 民 喫 了 點 苦 没 有?

21 b: zənˉ minˉ naˉ sïˉ xənˇ tɕʻi kʻuˇ tiˑ。
人 民 那 是 很 喫 苦 的。

a: oˑ, soˉ sïˉ niəuˉ tɕʻyˉ tsaŋˇ təuˉ peiˉ saˉ (ni)auˇ paˑ?
哦, 説 是 劉 區 長 都 被 殺 了 吧?

b： sï˧ ne˧˩。
　　是　呐。

a： ɕien˧ tsai˧ mi˧ tɕia˧ mai˧ mo˧ sï˧ tɕia˧ tɕʻien˩ a˧˩?
　　現　在　米　價　賣　麼　事　價　錢　阿?

b： ɕien˧ tsai˧ iəu˧ mai˧ kə˩ i˩ niaŋ˧ tiau˧。
　　現　在　又　賣　個　一　兩　吊。

a： o˧ na˧ pien˧ tsuŋ˧ nu˧ tse˧ niaŋ˧ nien˩ ie˧ so˩ pu˩ saŋ˧
　　我　那　邊　忠路　這　兩　年　也　説　不　上

　　xau˧ a˧˩,　xo˧ nuŋ˧ tɕin˧ ko˧ na˧ ni˩ tɕi˧ tsʻï˧ na˧˩,　nau˧ pe˩
　　好　阿,　□　□　經　過　那　裏　幾　次　呐,　老　百

　　ɕin˧ ɕie˧˩ ie˧ xən˧ tɕʻi˧ kʻuei˧ tɕʻi˧ te˩ xən˧ ti˧˩。o˧ na˧ tsʻï˧
　　姓　些　也　很　喫　虧　喫　得　很　的。我　那　次

　　uei˧ ɕien˧ te˩ xən˧ ne˧˩,　na˧ tɕi˧ tɕi˩ fu˩ tso˩ xo˧ nuŋ˩ ta˧
　　危　險　得　很　勒,　那　幾　幾　乎　着　□　□　打

　　sï˧ niau˧。
　　死　了。

b： sï˧ ti˧˩,　o˧ na˧ xuei˩ tʻin˧ tau˧ so˩ ti˧˩,　o˧ iəu˧ tien˧ xən˧
　　是　的,　我　那　回　聽　到　説　的,　我　有　點　很

　　pʻan˧ nien˧ ni˧ na˧˩。
　　盼　念　你　呐。

a： na˧ tsï˧˩ ke˩ tsaŋ˧ pa˧ yen˧ tɕiəu˧ pa˧ o˧ tai˧[①] tau˧ te˩ lə˧˩!
　　那　只　隔　丈　把　遠　就　把　我　□　倒　的　嘞!

b： sï˧ ti˧˩。
　　是　的。

a： e˩, pu˩ ko˧ tɕia˧ (n)i˧ tʻəu˩ ɕie˧˩ səu˧ ti˧˩ səu˧ sï˩ ie˧ xən˧
　　誒, 不　過　家　裏　頭　些　受　的　損　失　也　很

----

① 注：tai˧=捉。

taˀ tɕiəuˀ sïˀ niʬ。
大　就　是　呢。

b：sïˀ tiʬ。
　是　的。

a：zənˌ minˌ tiʬ tʻuŋˌ kʻuˇ naˀ tɕiəuˀ soˀ puʬ uanˌ neʬ，faŋˌ
　人　民　的　痛　苦　那　就　説　不　完　勒，房

tsïʬ iəuˀ sauˀ tiauˀ noʬ，kuˌ tsïʬ ɕieʬ ieˇ tsoˌ tʻaˀ mənʬ
子　又　燒　掉　嘍，穀　子　些　也　着　他　們

tɕʻiaŋˇ niauʬ noʬ，tsuˀ tsïʬ ɕieʬ xaiˀ puˀ sïˀ tsoˌ tʻaˀ mənʬ
搶　了　嘍，猪　子　些　還　不　是　着　他　們

saˌ nəʬ。
殺　了。

b：oʬ。
　哦。

a：tʻaˀ iˀ tsaˌ yinˌ tɕiəuˀ sïˀ iˌ peˌ toˀ niaŋˇ peˌ niˇ nuˀ
　他　一　紮　營　就　是　一　百　多　兩　百　里　路

maʬ。
嗎。

b：tseˀ tiˀ faŋˀ xənˇ zəuˌ ninˀ tiʬ。
　這　地　方　很　蹂　躪　的。

a：aʬ ioʬ，naˀ zəuˌ ninˀ puʬ kʻanˀ neʬ。
　阿　喲，那　蹂　躪　不　堪　勒。

b：tsïˀ xəuˀ iəuˀ naˀ moˇ iaŋˀ tɕʻyˇ niauˇ neʬ？
　至　後　由　那　麼　樣　去　了　勒？

a：tsïˀ xəuˀ iəuˌ tseˀ koʬ tɕʻienˌ tɕiaŋˀ tseˀ pienˀ tɕʻyˀ niauˇ
　至　後　由　這　個　潛　江　這　邊　去　了

aʬ，sïˀ tsʻuanˀ tiʬ tɕʻienˌ tɕiaŋˀ aʬ。
阿，四　川　的　潛　江　阿。

b：m̩˩，e˦，tɕiəu˧ tɕin˧ tsau˧ ko˧ tɕi˩ tsʻï˧ nə˩·?
姆， 誒， 究 竟 遭 過 幾 次 了?

a：i˨ tɕʻy˧ i˨ nai˩ niaŋˋ tsʻï˧。
一 去 一 來 兩 次。

b：m̩˩，sï˧ ti˩·。
姆， 是 的。

a：e˦——pu˨ ko˧ ɕien˧ tsai˧ tse˧ tɕi˨ nien˩ pa˨ nai˧，tsən˧ tsï˧
誒——不 過 現 在 這 幾 年 把 來， 政 治

tsai˧ saŋ˨ kuei˨ tau˧，zən˩ min˩ tsʻa˧ pu˩ to˧ ie˨ pi˨ tsʻuŋ˩
在 上 軌 道， 人 民 差 不 多 也 比 從

tɕʻien˩ xauˋ i˩ tienˋ。
前 好 一 點。

b：ɕien˧ tsai˧ xai˩ xauˋ。
現 在 還 好。

a：taŋ˧ tau˧ na˧ ko˧ feiˋ zauˋ ti˩· sï˧ tɕʻi˧ tsʻa˧ pu˩· to˧ zən˩
當 到 那 個 匪 擾 的 時 期 差 不 多 人

min˩ tu˨ u˨ tɕia˧ kʻo˨ kuei˧ a˩·。
民 都 無 家 可 歸 阿。

b：sï˧ ti˩·。
是 的。

a：na˧ mo˩· ni˨ na˧ tienˋ ke˨ tsʻən˩ ke˨ tɕin˧ i˩· tien˩· na˩·，na˧
那 麼 你 那 點 隔 城 隔 近 一 點 呐， 那

tɕiau˧ tsï˨ o˨ mən˩· tsuŋ˧ nuˋ tsuŋ˧ xai˩ xauˋ i˩· (tiəˋ) no˩·?
較 之 我 們 忠 路 總 還 好 一 點兒 嘍?

b：na˧ ke˨ tsʻən˩ tɕin˧ i˩· tien˩·，pu˩ ko˧ tsʻən˩ ni˩· na˧ ɕie˩·
那 隔 城 近 一 點， 不 過 城 裏 那 些

tuei˧ (uəˋ)，na˧ iəuˋ pi˨ ni˨ na˧ tienˋ sau˧ uei˧ ke˨ ti˩·
隊 伍兒， 那 又 比 你 那 點 稍 微 隔 的

tɕinꜛ tiˑ，naꜛ sïꜛ iauꜛ xauꜜ tienꜜ tsïˑ。
近　的，　那　是　要　好　點　子。

a：o꜠，ɕienꜛ tsaiꜛ niꜜ mənˑ naꜛ pienꜛ tɕʻyꜛ tsaŋꜜ sïꜛ naꜜ iꜘ
哦，現　在　你　們　那　邊　區　長　是　哪　一

ueiꜛ aˑ？
位　阿？

b：ɕienꜛ tsaiꜛ sïꜛ niəuꜜ xauꜛ
現　在　是　劉　浩（?）。

a：niəuꜜ xauꜛ，tʻaꜛ tueiꜛ yꜜ tiꜛ faŋꜛ saŋꜛ xauꜜ puˑ xauꜜ？
劉　浩，他　對　於　地　方　上　好　不　好？

b：tʻaꜛ——ieꜜ sïꜛ naꜛ koˑ iaŋꜛ tsïˑ，sïꜛ yenꜜ faŋꜛ zənꜜ məˑ。
他——也　是　那　個　樣　子，是　遠　方　人　嚜。

a：o꜠，yenꜜ faŋꜛ zənꜜ，yenꜜ faŋꜛ zənꜜ tʻaꜛ sïꜛ moꜜ puꜜ kuanꜛ
哦，遠　方　人，　遠　方　人　他　是　漠　不　關

ɕinꜛ tiˑ nə，tʻaꜛ tueiꜛ tiꜛ faŋꜛ saŋꜛ tʻaꜛ tsuŋꜛ tʻuŋꜛ iaŋꜜ puꜛ
心　的　勒，他　對　地　方　上　他　總　痛　癢　不

ɕiaŋꜛ kuanꜛ neˑ。
相　關　勒。

b：tanꜛ tʻaꜛ ieꜜ xa(i)ꜜ xauꜜ。
但　他　也　還　好。

a：ieꜜ xa(i)ꜜ xauꜜ，naꜛ niꜜ tseꜛ koˑ 'ieꜜ' tsïꜛ tauꜛ ieꜜ xaiꜜ
也　還　好，那　你　這　個　'也'　字　倒　也　還

soꜜ teˑ xauꜜ。naꜛ moˑ oꜜ mənˑ tsuŋꜛ nuꜜ sïꜛ iauꜛ xauꜜ iꜘ
説　得　好。那　麼　我　們　忠　路　是　要　好　一

ɕieˑ。
些。

b：o꜠。
哦。

a：taŋ˥ kuŋ˥ u˥ zən˩ yen˩ ie˩ mei˥ te˩ uei˥ tau˥ o˩。
　　當　公　務　人　員　也　沒　得　味　道　哦。

b：tɕie˩ ko˩ iəu˥ tsən˩ mo˩ iaŋ˥ a˩。
　　結　果　又　怎　麼　樣　阿。

a：tɕie˩ ko˩ o˩ m(ən)˩ pu˩ tsï˥ tau˥ ne˩。
　　結　果　我　們　不　知　道　勒。

b：o˩ mən˩ tsai˥ tɕien˥ pa˩！
　　我　們　再　見　吧！

a：xau˩，tsai˥ tɕien˥，tsai˥ tɕien˥。
　　好，　再　見，　再　見。

二二. 竹谿（塔兒灣）

A. 發音人履歷

發音人	22
年齡	20 歲
原籍	蒲圻（遷居竹谿已八九代）
職業	學生
教育程度	中學
幼時語言環境	在竹谿讀書
教師方言	本地話
住過的地方	光化老河口,武昌
曾否學國語	未
能否説別處話	不能

二十五年五月二十日吳宗濟記音

　　從説故事中可以聽出,發音人的語言頗受國語的影響,如"怎麼樣", "那個"等詞都與所言本地詞彙不同。所説故事,不清楚的太多,後面只録出一段。

B. 聲韵調表

1. 聲母

p 半倍	pʻ 怕平	m 莫		f 馮
t 到洞	tʻ 歡提		l 那拉離	
ts 糟助	tsʻ 崇倉			s 撒生
tʂ 周知棧句	tʂʻ 徹昌柴羣			ʂ 沙常玄　ʐ 饒
tɕ 静結	tɕʻ 千其	ȵ 年嚴		ɕ 西霞
k 貴共	kʻ 確狂	ŋ 鵝哀		x 黑話
○ 窩絨問月				

2. 韵母

ï 子之;ɚ而	a 馬踏撒詫伢	o 婆羅左捉合	e 北勒瑟蛇刻
i 比第氣徐	ia 佳狹	io 略約	ie 別帖薛也
u 步負孤屋	ua 括畫		ue 或
ʮ 女橘	ʮa 刷		ʮe 靴決

ai 買來菜柴鞋	ei 倍脆對	au 畝牢掃妙好	ou 讀走熟侯
		iau 票聊巧曉	iou 丟紐欲
uai 懷	uei 桂毁		
ʮai 帥	ʮei 追		

an 板談算展敢	ən 彭頓增沉跟	
ian 邊點減演		in 兵敏林星應
uan 慣	uən 昏	
ʮan 專	ʮən 春永	

aŋ 邦蕩倉上巷	oŋ 朋洞總中弘

iaŋ 糧餉 　　　　ioŋ 兄用

uaŋ 光況

ʮaŋ 椿牀

3. 聲調

陰平	陽平	上	去
˩	˩	˥	˩
思激	霞絶雀	審米	氣倍並

C. 聲韵調描寫

1. 聲母

竹谿聲母，今按音位定爲二十四個；又按發音部位分p，t，ts，tʂ，tɕ，k，○七組。

p組p，pʻ，m，f。pʻ送氣强，遇i韵就讀得像pɕi。

t組t，tʻ，l。l包括國音的n與l；只有l一讀。

ts組ts，tsʻ，s三母的部位靠前，舌尖觸到齦齒之間。

tʂ組的tʂ，tʂʻ，ʂ三音在開口韵前讀法同國音；在合口韵前，他們的部位就變得偏前些。z往往帶圓唇性。

tɕ組的tɕ，tɕʻ，ɕ部位偏後，ȵ較靠前。

k組k，kʻ，ŋ，x。x在u前偶爾有變f的。

○包括以元音o，ɚ，i，u，ʮ起首的音。

2. 韵母

ɿ在ts組聲母後讀ɿ，在tʂ組（除z）後讀ʅ；ɚ開而偏後，嚴格寫起來當是ʌr。

i近標準元音i。在tɕ組聲母後，讀得更緊一點，聲韵母之間就有個過渡音j産生出來。

u讀音時嘴唇併得很攏，有時就有唇的摩擦聲音可以聽得。

ʮ相當於ʅ的圓唇，不過捲舌的程度較小。

a，ia，ua，ɣa。a近標準元音ɑ，在ia中，受i的影響略偏前。

o，io。o是較開的，無聲母時，前面總帶點u的色彩，如'窩'實際讀爲uo。

e是偏後的，在入聲中更變成ɛ；ue與ɣe的e同；ie的e近標準元音e，在入聲中不變。

ai，uai，ɣai。ai讀法與國音同。

ei中i的響度（sonority）相當大，差不多與e相等；uei，ɣei的e又很短，有些時候幾乎消失，很可以寫作ui，ɣi。

au的a是後ɑ；iau的a略偏前，u鬆而開。

ou，iou。o有時很關，有時卻開成ɔ。

an，ian，uan，ɣan。a是前a，前面有i就變成æ。

ən的元音ə比較長；uən與ɣən的ə在陰平調中仍長，在其他各調中比較短。

aŋ，iaŋ，uaŋ，ɣaŋ。a都是後ɑ。

oŋ，ioŋ。o嘴唇不很圓；oŋ在k組聲母後，ioŋ在tɕ組聲母後更讀得像ɣŋ與iɣŋ。

3. 聲調

陰平是中升調（˨˦ 24）。

陽平多數中降，有時也讀成低降調，寬式一律用中降調號（˦˨ 42）。

上聲由"半高"升至"高"（45），寬式用高升調號（˧˥ 35）。

去聲由"半低"降至"低"再升至"中"（213），寬式用低降升調號（˨˩˧ 313）。

D. 與古音比較

1. 聲母

古母分讀 / 古聲母組及影響條件 ＼ 發音方法及影響條件	全清塞	次清塞	全濁塞 平	全濁塞 反	次濁	清擦	濁擦 平	濁擦 反
幫組（幫組）	幫：p	滂：pʻ	並：pʻ	並：p	明：m			
非組（非組）					微：u	非敷：f	奉：f	奉：f
端組泥 一二等	端：t	透：tʻ	定：tʻ	定：t	泥（ $\frac{1}{ɳ,l}$ ） 來：l			
三四等								
精組 洪	精 ts	清 tsʻ	從 tsʻ	從 ts		心 s	邪 s	邪 s
精組 細	tɕ	tɕʻ	tɕʻ	tɕ		ɕ	tɕʻ, ɕ	ɕ
莊組 內轉	莊（照二）ts	初（穿二）tsʻ; tʂʻ⁽¹⁾	崇（牀二）tsʻ	崇（牀二）ts; ʂ		生（審二）s; ʂ⁽¹⁾		
莊組 外轉	tʂ	tʂʻ	tʂʻ	tʂ		ʂ		
知組 今開 今合 極二等韻 其他	知 tʂ	徹 tʂʻ	澄 tʂʻ	澄 tʂ				
知組 今開 今合	tʂ	tʂʻ	tʂʻ	tʂ				
章組 今開 今合	章（照三）tɕ	昌（穿三）tɕʻ	船（牀三）ɕ tʂʻ, ʂ	船（牀三）tɕ tʂ		書（審三）ɕ ʂ	禪：tɕʻ, ɕ ʂ	禪：ʂ

发音方法及影响条件\古声母今影响条件\古韵组今影响条件\影组今影响条件	今开合	止(附质) / 其他 / 等	全清塞	次清塞	全浊塞 平	全浊塞 仄	次浊	清擦	浊擦 平	浊擦 仄
日母		止其他 合					○			
							z;ʒ			
							ʅ			
见组晓	开	一等	k	kʻ	tɕʻ	tɕ	ŋ	x	匣	x
		二等	k,tɕ	kʻ,tɕʻ	*	*	ŋ,i	x,ɕ		x,ɕ
		三四等	tɕ	tɕʻ	kʻ	k	n,	ɕ		ɕ
		一二等	k	kʻ	kʻ	k	u;○	x		x
	合	蟹止若通舒三四等	k	kʻ	tɕʻ	tɕ	u	x		x
		其他	tʂ	tʂʻ	tʂʻ	tʂ	ʅ	ʂ;ɕ(2)		ʂ
		见 / 溪 / 羣 / 疑 / 晓 / 匣					?			
影组	开	一等	ŋ,i,○(3)				喻:i			
		二等	i				*			
		三四等	u;○				u			
	合	一二等	i				i			
		蟹止若通三四等	ʅ				ʅ			
		其他影 / 喻								

2. 韵母

第 一 表

開

攝	一 幫系	一 端系	一 見系	二 幫系	二 泥組	二 知莊組	二 見系	三四 幫系	三四 端系	三四 莊組	三四 知章組	三四 日母	三四 見系
果	*	o	o	a	a	a	a,ia	*	ie	*	e	ʮe	ie
(遇)		*						ei,i	i	*	ï	*	i
蟹	*	ai	ai	ai	ai	ai	ai,ia	i,ei	i;i	ï	ï	ɚ	i
止		*		*		*			i;i	ï	ï	ɚ	i
効	au	au	au	au	au	au	au,iau	iau	iau	*	au	au	iau
流	au	ou	ou	au	*	*		au,u	iou	ou	ou	ou	iou
咸	*	an	an	an	*	an	an,ian	ian	ian	*	an	ʮan	ian
山	*	an	an	*	*	an	an,ian	ian	ian	ʮan	an	an	ian
宕	aŋ	aŋ	aŋ	aŋ		ʮaŋ	aŋ,iaŋ	*	iaŋ	aŋ	aŋ	aŋ	iaŋ

呼：開

攝　列	一·幫系	一·端系	一·見系	二·幫系	二·泥組	二·知組莊	二·見系	三四·幫系	三四·端系	三四·莊組	三四·知組章	三四·日母	三四·見系
深	*	*				*		in	in	ue	ue	ue	in
臻		ue	ue					in	in	ue	ue	ueʔ·ue	in
曾	o	ue	ue			*		in	in	*	ue	ue	in
梗	*	*		ŋo·in	ue	ue	in·ue	in	in	*	ue	*	in
(通)		ue	ue							*			
咸入	*	a	o	*	*	a	a,ia	*	ie	*	e	*	ie
山入	*	a	o	a	*	a	a,ia	ie	ie	*	e	ɥe	ie
宕入	o	o	o	o	*	o	o,io	*	io	*	o	o	io
深入	e	*				*		*	i	e	ï	ɻ	i
臻入	e	*	e			*		i	i	e	ï	e	i
曾入	e	e	e			*		i	i	e	ï	*	i
梗入	*	*	e	e	*	e	e	i	i	*	ï	*	i
(通入)	*	*	e			*				*	*	*	

第 二 表

攝別	合 一			合 二			合 三四						
	幫系	端系	見系	幫系	莊組	見系	幫系	泥組	精組	莊組	知章組	日母	見系
果	o	o	o	*	*	ua			*				ʮe
遇	u	ou	u		*		u	ʮ	i	ou	ʮ	ʮ	ʮ
蟹	ei	ei	uei、uai	*	*	uai、ua	ei	*	ei	*	ʮei	*	uei
止		*			*		i、ei；uei	ei	ei	ʮai	ʮei	*	uei
(效)		*			*					*	*		
(流)		*			*					*	*		
咸	an	an	uan	*	ʮan	uan	an	ian	ian	*	*	ʮan	ʮan
山	an	an	uan	*	*	uan	an；uan	ian	ian	*	ʮan	ʮan	ʮan
宕	*		uaŋ				aŋ；uaŋ						uaŋ

摄列	合 一			合 二			合 三 四						
	帮系	端系	见系	帮系	庄组	见系	帮系	泥组	精组	庄组	知章	日母	见系
(深)	ue	ue	uen	*	*	ɦo	ɦo	ue	iu	*	uɛh.	uɛh.	uɛh·
臻	ɦo	ɦo	ɦo	ɦo	*	ɦo	ɦo	ɦo	ɦo	ɦo	ɦo	ɦoi	ɦoi·ɦo
曾	o	o	o	o	*	o	o	ie	ie	*	əʮ	*	əʮ
梗	o	*	o	*	*	o	o	ie	ie	*	*	*	əʮ
通	ɦo	ɦo	ɦo	ɦo	*	ɦo;uɛn	ɦo	ɦo	ɦo	ɦo	ɦo	ɦoi	ɦoi;uɛh
咸入	o	o	ɦo	o	*	ua	a	ie	ie	*	ɦ	ɦ	ɦ
山入	n	nou	n	*	*	ua	a, ua	n	n	*	ɦ	*	ɦ
宕入	*	*	ue	*	*	*	o	ie	ie	*	*	*	əʮ
(深入)	*	*	*	*	*	*	n	n	*	*	ɦ	*	ɦ
臻入	n	nou	n	*	*	ue	n	i	i	i	i	*	ɦ
曾入	*	*	ue	*	*	*	ue	*	*	*	*	*	ɦ
梗入	*	*	*	*	ue	*	*	*	*	*	*	*	ɦ
通入	ou	ou	u	*	*	u	u;o⁽¹⁾	ou	ou	ou	ou	ou	ʮ;ɦiou⁽²⁾

3. 聲調

古類 \ 影響條件 \ 今值今類		陰平	陽平	上	去
平	清	˧˥			
	濁		˥˩		
上	清			˧˥	
	次濁			˧˥	
	全濁				˥˩
去	清				˥˩
	濁				˥˩
入	清	˧˥	˥˩		
	次濁	˧˥	˥˩		
	全濁		˥˩		

附注：

　　聲母：—

　　（1）莊組内轉初生兩母只在止攝合口讀tʂʻ，ʂ。

　　（2）通攝入聲讀ɕ，其他ʂ。

　　（3）宕入（覺韵）〇，其他ŋ，i。

　　韵母：—

　　（1）明母字讀o，其他u。

　　（2）見組ʮ，曉影兩組iou。

E. 同音字表

今調	陰平ㄣ	陽平ㄣˊ	上ㄣˇ	去ㄣˋ
今韵	ï;ɚ(○後)			
廣韵	祭‖脂;之;支‖緝‖質‖職‖昔(均開口)			
p pʻ m f				
t tʻ l				
ts tsʻ s	師;思;斯		子 此 使	自;字 次;伺心;刺,賜心 四;似,士;事
tʂ tʂʻ ʂ	之;知,支‖隻	執‖姪,質‖直‖擲 遲‖喫錫溪 時‖十‖實‖食‖石	恥 矢;始	致,至;志;翅審 滯澄‖痔澄 世勢‖示;試,市;施,是‖蝕入,式飾入
ʐ				
tɕ tɕʻ ɲ ɕ				
k kʻ ŋ x				
○		而;兒‖日	爾	貳

今調	陰平ㄧ	陽平ㄟ	上ㄧ	去ㄨ
今韵	i			
廣韵	魚;虞‖祭;齊‖脂;之;支;微‖緝‖質;迄;術‖職‖昔;陌三;錫			
p pʻ m f		必‖逼‖碧 祕泌幫去	比;彼 鄙幫,丕平 米	臂‖壁入
t tʻ l		隸來去‖的,笛 堤提 梨‖離‖立‖栗;律‖力‖歷	底 禮‖履;李里裏理	帝,第‖地 例
tɕ tɕʻ ȵ ɕ	妓技羣上;機‖楫葉‖緝清‖激 妻,棲心,溪‖期羣‖乞,迄曉‖戚 須‖西,奚兮匣‖希‖吸‖恤	急,及‖吉‖極‖積 齊‖其;奇‖七 疑;宜‖逆 徐‖徙支心上‖泣溪‖戌‖息‖席	己 起 洗‖璽支心	聚‖祭;計繼‖寄;季見合‖集入 去魚溪‖器;氣 藝‖義議 序‖系‖戲
○	衣依	夷;移;遺合‖噎屑‖邑‖一,逸‖亦	以,矣	異‖憶入

今調	陰平ˊ	陽平ˋ	上ˇ	去ˋ
今韵	u			
廣韵	模;虞‖尤‖没;物‖屋;沃			
p pʻ m		不 勃並入‖僕並入	譜幫,普	步
f	婦奉上	負奉上‖服	府,腐奉	附‖副
k kʻ ŋ	孤‖骨 哭;酷			故
x	忽	狐乎	虎	户
○	烏	吾;無‖物‖屋	五;武	務‖戊候明

今韵		ㄩ		
廣韵	魚;虞‖緝‖物‖職‖昔‖屋三;燭			
t tʻ l			女	
tʂ tʂʻ ʂ	猪,諸 區 書,虛	拘見平‖橘‖菊;局 除‖出;屈‖曲 殊	主 處 暑鼠,許	著,巨;柱、住,句 樹
○		如,魚,於影,余餘;儒‖入	呂來,與;羽	遇‖鬱入‖域入‖役疫入‖玉入

今調	陰平 ˥	陽平 ˩	上 ˥	去 ˩
今韵	a			
廣韵	麻二‖合;盍;洽;狎;乏‖曷;鎋;黠;月			
p	巴		把	
p'				怕
m	[媽]		馬	
f		法‖髪		
t	答	達	打庚	大泰
t'	他歌‖塔	踏		
l	納,拉;臘‖辣	拿	[哪]	[那]
ts		雜		
ts'				
s			撒入	
tʂ		紮札,軋影		
tʂ'	插‖刹			詫
ʂ	沙‖殺			
k	甲			
k'				
ŋ		[伢]		
x				下

今調	陰平ㄅ	陽平ㄟ	上ㄱ	去ㄟ
今韵	ia			
廣韵	麻二‖佳‖洽;狎‖鎋;點(均開口)			
tɕ tɕʻ ɲ̥ ɕ	家‖佳 恰 瞎	甲 鹹[1] 霞‖狹;匣	假	架 下
○	鴉‖鴨	牙		

今韵	ua			
廣韵	麻二‖佳;夬‖鎋;點(均合口)			
k kʻ ŋ x	瓜‖括 滑			掛 化‖畫;話
○	蛙‖挖		瓦	

今韵	ɥa			
廣韵	鎋(合口)			
tʂ tʂʻ ʂ	刷			

(1)鹹飯＝喫飯。

今調	陰平 ˩	陽平 ˋ	上 ˥	去 ˩
今韵	o			
廣韵	歌;戈一‖合;盍‖曷;末‖鐸‖覺;藥‖屋			
p p' m f	波,玻滂‖剝 坡	薄;縛奉藥 婆 莫‖木;目	麼(‖事)	破‖剖侯上
t t' l	多 洛	 脱‖託 羅;騾	 妥	舵 那
ts ts' s		作	左 所魚	坐
tʂ tʂ' ʂ	桌,捉	酌		
k k' ŋ x	歌‖鴿‖割 喝‖霍	各;角;郭 擴;確 鵝‖遏‖惡 何河‖合;盍‖鶴	果 我	個;過 禍
○	鍋見,窩	沃沃	握入	

今調	陰平 ⌐	陽平 ⌐	上 ⌐	去 ⌐
今韵	io			
廣韵	覺;藥(均開口)			
t t' l		略		
tɕ tɕ' n̠ ɕ	脚 削	覺 雀精 虐 學		
○		約		

今調	陰平ㄱ	陽平ㄱ	上ㄱ	去ㄱ
今韵	e			
廣韵	麻三‖葉‖薛‖緝‖櫛‖德;職‖陌二;麥(均開口)			
p	泊	北‖百,白		
p'		泊鐸並‖迫幫入,拍		
m				
f	麥			
t		得德		
t'				
l		勒		
ts		則‖責		
ts'		側照入,測‖澤宅擇澄入		
s	澀‖瑟	色		
tʂ		［這］		
tʂ'	徹澄入	徹		
ʂ		蛇‖涉‖舌		射‖設入
k		格;革		
k'		刻		
ŋ		厄		
x	黑‖赫			

今調	陰平ㄇ	陽平ㄨ	上ㄟ	去ㄩ
今韵	ie			
廣韵	麻三‖葉;業;帖‖薛;月;屑			
p		別	癟入	
p'	撇			
m	滅			
f				
t				
t'	帖‖鐵			
l		列;劣		
tɕ	接;刮	傑;竭;節,結;絕		
tɕ'		切		
ɳ		聶;業‖孽;臬		
ɕ	薛	脅;協挾‖穴合		謝
○	葉	竭	也野	

今韵	ue		
廣韵	德‖麥(均合口)		
k	國		
k'			
ŋ			
x	或‖獲		

今調	陰平ㄱ	陽平ㄱ	上ㄱ	去ㄱ
今韻	ɥe			
廣韻	戈三‖薛;月;屑(均合口)			
tʂ tʂʻ ʂ	綴,拙;掘;決 缺 靴	説		
○	熱;月	閲;越曰		

今韻	ai			
廣韻	咍;泰;皆;佳;夬(均開口)			
p pʻ m f		埋	買	拜;敗 派
t tʻ l		來	乃;奶	待、代;帶 泰 賴
ts tsʻ s				在 菜;蔡
tʂ tʂʻ ʂ	齋	柴		寨
k kʻ ŋ x	該;皆 開 哀	偕見,諧;鞋‖還(‖有)删合	改;解 矮	蓋;介界戒,械匣 概見 愛;艾 亥;害

今調	陰平ㄧ	陽平ㄟ	上ㄧ	去ㄴ
今韵	uai			
廣韵	泰;皆;佳;夬(均合口)			
k kʻ ŋ x		懷	塊去	怪 會(丨計)見
○	歪曉			外

今韵	ȵuai			
廣韵	脂;支(均合口)			
tʂ tʂʻ ʂ			揣	帥

今調	陰平ㄟ	陽平ㄥ	上ㄱ	去ㄥ
今韻	ei			
廣韻	祭;灰;泰;廢‖脂;支;微			
p	卑;悲;碑			敝;倍;貝‖被
p'	披			佩並
m		梅‖糜上		
f	飛	肥	匪	廢,肺
t				帝;對,隊
t'				
l			屢虞去	内‖類;累
ts				罪;最
ts'				脆‖悴從,粹心
s		遂去;隨		歲
k		給緝		
k'				
ŋ				
x				

今調	陰平ㄧ	陽平ㄥ	上ㄥ	去ㄥ
今韵	uei			
廣韵	灰;泰;祭;齊‖脂;支;微(均合口)			
k kʻ ŋ	龜;歸			桂
x	灰	回	毁	會;彗喻;惠‖諱;彙喻
○	威	危,爲	委	位;未,畏

今韵	ʮei			
廣韵	祭‖脂;支			
tʂ tʂʻ ʂ	追,錐	垂		税,瑞
○				銳喻

今調	陰平˧	陽平˨	上˨	去˧
今韵	au			
廣韵	豪;肴;宵‖侯;尤			
p p' m f	包	謀	保 跑並平 某畝 否	貌
t t' l		桃逃 牢	倒 老	到 鬧
ts ts' s			草 掃	
tʂ tʂ' ʂ	昭招 燒		[找] 炒	趙,照 紹
ʐ		饒		
k k' ŋ x		毫	攪 好	告 奥

今調	陰平˧	陽平˩	上˥	去˨
今韵	iau			
廣韵	肴;宵;蕭			
p p' m f	貓		表	[票]
t t' l		條 燎;聊		釣 跳
tɕ tɕ' ȵ ɕ	消,囂;蕭	喬 堯 肴涍	勦 巧 小;曉	叫 孝,校効
○	要₂妖			要₁

今調	陰平ˊ	陽平ˋ	上ˇ	去ˋ
今韵	ou			
廣韵	模;魚;虞‖侯;尤‖没‖屋;沃;燭			
t	都	讀;篤	肚賭‖斗	杜‖鬥
tʻ		頭‖突‖禿	土	
l	鹿;綠	奴‖陸六	努	漏
ts		卒‖足	走	做‖奏;就尤從
tsʻ	初	鋤‖愁‖族從入;促	楚	助牀
s	蕭;縮	續		素;數
tʂ	周‖囑	竹;燭;觸穿入		
tʂʻ			丑	
ʂ	收	熟;屬		獸
ʐ		柔‖辱		肉入
k				
kʻ				
ŋ	歐		偶	
x		侯		後候

今韵	iou			
廣韵	尤;幽‖屋三;燭			
t	〔丢〕			
tʻ				
l				
tɕ	糾上		九	就,舅
tɕʻ	秋	囚,求		
ȵ		牛	紐	
ɕ	休			畜
○		由猶,尤‖欲	有	幼‖育入

今調	陰平˧˥	陽平˧˩	上˥˧	去˨˩˧
今韻	an			
廣韻	覃;談;咸;銜;鹽;凡‖寒;山;刪;仙;桓;元			
p	班;搬		板	辦;扮;半
pʻ				盼;判,叛並
m				慢
f		凡	反	范‖飯
t			短	旦,彈
tʻ	貪	談‖團		歎
l		南;藍‖難	暖	亂
ts				
tsʻ	餐		慘	
s	三			算
tʂ	沾		斬‖展	暫從‖棧
tʂʻ			剷,產審	
ʂ	衫‖山;刪	蟬	陜	扇
ʐ		然		
k	干;間		感;敢	
kʻ				看
ŋ			眼	暗
x	安鞍	含;銜‖寒	喊	漢

今調	陰平⊣	陽平⊣	上⊢	去⊣
今韻	ian			
廣韵	咸;銜;鹽;嚴;添||山;刪;仙;元;先			
p	邊		貶	變;辨;辮
p'				偏幫,片
m				
f				
t			點||典	店
t'	天			
l		廉||連聯		戀
tɕ	間		減||剪	監;漸||諫;件;建;見
tɕ'	謙||千	鉗||錢;前;全		
nʑ	研疑平	嚴||年		驗;念||硯
ɕ	先;宣	鹹;嫌||賢	險	陷||限;憲;現;縣合
○	煙	延;言疑;鉛沿合	演	厭||晏

今調	陰平ㄥ	陽平ㄟ	上ㄣ	去ㄣ
今韵	uan			
廣韵	桓;山;删;元(均合口)			
k kʻ ŋ x	官觀;鰥;關		款,皖匣	貫;慣
		還	緩匣	換
○	灣	完匣;頑	碗	萬

今韵	ɥan			
廣韵	鹽‖山;删;仙;元;先			
tʂ tʂʻ ʂ	專,捐 閂	船 玄		
○		元,園	染‖軟,遠	院

今調	陰平 ˧˩	陽平 ˧˥	上 ˧˩	去 ˥˩
今韻	ən			
廣韻	侵‖痕;臻;真;魂;諄;文‖登;蒸‖庚;耕;清			
p	崩			
p'		彭		
m		門		
f	分			奮
t			等	頓
t'	吞			
l		倫‖能	冷	論
ts	臻‖爭		［怎］	增
ts'	撑	存		
s	森‖生			
tʂ	徵‖貞,偵徹			鄭,政
tʂ'		沉‖陳,臣‖成城誠		
ʂ	深‖身申	晨;唇合‖繩	審	盛
ʐ		壬‖人		認‖仍
k	跟‖耕		亘去	更
k'			肯	
ŋ	恩			硬
x		恒	很匣	恨‖杏

今調	陰平 ˧	陽平 ˩	上 ˩	去 ˩
今韵	uən			
廣韵	魂;文‖庚二(均合口)			
k kʻ ŋ x	坤 昏	 橫		
○	溫	聞文	穩	問

今韵	uən			
廣韵	諄;文‖耕;清;庚三;青(均合口)			
tʂ tʂʻ ʂ	均;軍 椿,春 勳	 羣‖瓊 純	 迥匣	
○		雲	忍;允尹‖永	聞;運‖孕蒸開

今調	陰平ㄱ	陽平ㄱ	上ㄱ	去ㄱ
今韻	in			
廣韻	侵‖真;欣;諄‖蒸‖庚;耕;清;青			
p p' m f	兵	貧‖平;瓶 民‖明;名	稟 品 敏	並 命
t t' l	丁	林‖鄰‖陵‖靈		聽 令
tɕ tɕ' ȵ ɕ	侵清,今‖津,巾;斤‖京荊;經 欽‖輕 心‖新‖星	情 凝 旬‖行;形	傾合平	進晉;近‖静 信‖幸;性姓
○	音‖因‖鶯;英	銀疑‖盈;營合;螢匣合	隱	印‖應

今調	陰平 ˧	陽平 ˥	上 ˨	去 ˦
今韵	aŋ			
廣韵	唐;江;陽			
p	邦			
p‘		旁		
m		忙		
f	方	房防		放
t	當			蕩
t‘				
l		郎	朗	
ts				
ts‘	倉			
s	桑			
tʂ	張		長	
tʂ‘				
ʂ	商	常		上尚
ʐ				讓
k	剛綱			
k‘				
ŋ				
x				項、巷

今調	陰平˥	陽平˩	上˨	去˨
今韵	iaŋ			
廣韵	江;陽（均開口）			
t tʻ l	丁青 粮		 兩	
tɕ tɕʻ ɲ ɕ	江 槍 香郷	詳祥 娘	講 餉審	 像象
○			仰疑	樣

今韵	uaŋ			
廣韵	唐;陽（均合口）			
k kʻ ŋ x	光	狂 黄		曠;光曉
○	汪	王	往	旺

今調	陰平˥	陽平˩	上˦	去˨
今韵	ɥaŋ			
廣韵	江;陽(均開口)			
tʂ	樁;莊			撞
tʂʻ	窗	床		
ʂ				

今韵	oŋ			
廣韵	登‖庚二;耕‖東;冬;鍾			
p pʻ m f	風;封	朋 萌		孟‖夢 奉
t tʻ l	通	同 農;隆;龍	桶;統去 攏	動、洞
ts tsʻ s	嵩;鬆,松	崇;從	總	送;宋;誦
tʂ tʂʻ ʂ	中;鐘 充		寵	眾
k kʻ ŋ x	公功;弓;恭 空	弘‖宏‖紅	恐	共
○	翁			

今調	陰平ㄱ	陽平ㄱ	上ㄱ	去ㄴ
今韵	ioŋ			
廣韵	庚三‖東;鍾(均合口)			
tɕ tɕʻ n̠ ɕ	 兄‖胸	窮		
○		榮‖絨,融;茸		用

F. 音韵特點

1. 聲母

(1)ts與tʂ分,古精組洪音全讀ts等,章組全讀tʂ等,如'思'ʼsï,'施'ʼʂï;'增'ʼtsən,'真'ʼtʂən。

(2)莊組字在止攝合口及外轉韵歸tʂ等,如'柴'ʼtʂʻai,'山'ʼʂan,'揣'tʂʻɿai;其他歸ts等,如'愁'ʼtsʻou。

(3)知組梗攝二等韵字歸ts等,如'撑'ʼtsʻən,'擇'ʼtsʻe;其他全歸tʂ等,如'詫'ʼtʂʻa。

(4)不分尖團,古精組細音與見系開口細音都讀tɕ等,如'小'=ʼ曉'ɕiau。

(5)見系合口細音讀tʂ等,如'缺'ʼtʂʻɥe。

(6)通三入(屋三燭)見系字見組讀tʂ等,如'局'ʼtʂʻɿ;曉影兩組讀tɕ等,如'畜'ʼɕiou,'欲'ʼiou。

(7)見系二等開口在蟹攝及梗攝二等入聲中不顎化,如'矮'ʼŋai,'格'ʼke;其他不定,如'眼'ʼŋan,ian。

(8)泥母洪音與來混,如'南'=ʼ藍'ʼlan,'農'=ʼ隆'ʼloŋ;細音開口與疑母三四等開口混，皆作n̠，如'年'＝'嚴'n̠ian，'聶'＝'業'n̠ie。

（9）日母開口字多變合口而失聲母，如'染'ʮan，'惹'ʮe；通攝舒聲今讀開口，聲母也消失，如'絨'ioŋ。

（10）疑影兩母開口洪音全讀ŋ，如'艾'ŋai，'愛'ŋai。

2. 開合

（1）古合口端系一等字全讀開，如'存'tsʻən，'亂'lan，'對'tei。

（2）古合口精組三四等字全讀開，如'序'ɕi，'旬'ɕin。

（3）古合口三四等來母字除在遇攝仍讀合口外，其他全變開，如'類'lei，'劣'lie。

3. 韵母

（1）模韵端系及魚虞莊組字讀ou，與流攝字同韵，如'杜'tou，'數'sou。

（2）魚虞知見系元音同，如'書'ʂʮ＝'虛'ʂʮ。

（3）蟹一三等合口與止攝合口的端系字全讀ei，如'對'tei，'歲'sei，'類'lei。

（4）流攝幫系字（除'負'等讀u的）讀au，與效攝字同韵，如'某'mau，'否'fau。

（5）山咸舒聲元音在介音i後仍讀a，如'減'tɕian，'天'tʻian。

（6）深臻曾梗舒聲混，全收n尾，如'心'ɕin，'身'ʂən，'增'tsən，'名'min。

（7）通入明母字讀o，不讀u，如'木'mo。

（8）通三入（屋三燭）見系字見組讀ʮ，曉影兩組讀iou，如'曲'tsʻʮ，'畜'ɕiou，'育'iou。

4. 聲調

（1）不分陰陽去，如'柱'＝'著'＝'住'tʂʮˋ。

（2）入聲全清與次濁歸陰陽平不定，如'激'˗tɕi，'急'˗tɕi，'臘'˗la，'勒'˗le；全濁則全歸陽平，如'絕'˗tɕie，'挾'˗ɕie。

G. 故事

ŋoˀ mənˑ la əˑ ʂ̍ɥeˇ, tʼaˊ ʂ̍ɥeˇ tʂeˀ koˑ, tɕiauˇ tʂeˀ koˑ tɕiaˊ
我　們　那　兒　説，　他　説　這　個，　叫　這　個　鹹

fanˇ aˑ, tʂeˀ koˑ tʂʅˇ fanˇ, pieˊ tʂʻʅ xanˉ tʂʅˇ fanˇ, ŋoˀ mənˑ
飯　阿，　這　個　喫　飯，　別　處　喊　喫　飯，　我　們

laˇ əˑ aˑ, tsou xanˉ tɕʼiˑ tɕiaˊ fanˇ, tɕiaˊ fanˇ。
那　兒　阿，　就　喊　起　鹹　飯，　鹹　飯。

　　ŋoˀ mənˑ la əˑ iouˉ iˇ koˑ, iˇ koˑ, iˑ koˑ tʂʅɥənˊ tʂʻʅˇ。
　　我　們　那　兒　有　一　個，　一　個，　一　個　軍　?。

tʼaˊ iaˑ, tsʼoŋˇ tɕianˇ aˑ, tʼaˊ pʼauˊ tauˇ ʂanˉ ɕiˊ, tɕʼiˇ tɕʼinˉ tʂʅɥənˊ
他　呀，　從　前　阿，　他　跑　到　陝西，　去　請　軍

lianˇ。ʂ̍ï tʂeˀ koˑ tɕʼinˉ tʂʅɥənˊ lianˇ, tʼaˊ ko xouˇ aˑ, tʼaˊ tsouˇ
糧。　是　這　個　請　軍　糧，　他　過　後　阿，　他　就

pianˇ。tauˇ ko xouˇ aˑ, tʼaˊ iˇ ɕiaˊ tsï˙ tʼaˊ taiˇ ləˑ iouˉ tɕʼianˊ
變。　他　過　後　阿，　他　一　下　子　他　帶　了　有　千

paˊ tʼiauˊ tɕʼianˉ, tsou tauˇ ŋoˀ mənˑ tʂeˇ ti tianˉ。tauˇ ŋoˀ
把　條　槍，　就　到　我　們　這　地　點。　到　我

mənˑ tʂeˇ ti tianˉ aˑ, tɕiouˇ iˇ xa tsï˙……。tʼaˊ tsʼouˉ tauˇ tʂeˇ
們　這　地　點　阿，　就　一　下　子……。　他　初　到　這

koˑ ti tianˉ aˑ, tsoŋˉ ʂ̍ɥeˇ tʼaˊ ʂ̍ï xauˉ teiˇ uˑ。tʼaˊ tɕiouˇ tsaiˇ
個　地　點　阿，　總　説　他　是　好　隊　伍。　他　就　在

laˇ əˑ iˇ xaˇ tsï˙, tʼaˊ tʂʅɥ, tʼaˊ tʂʅɥ ɕiaˊ ləˑ, tsaiˇ laˇ əˑ tʂʅɥ
那　兒　一　下　子，　他　住，　他　住　下　了，　在　那　兒　住

ɕiaˑ liauˑ。xouˇ laiˇ taŋˉ ʂ̍ˇ ɕianˉ tʂənˇ fu tiˇ aˑ, tsouˇ pʼaiˇ ləˑ
下　了。　後　來　當　時　縣　政　府　底　阿，　就　派　了

iˇ ko keiˉ tʼaˊ panˇ lianˇ, tsoŋˉ ʂ̍ɥeˇ tʼaˊ ʂ̍ï xauˉ teiˇ uˑ, xouˇ
一　個　給　他　辦　糧，　總　説　他　是　好　隊　伍，　後

laiˋ tʼaˊ tɕiouˋ tsaiˋ laˋ ɚ˩ tʂʅˋ ɕia˩ ləˋ。
來　他　　就　　在　那　兒　住　下　了。

　　tʂʅˋ ɕia˩ liauˊ a˩，tauˋ koˋ xouˊ a˩，tʼaˊ tʂʅˋ tsaiˋ laˋ ko˩
　　住　　下　了　阿，到　過　後　阿，他　住　在　那　個

ti˥ a˩，i˥ kaˊ tsïˋ tauˋ touˊ ʂïˊ xənˊ uənˊ minˊ ti˩。tauˋ koˋ
地　阿，一　家　子　倒　都　是　很　文　明　的。到　過

xouˋ tʼaˊ tɕianˋ tɕianˋ e˩，tʂeˋ ko˩ ɕinˊ tɕʼinˊ tʼaˊ tɕiouˋ pianˊ ləˋ。
後　他　漸　　漸　　呐，這　個　心　情　他　就　變　了。

tʼaˊ tsouˋ paˊ tʼaˊ ti˩ tei˥ uˊ a˩，tʼaˊ paˊ tʼaˊ ti˩ tei˥ uˊ a˩，faŋˋ
他　就　把　他　的　隊　伍　阿，他　把　他　的　隊　伍　阿，放

ləˋ i˥ lianˋ zənˋ，faŋˋ ləˋ i˥ lianˋ zənˋ a˩，tʼaˊ tsənˊ mo˩ iaŋˋ，
了　一　連　人，放　了　一　連　人　阿，他　怎　麽　樣，

tʼaˊ tauˋ tauˋ ŋoˊ mən˩ laˋ ko˩ xouˋ tʼouˋ，laˋ ko˩ uˊ tʂʼʅˋ，
他　逃　到　我　們　那　個　後　頭，那　個　武 渠（?），

tʼauˋ tauˋ uˊ tʂʼʅˋ　　mə˩，tʼauˋ tauˋ laˋ ko˩ ti˥ faŋˊ，e˩，tʂeˋ
逃　到　武 渠（?）嘸，逃　到　那　個　地　方，誒，這

ko˩ i˥ ko˩，i˥ ko˩ tsaiˋ，tʼaˊ tʂaˋ tsaiˋ tʂeˋ ko˩ tʂaiˋ ʂaŋˋ，tɕiauˋ
個　一　個，一　個　寨，他　紮　在　這　個　寨　上，　叫

ko˩ maˊ ŋanˊ tsaiˋ，tʂaˋ laˋ ko˩ ti˥ faŋˊ。……
個　馬　鞍　寨，紮　那　個　地　方。……

二三. 竹山(鄧家河)

A. 發音人履歷

發音人	23
年齡	28 歲
原籍	竹山鄧家河(曾在城内住十幾年)
職業	政
教育程度	鄉村師範畢業
幼時語言環境	在本地讀書
教師方言	本地話
住過的地方	襄陽一年半
曾否學國語	曾學國語,但不很會説
能否説別處話	不能

二十五年五月二十日丁聲樹記音

竹山城鄉音微有不同,下述以鄉音爲準。城鄉異點經發音人指出的,一一録入同音字表。

B. 聲韵調表

1. 聲母

p 崩敷	pʻ 盼婆	m 馬		f 父
t 的蕩	tʻ 通桃		l 牢李難女	
ts 暫臻	tsʻ 菜愁			s 三生
tʂ 棧昭決	tʂʻ 炒丑轟			ʂ 殺身勳　ʐ 柔
tɕ 節件	tɕʻ 錢巧	ȵ 娘業		ɕ 先曉
k 關共	kʻ 肯狂	ŋ 奥我		x 好黃
○ 而言未閱				

2. 韵母

ï 自失；ɚ 而	a 巴打雜詫下	o 剥舵坐桌割	e 北得瑟蛇刻
i 貝底最徐	ia 爹佳匣	io 略虐	ie 滅帖且
u 步服	ua 掛滑		ue 國
ɥ 女人	ɥa 刷		ɥɕ 乸穴

ai 派泰蔡改	ei 碑肺	au 某桃草少告	ou 斗助熟口
		iau 表聊喬	iou 丟牛

uai 乖	uei 桂
ɥai 帥	ɥei 垂

an 半貪算斬干	ən 門冷存沉恒		
ian 片店千陷			in 稟鄰頃應
uan 官	uən 昏橫		
ɥan 閂	ɥən 均瓊		

aŋ 旁郎倉張巷	oŋ 朋同嵩中弘

iaŋ 兩江　　　　　　　ioŋ 兄窮

uaŋ 光

ɿaŋ 牀

3.聲調

陰平	陽平	上	陰去	陽去
˧˥	˩˩	˥˥	˥˩	˧˧
邊刮	平	古五	正	近到共用

C.聲韵調描寫

1.聲母

　　上表二十三個聲母是依音位定的,以下分p,t,ts,tʂ,tɕ,k,○七組述的音值。

　　p組p,pʻ,m,f。讀法同國音。

　　t組t,tʻ,l。l差不多僅有邊音一個音值,只在極少數的時候會讀成鼻音n。

　　ts組ts,tsʻ,s。部位比t等靠前。

　　tʂ組有tʂ,tʂʻ,ʂ捲舌不到國音tʂ等的程度。z̩常帶圓唇性。

　　tɕ組tɕ,tɕʻ,n̠,ɕ。部位偏後。

　　k組k,kʻ,ŋ,x。x的部位比k,kʻ,ŋ三者略後。

　　○包括純元音o,ɚ,i,u,ɿ。

2.韵母

　　ï在ts組聲母後讀ɿ,在tʂ組(除z̩)後讀ʅ;ɚ比國音的ɚ關一些。

　　i在p,t兩組聲母後讀得較鬆,在tɕ組後或無聲母時較緊。

　　ɥ相當於ɿ的圓唇,比ʅ更關些。

　　a,ia,ua,ɥa。a是後ɑ,在i後部位平均。

o，io。o在k組聲母後或無聲母時略帶圓唇性。

e，ie，ue，ɥe。e偏後而開。除去前面有i，有時簡直讀成ε。

ai，uai，ɥai。ai的"動程"短，只自æ至e的部位。

ei韵鄉音只p組有字，城音t，ts兩組也有；uei城鄉都只有k組字，ɥei只有tʂ組字；e都是較關的。

au，iau讀法同國音。

ou。p組無字；在t，ts，tʂ各組後o關；在k組聲母後開得近ɔ。iou的o較短。

an，ian，uan，ɥan。a在p，t，ts，tʂ各組後是前a，在k組後讀成平均ʌ；在i後變爲æ。

ən，uən，ɥən。ə在k組聲母後略帶e的色彩；在uən與ɥən中並不顯短。

in的元音是開ɪ。

aŋ，iaŋ，uaŋ，ɥaŋ。a是後ɑ。

oŋ，ioŋ。o關而唇略圓，但ioŋ的i並不變y。

3. 聲調

陰平由"中"升至"半高"(34)，寬式用中升調號(˧˦ 24)。

陽平是高降調(˥˧ 53)。

上聲由"半高"降至"中"(43)，寬式用半高平調號(˦ 44)。

陰去是低降升調(˨ 313)。

陽去由"中"降至"半低"再升至"中"(323)，寬式用中平調號(˧ 33)。

D. 與古音比較

1. 聲母

古聲母組及影響條件	發音方法及影響條件	全清塞	次清塞	全濁塞 平	全濁塞 仄	次濁	清擦	濁擦 平	濁擦 仄
幫組	幫組	幫:p	滂:pʻ	並:pʻ	並:p	明:m			
	非組					微:u	非敷}f	奉:f	
端組泥	一二等洪／三四等細	端:t	透:tʻ	定:tʻ	定:t	泥{1／ȵ,l} 來:l			
精組	洪	ts	tsʻ	tsʻ	ts		心 s	邪 ?	邪 s
	細	tɕ	tɕʻ	tɕʻ	tɕ		ɕ	tɕʻ,ɕ	ɕ
莊組（照二）	內轉	ts;tʂ(2)	tsʻ;tʂ(1) tʂʻ;tsʻ(2)	tsʻ tʂʻ;tsʻ(2)	ts;s tʂ;tʂ(2)		生（審二） s;ʂ(1) ʂ;s(2)		
	外轉								
知組		ts tʂ	tsʻ tʂʻ	tsʻ tʂʻ	ts tʂ				
章組（照三）	梗二等韻 今開／其他 今開	章（照三） tɕ	昌（穿三） tɕʻ	船（牀三） ʂ tsʻ,tʂʻ	船（牀三） ʂ		書（審三） ʂ	禪 tsʻ,ʂ	禪:ʂ
	今合／今開／今合								

竹山方言古聲母今讀對照表

古聲母組及影響條件	今開合	條件	全清塞（見／影）	次清塞（溪）	全濁塞 平（羣）	全濁塞 反（羣）	次濁（疑／日／喻）	清擦（曉）	濁擦 平（匣）	濁擦 反（匣）
日母	開	止（附質）					○			
	合	止（附質）					z; i [3]			
		其他					ʐ			
見組曉	開	一等	k	kʻ			ŋ	x		x
		二等	k; tɕ	kʻ, tɕʻ			ŋ, i	x, ɕ		x, ɕ
		三四等	tɕ	tɕʻ	tɕʻ	tɕ	ɲ	ɕ		ɕ
	合	二等	k	kʻ	*	*	u; ○	x		x
		蟹止合三四等	k	kʻ	kʻ	k	ʔ	x		x
		通舒			tɕʻ	k		ɕ		*
		其他	tʂ	tʂʻ	tʂʻ	tʂ	ʐ	ʂ; ɕ [4]		ʂ
影組	開	一等	ŋ				*			
		二等	ŋ, i				*			
		三四等	i				i			
	合	二等	u; ○				u			
		蟹止合三四等	u				i			
		通	i							
		其他	ʐ				ʐ			

古聲母名稱：見、溪、羣、疑、曉、匣、日、影、喻

2. 韵母

第 一 表

开

攝\等·聲母	一 幫系	一 端系	一 見系	二 幫系	二 泥組	二 知莊組	二 見系	三四 幫系	三四 端系	三四 莊組	三四 知章組	三四 日母	三四 見系
果	*	o	o					*	ie,ia	*	e	ʮe	ie
(遇)										*	*		
蟹	*	ai	ai	ai	ai	ai	ai,ia	i	i	*	ï	*	i
止								i,ei	i;ï	ï	ï	ɚ	i
效	au	au	au	au	au	au	au,iau	iau	iau	*	au	au	iau
流	au	ou	ou					au,u	iou	ou	ou	ou	iou
咸	*	an	an	an	*	an	an,ian	ian	ian	*	an	ʮan	ian
山	*	an	an	an	*	an	an,ian	ian	ian	*	an	ʮan	ian
宕	aŋ	aŋ	aŋ	aŋ		ʮaŋ	aŋ,iaŋ	*	iaŋ	ʮaŋ	aŋ	ʮaŋ	iaŋ

攝別	開												
	三四						二				一		
	見系	日母	知組章	莊組	端系	幫系	見系	知組莊	泥組	幫系	見系	端系	幫系
深	in	ən	ən	ən	in	in		*				*	*
臻	in	ən	ən	ən	in	in		*		*	ən	ən	*
曾	in	ən	ən	*	in	in		*			ən	ən	o
梗	in	*	ue	ue	in	in							
(通)			*	*			ən,in	ue	ue	uo,ən			
咸入	ie	*	e	*	ie	*	a,ia	a	*	a	o	a	*
山入	ie	ɥe	e	*	ie	ie	a,ia	a	*	o	o	a	*
宕入	io	o	o	*	io	*	o,io	o	*	o	o	o	o
深入	i	ʮ	ï	e	i	*							
臻入	i	ə	ï	e	i	i							
曾入	i	*	ï	e	i	i					e	e	e
梗入	i	*	ï	*	i	i	e	e	*	e	e	e	e
(通入)			*	*									

第 二 表

合

攝	一 幫系	一 端系	一 見系	二 幫系	二 莊組	二 見系	三四 幫系	三四 泥組	三四 精組	三四 莊組	三四 知章組	三四 日母	三四 見系
果	o	o	o	*	*	ua			*				ɥe
遇	u	ou	u	*	*		u	i,ʮ	i	ou	ʮ	ʮ	ʮ
蟹	i	i	uei,uai	*	*	uai,ua	ei	*	i	*	ɥei	*	uei
止		*		*	*		i,ei,uei	i	i	ɥai	ɥei	*	uei
(效)		*			*					*			
(流)		*			*					*			
咸	an	an			*		an				*		
山	an	an	uan	*	ɥæn	uan	an;uan	ian	ian	*	ɥæn	ɥæn	ɥæn
宕	*		uaŋ		*	uaŋ	aŋ;uaŋ	ian	ian	*			uaŋ

下表为"合"口各摄韵母表（摄为行，等·呼·声母为列）：

摄＼等·声母	一 帮系	一 端系	一 见系	二 帮系	二 庄组	二 见系	三四 帮系	三四 泥组	三四 精组	三四 庄组	三四 知章	三四 日母	三四 见系
（深）	*	*		*	*				*	*			
臻	ue	ue	uen	*	*		uen;ue	ue	in	uĕh	uĕh	uĕh	uĕh
曾	*	*	fioʔ			fioʔ		*	*	*	*	ioiʔ	fioʔ·ioʔ
梗	fioʔ	*	fioʔ	*	*	fioʔ·uen	fioʔ	fioʔ	fioʔ	fioʔ	fioʔ	fioʔ	fioʔ·ioʔ
通	fioʔ	fioʔ	fioʔ	*	*		fioʔ	fioʔ	fioʔ	fioʔ	fioʔ	fioʔ	fioʔ·ioʔ
咸入	o	o	o	*	*	ua	a	ie	ie	*	*	*	əĕ
山入	o	o	o	*	*	ua	a;ua	ie	ie	*	əĕ	əĕ	əĕ
宕入	o	o	o	*	*	o	o			*	*	*	o
（深入）		*		*	*					*	*	*	
臻入	u	ou	ue	*	*		i	i	i	*	h	*	h
曾入	*	*	*	*	*	*	i	i	i	*	h	*	h
梗入	u	u	ue	*	*	un			*	*	h	h	h
通入	u;o;n(1)	ou	u	*	*	un	ou	ou	ou	ou	ou	ou	ŋ;ioŋ(2)

（表左上角分列：呼／等／声母／列／摄；"合"为合口。）

3. 聲調

古類	影響條件	陰平	陽平	上	陰去	陽去
平	清	ˊ				
平	濁		ˊ			
上	清			ˊ		
上	次濁			ˊ		
上	全濁					ˊ
去	清				ˊ	
去	濁					ˊ
入	清	ˊ				
入	次濁	ˊ				
入	全濁	ˊ				ˊ

附注：

聲母：——

(1)初生兩母內轉止攝合口字讀tʂʻ與ʂ，其他讀tsʻ與s。

(2)莊組外轉字在蟹攝中讀ts等，其他全讀tʂ等。

(3)日母今開在通舒聲中讀i-，其他讀z̩。

(4)通入讀ɕ，其他讀ʂ。

韵母：——

(1)明母讀o，其他u。

(2)見組讀ʮ，曉影兩組讀iou。

E. 同音字表

今調	陰平 ˧	陽平 ˩	上 ˥	陰去 ˩	陽去 ˦
今韻	ï;ɚ(○後)				
廣韻	祭‖脂;之;支‖緝‖質‖職‖昔(均開口)				
p					
pʻ					
m					
f					
t					
tʻ					
l					
ts			子		自,字
tsʻ			此	次;刺,賜心	
s	師;思;斯		使	四,伺	似,士、事
tʂ	之;知,支‖執‖姪,質‖直值植,殖襌‖擲,隻			致,至;志;翅審	痔
tʂʻ	秩澄入‖赤	遲	恥	滯澄	
ʂ	詩;施‖識	時	矢;始	世‖試‖式飾入	示;市;是‖十‖實‖食蝕‖石
ʐ					
tɕ					
tɕʻ					
ȵ					
ç					
k					
kʻ					
ŋ					
x					
○	日	而;兒	爾		貳

今調	陰平ㄐ	陽平ㄟ	上ㄱ	陰去ㄩ	陽去ㄱ
今韵	i				
廣韵	魚;虞||祭;齊;灰;泰||脂;之;支;微||緝||質;迄;術||職||昔;陌三;錫				
p p' m f	必||逼||碧;壁 批;披||弼並入||愎並入||闢並入 祕泌幫去||密	 迷;梅||靡上	比;彼 鄙幫,丕平 米	貝||背	倍;敝||被
t t' l	的,笛 立||栗;律||力||歷	 堤提 驪(城音)||梨;離	底 屢去||禮||履;李里理裏	帝;對;兌	第,隸來||地 例||類;累
tç tç' n̠ ç	鷄||緝清,集,急,及||吉||極||積;激 妻,棲心;期羣||七;乞,迄曉||戚,喫 逆 西,溪溪,奚匣||希;泣溪,吸||戌恤||息||席	 齊||其;奇 疑;宜 徐||携合||隨	己 起 你 洗||璽徙支心	祭;計繼;最||寄,季合 趣娶||器;氣 歲||戲	聚||罪||忌;技妓 藝||內||義議 序||系||遂
○	衣依||噎屑||邑||一,逸||憶||亦	夷姨;移;遺合	以,矣		

今調	陰平 ㄧ	陽平 ㄚ	上 ㄱ	陰去 ㄩ	陽去 ㄈ
今韵	u				
廣韵	模;虞‖尤‖没;物‖屋;沃				
p	不				步
p‘	勃並入‖卜幫,撲,僕 曝並入			譜幫,普	
m					
f	夫‖複,服		府,腐奉	附奉‖富,婦負	父
k	孤‖骨			故	
k‘	哭;酷				
ŋ					
x	忽	狐乎	虎		户
○	烏‖物‖握覺‖屋;沃	吾;無	五;武		務‖戊俟明

今韵	ㄩ				
廣韵	魚;虞‖緝‖術;物‖職‖昔‖屋三;燭				
t					
t‘					
l			女		
tʂ	猪,諸,車;拘‖橘‖菊;局		主	著,據;注鑄,句去	巨;柱、住,具
tʂ‘	樞,區‖出;屈‖曲	除			
ʂ	書,虛;殊禪		鼠暑,許		樹
ʐ	入‖鬱‖域‖役疫	驢(鄉音),如,魚,於影,餘余予;儒,愚	吕來,語,與;羽		遇‖玉入

今調	陰平˧˥	陽平˥˧	上˧˩	陰去˧˩	陽去˩˧
今韵	a				
廣韵	麻二‖合;盍;洽;狎;乏‖曷;鎋;黠;月				
p	巴‖八,拔				
p'					
m	[媽]		馬		
f	法‖髮				
t	答搭‖達		打庚		大泰
t'	他歌‖踏;塔				
l	納,拉;臘‖辣	拿	[哪]		[那]
ts	雜				
ts'					
s			撒入‖[啥]		
tʂ	劄				乍
tʂ'	差‖插‖察			詫	
ʂ	沙‖刹穿;殺				
k					
k'					
ŋ		[伢]			
x					下

今調	陰平 ˧˥	陽平 ˩	上 ˥	陰去 ˨	陽去 ˦
今韵	ia				
廣韵	麻‖佳‖洽;狎‖鎋;黠(均開口)				
t t' l	[爹]				
tɕ tɕ' ȵ ç	家;嗟‖佳‖甲 恰 狹;匣‖瞎	 霞	假		
○	鴉‖鴨闸;壓‖軋	牙			

今韵	ua				
廣韵	麻二‖佳;夬‖鎋;黠(均合口)				
k k' ŋ x	瓜‖刮 滑			掛 化	 畫;話
○	蛙‖挖	[娃]	瓦		

今韵	ʮa				
廣韵	鎋(合口)				
tʂ tʂ' ʂ	 刷				

今調	陰平ˊ	陽平ˋ	上ˇ	陰去ˋ	陽去˧
今韵	o				
廣韵	歌;戈一‖合;盍‖曷;末;薛‖鐸;覺;藥‖屋				
p p‘ m f	波,玻滂‖剥;縛奉 坡 末‖莫‖木;目	婆	剖侯		
t t‘ l	多 脱‖託 洛	羅;騾	妥		舵
ts ts‘ s	作,鑿	所魚	左		坐
tʂ tʂ‘ ʂ	桌捉;酌 説(城音)				
ʐ	若				
k k‘ ŋ x	歌‖鴿‖割‖各;角;郭 闊 遏‖惡 合;盍‖喝;活‖鶴;霍	鵝 何	果 可 我	個;過	禍
○	鍋見,窩				

今調	陰平˧	陽平˩	上˥	陰去˨	陽去˦
今韵	io				
廣韵	覺;藥(均開口)				
t tʻ l	略				
tɕ tɕʻ ȵ ɕ	覺角;脚 確;雀精 虐 削				學
○	約				

今調	陰平ˊ	陽平ˋ	上˨	陰去˨	陽去˨
今韵	e				
廣韵	麻三‖葉‖薛‖緝‖櫛‖德;職‖陌二;麥(均開口)				
p	北‖百,白				
p‘	泊鐸並‖迫幫,拍				
m	麥				
f					
t	得德				
t‘	忒,特定入				
l	勒				
ts	則‖責				
ts‘	側照,測‖擇澤宅澄入				
s	澀‖瑟‖色				
tʂ				[這]	
tʂ‘	徹,澈澄入				
ʂ	涉‖設,舌	蛇			
k	格;革		給緝見		
k‘	刻				
ŋ	厄				
x	黑‖赫				

今調	陰平˧	陽平˥	上˦	陰去˩	陽去˧
今韻	ie				
廣韻	麻三‖葉；業；帖‖薛；月；屑				
p	癟				
pʻ	撇				
m	滅				
f					
t	［爹₂］				
tʻ	帖‖鐵				
l	列				
tɕ	接楫；刮‖傑；謁；節，結；絕				
tɕʻ	切	茄	且		
ȵ	聶；業‖孽；臬				
ɕ	些‖脅；協；挾‖薛	邪	寫		謝
○	葉‖謁	爺	野也		

今韻	ue				
廣韻	德‖麥（均合口）				
k	國				
kʻ					
ŋ					
x					或‖獲

今調	陰平 ㄐ	陽平 ㄏ	上 ㄒ	陰去 ㄩ	陽去 ㄒ
今韵	ɥe				
廣韵	麻三;戈三‖薛;月;薛				
tʂ tʂʻ ʂ	綴,拙;掘;決 缺 靴‖説(鄉音)				 穴
○	熱;閲;月,越曰		惹		

今韵	ai				
廣韵	咍;泰;皆;佳;夬(均開口)				
p pʻ m f		 埋	 買	拜 派	敗
t tʻ l	呆(1)	 來	 乃;奶	帶 泰	待、代 賴
ts tsʻ s	齋			 菜;蔡	在;寨
k kʻ ŋ x	該;皆 開 哀	 偕見,諧;鞋‖還(有)删合	改;解 矮	蓋;介界戒,械匣 概見 愛	 艾 亥;害

(1)'呆'廣韵本作'懘'。

今調	陰平⼁	陽平⼁	上⼓	陰去⼬	陽去⼗
今韵	uai				
廣韵	泰;皆;佳;夬(均合口)				
k k' ŋ x			塊去	怪 會(丨計)見;快	
		懷			
○	歪曉				外

今韵	ʮai				
廣韵	脂;支(均合口)				
tʂ tʂ' ʂ			揣	帥	

今韵	ei				
廣韵	灰;泰;祭;廢;齊‖脂;支;微				
p p' m f	卑;悲;碑 披(城音) 飛	 梅(城音) 肥	 每(城音)	貝(城音)‖臂 廢,肺	
t t' l				對(城音);兌(城音)	 內(城音)
ts ts' s		 隨(城音)		最(城音) 歲(城音)	罪(城音)

今調	陰平ㄐ	陽平ㄚ	上ㄐ	陰去ㄐ	陽去ㄱ
今韵	uei				
廣韵	泰;灰;祭;齊‖脂;支;微(均合口)				
k kʻ ŋ x	 灰		 毀	桂 彗喻;惠匣‖諱	 會
○	威	維惟;危,為;微,圍	委	畏	衛‖位;未,彙

今韵	ʮei				
廣韵	祭‖脂;支(均合口)				
tʂ tʂʻ ʂ	追;錐	垂		 稅‖睡瑞禪	
○					銳喻

今調	陰平ˊ	陽平ˋ	上˩	陰去˨	陽去˨
今韵	au				
廣韵	豪;肴;宵‖侯;尤				
p p' m f	包 貓明平	 謀	保 跑並平 某畝 否		 貌
t t' l	刀	 桃 牢	倒、到去 老	到	道 鬧
ts ts' s			 草 掃	 糙造	
tʂ tʂ' ʂ	朝,昭 稍		 少	照	趙,召 紹
ʐ		饒			
k k' ŋ x		 毫	稿;攪 好	告 奧	

今調	陰平 ㄧ	陽平 ㄚ	上 ㄱ	陰去 ㄩ	陽去 ㄣ
今韵	iau				
廣韵	肴;宵;蕭				
p pʻ m f		 貓苗	表		
t tʻ l		條跳 燎;聊	 了	釣	
tɕ tɕʻ ɳ ɕ	 消,嚻;蕭	喬 堯 肴淆	巧 曉	叫 孝;笑	 効校
○	妖		舀	要	

今調	陰平 ˧	陽平 ˥	上 ˧	陰去 ˩	陽去 ˧
今韵	ou				
廣韵	模;魚;虞‖侯;尤‖沒‖屋;沃;燭				
t	都‖兜‖讀‖篤		賭肚‖斗	鬥	杜‖豆
tʻ	偷‖突‖禿	頭			
l	鹿;陸;綠	奴	努		漏
ts	卒‖足		走	做‖奏	助‖就 尤;從
tsʻ	初‖族 從入;促	愁	楚		
s	肅,縮			素	
tʂ	周‖竹;燭囑				
tʂʻ	觸	鋤 牀二	丑		
ʂ	熟			獸	
ʐ	肉;辱	柔			
k					
kʻ			口		
ŋ	歐		偶		
x		侯			後候

今調	陰平ㄟ	陽平ㄚ	上ㄱ	陰去ㄩ	陽去ㄐ
今韵	iou				
廣韵	尤;幽‖屋三;燭				
t tʻ l	［丟］				
tɕ tɕʻ ȵ ɕ	糾上 秋 休‖畜;續邪燭	囚 牛	紐	救	就,舅 謬明
○	育;欲	由猶	有	幼	

今調	陰平˥	陽平˥	上˧	陰去˥	陽去˧
今韵	an				
廣韵	覃;談;咸;銜;鹽;凡‖寒;山;刪;仙;桓;先				
p	班		板	扮;半	伴;辦
pʻ				盼;判,叛並	
m					慢
f		凡	反		范
t			短	旦	
tʻ	貪	談		歎	
l		南;藍‖難	暖		亂
ts				暫從	
tsʻ	餐		慘		
s	三			算	
tʂ	沾		斬‖展		棧;綻
tʂʻ			剗,產審		
ʂ	衫‖山;刪	蟬	陝	扇	
k	干;間		感;敢		
kʻ					
ŋ	安		眼	暗	
x		含;鹹‖寒		漢	

今調	陰平˥	陽平˧	上˦	陰去˨	陽去˦
今韵	ian				
廣韵	咸;銜;鹽;嚴;添‖山;刪;仙;元;先				
p p' m f	邊		貶	 偏幫,片	辨、便;辮
t t' l	顛 天	 廉‖連聯	點‖典	店	墊 戀
tɕ tɕ' ɲ ç	兼‖間 謙‖千 仙鮮;軒;先;宣	 鉗‖錢;全 嚴‖年 銜;嫌‖閑;賢弦	減‖剪 撵‖研平 險‖癬	監‖諫;建;見 憲	漸‖件 驗;念‖硯 陷‖限;現;縣合
○	煙	延;言;沿合	眼;演	厭‖晏	

今調	陰平 ˥	陽平 ˊ	上 ˥	陰去 ˩	陽去 ˥
今韵	uan				
廣韵	桓;山;删;元				
k kʻ ŋ x	官;鰥		款;皖匣 緩匣	貫;慣 喚	 換
○	彎	完匣;頑	碗		萬

今韵	ʮan				
廣韵	鹽‖山;删;仙;元;先				
tʂ tʂʻ ʂ	專 掀開;閂;暄	船 弦開;懸玄		篆澄;絹	倦
○		然;鉛緣;元,園	染‖軟;阮遠		

今調	陰平 ㄟ	陽平 ㄟ	上 ㄒ	陰去 ㄚ	陽去 ㄒ
今韵	ən				
廣韵	侵‖痕；臻；真；魂；諄；文‖登；蒸‖庚；耕；清				
p	崩				
p'		彭			
m		門			
f	分			奮	分
t			等	頓	
t'	吞				
l		倫‖能	冷		論
ts	臻‖增‖爭				
ts'	撐	存			
s	森‖生				
tʂ	徵‖貞，偵徹			政	鄭
tʂ'		沉‖陳，臣‖成誠城			
ʂ	深‖身申	晨‖繩			甚‖盛
ʐ̩		壬‖人			
k	跟‖更；耕				
k'			肯		
ŋ	恩				硬
x		恒	很匣		杏

今調	陰平ㄱ	陽平ㄟ	上ㄱ	陰去ㄴ	陽去ㄱ
今韵	in				
廣韵	侵‖真;欣;諄‖蒸‖庚;耕;清;青				
p	兵		稟	併	並
pʻ		貧;瓶;平	品		
m		名	敏		命
f					
t	丁				
tʻ				聽	
l		林‖鄰‖陵‖零			令
tɕ	侵清,今‖津,巾;斤‖京荆‖經			進晉‖勁	近‖静
tɕʻ	欽‖輕;傾合	秦	頃合		
ɲ		凝			
ɕ	心‖新‖星腥	尋‖旬‖行;形		信;迅‖性	查;幸
○	音‖因‖鶯;英	銀‖盈;營合	隱	印‖應	

今韵	uən				
廣韵	魂;文‖庚二(均合口)				
k					
kʻ	坤				
ŋ					
x	昏	橫			
○	温	文;聞	穩		問

今調	陰平 ⊣	陽平 ˥	上 ⊣	陰去 ˩	陽去 ⊣
今韵	uən				
廣韵	諄;文‖蒸‖清;庚三;青				
tʂ	均				
tʂʻ	椿,春	羣‖瓊			
ʂ	勛	唇純	迵匣		
○		雲‖榮;螢匣	忍;允尹‖永		認;閏‖運‖仍平‖孕開

今韵	aŋ				
廣韵	唐;江;陽				
p	邦				
pʻ		旁			
m		忙			
f	方	防房			
t					蕩
tʻ					
l		郎	朗		
ts					
tsʻ	倉				
s	桑				
tʂ	張		長		
tʂʻ					
ʂ	商	常			上尚
k	綱剛				
kʻ					
ŋ					
x					項、巷

今调	陰平˧	陽平˥	上˨	陰去˩	陽去˧
今韵	ian				
廣韵	江;陽(均開口)				
t t‘ l	丁青				
		兩			
tɕ tɕ‘ ȵ ɕ	江 腔 香鄉	講 牆,祥詳 娘			像邪

今韵	uaŋ				
廣韵	唐;陽(均合口)				
k k‘ ŋ x	光	狂 黃		曠;況曉	
○	汪	王	往		望,旺

今韵	ʮaŋ				
廣韵	陽;江				
tʂ tʂ‘ ʂ	椿;莊 窗	牀			撞;狀
○					讓

今調	陰平ㄧ	陽平ㄑ	上ㄱ	陰去ㄩ	陽去ㄒ
今韵	oŋ				
廣韵	登‖庚二;耕‖東;冬;鍾				
p p' m f	風;封	朋 逢		〔碰〕	孟‖夢 奉
t t' l	東 通	同 農;隆;龍	棟 桶;統去 攏	凍	洞
ts ts' s	鬆;嵩;松	崇	總	送;宋	誦
tʂ tʂ' ʂ	中;鍾 充		種 寵	衆	
k k' ŋ x	公功;弓;恭 空	弘‖宏‖紅	恐		共
○	翁				

今調	陰平˧	陽平˥	上˧	陰去˨	陽去˦
今韵	ioŋ				
廣韵	庚三‖東;鍾(均合口)				
tɕ tɕʻ n̠ ɕ	兄‖胸	窮 雄熊匣			
○		絨融;茸			用

F. 音韵特點

1. 聲母

(1)ts與tʂ分,古精組洪音全讀ts等,章組全讀tʂ等,如'思'sɿ,'施'ʂɿ。

(2)莊組内轉字止攝合口讀tʂ等,如'揣'tʂʻᶐai;其他全歸ts等,如'森'sən,外轉蟹攝歸ts等,如'柴'tsʻai;其他歸tʂ等,如'殺'ʂa,'斬'tʂan。

(3)知組梗攝二等韵字歸ts等,如'撐'tsʻən,'澤'tsʻe;其他全歸tʂ等,如'徵'tʂən,'徹'tʂʻe。

(4)不分尖團,古精組細音與見系開口細音全讀tɕ等,如'津'='斤'tɕin。

(5)見系合口細音讀tʂ等,如'許'ʂʮ,'缺'tʂʻʯe。

(6)見系字在通攝入聲三等韵(屋三燭)中,見組讀tʂ等,如'曲'tʂʻʯ;曉影兩組讀tɕ等,如'畜'ɕiou,'欲'iou。

(7)見系二等開口字在蟹攝與梗攝入聲中不顎化,如'介'kai,'格'ke;在其他各攝中不定,如'攪'kau,'巧'tɕʻiau。

(8)泥母洪音與來混,如'納'la='辣'la;細音開口與疑母三四等開口混,如'年'='嚴'n̠ian。

(9)日母開口字多變合口而聲母失落,如'惹''ye,'然''yan。

(10)疑影兩母開口洪音全讀ŋ,如'艾'='愛'ŋai。

2. 開合

(1)古合口端系一等字全讀開,如'對'ti,'存'ts'ən。

(2)古合口精組三四等字全讀開,如'徐'çi,'絕'tçie。

3. 韵母

(1)模韵端系及魚虞莊組字讀ou,與流攝字同韵,如'素'sou,'初'ts'ou。

(2)魚虞知見系元音同,如'暑'ʂ͡ʅ='許'ʂ͡ʅ。

(3)蟹合一三等幫組端系與止合端系字鄉音全讀i,城音ei,如'梅'mi,mei;'兑'ti,tei;'歲'çi,sei;'累'li,lei。

(4)流攝幫系字讀au,與効攝字同韵,如'某'mau,'否'fau。

(5)山咸舒聲元音在介母i後仍讀a,如'店'tian,'錢'tç'ian。

(6)深臻曾梗舒聲混,全收n尾,如'沉'tʂ'ən,'因'in,'能'lən,'幸'çin。

(7)通入明母字讀o,不讀u,如'木'mo。

(8)通三入(屋三燭)見系字見組讀y,如'玉'y;曉影兩組讀iou,如'畜'çiou,'欲'iou。

4. 聲調

(1)分陰陽去,如'貝'pi⊃≠'倍'pi⊃。

(2)入聲大部歸陰平,如'的'˪ti,'納'˪la,'局'˪tʂʅ;但全濁一部分歸陽去,如'食'ʂʅ⊃。

G. 講話

ŋo˦ mən˩ tʂe˩ ko˩ tʂou˦ ʂan˦ ti˩ a˩, tsai˦ tʂe˩ i˦ ko˩ xən˦
我　們　這　個　竹　山　的　阿，在　這　一　個　很

pian˦ yan˦ ti˩。 la˦ mo˩ çiaŋ˦ ti˩ zən˦ a˩, kən˦ tʂe˩ ko˩ tʂʅ˩ ti˩
邊　遠　的。那　麼　鄉　底　人　阿，跟　這　個　城　底

zən˥ a˦˩, tʂʰa˦ pu˦ to˦ a˦˩, tʂɛ˦ ko˦ kʰou˧ ȵ˥ le˦˩ xən˧ fu˦ tsa˦。la˦
人　阿，差　不　多　阿，這　個　口　語　嘞　很　複　雜。　那

moˑ tʂɛˑ koˑ ʂo˦ xua˦ leˑ，tsai˦ tʂʰən˥ tiˑ zən˥ leˑ，mei˦ foŋ˥
麼　這　個　說　話　嘞，在　城　底　人　嘞，每　逢

tɕiau˨ "ʂɥe˦ xua˦" leˑ，tou˦ tɕiau˨ "ʂo˦ xua˦"；ɕiaŋ˦ tiˑ zən˥ leˑ，
叫　"說　話"　嘞，都　叫　"說　話"；鄉　底　人　嘞，

tou˦ tɕiau˨ "ʂɥe˦ xua˦"。ə˥ tɕʰie˦ tʂɛˑ koˑ ɕiaŋ˦ tiˑ zən˥ leˑ，la˦
都　叫　"說　話"。而　且　這　個　鄉　底　人　嘞，那

moˑ iau˨ tau˨ la˦ xai˦ tɕʰy˨(?) leˑ，tʰa˦ tɕiou˦ tɕiau˨ "tau˨ la˦
麼　要　到　哪　海①　去　呐，他　就　叫　"到　哪

xai˦ kʰi˨"。tʂʰən˥ tiˑ zən˥ leˑ，tou˦ ɕiau˨ teˑ tɕiau˨ "tau˨ la˦ xai˦
海　去"。城　底　人　嘞，都　曉　得　叫　"到　哪　海

tʂʰy˨"。ɕiaŋ˦ tiˑ zən˥ iau˨ tɕiau˨ "ʂɥei˨ li˦"，ʂɥei˨ tʂɛˑ koˑ，iau˨
去"。鄉　底　人　要　叫　"睡　裏"，睡　這　個，要

tɕiau˨ uaŋ˦ li˦ (x)aˑ ʂɥei˨ leˑ，tsou˦ tɕiau˨ "ʂɥei˨ xan˦ ie˦"。
叫　望　裏　下　睡　嘞，就　叫　"睡　汗　野(?)"。

tʂʰən˥ tiˑ zən˥ tɕiou˦ ɕiau˦ teˑ tɕiau˨ tʂɛˑ koˑ "ʂɥei˨ li˦ ie˦"。la˦
城　底　人　就　曉　得　叫　這　個　"睡　裏　野"。那

koˑ kʰou˦ in˦ tʂʰa˦ pu˦ to˦ a˦˩，ʂï˦ pu˦，xən˦ pu˦ i˦ tʂï˦ tiˑ。la˦
個　口　音　差　不　多　阿，是　不，很　不　一　致　的。那

moˑ ʂï˥ ʂaŋ˦ leˑ，ɕiaŋ˦ tiˑ loŋ˥ fu˦ leˑ，tsai˦ i˦ ti˦ a˦˩，iou˦ ʂy˦
麼　時　常　嘞，鄉　底　農　夫　嘞，在　一　地　阿，有　許

to˦ ʂo˦ tiˑ i˦ ɕie˦ xua˦ leˑ，iou˦ to˦ ʂau˨ tʂɛˑ koˑ xai˥ pu˦ pʰoŋ˥
多　說　的　一　些　話　嘞，有　多　少　這　個　還　不　碰

---

① "哪海"猶言"哪裏"。

tɕʻiaŋ˦ ti˥˧。la˦ mo˥˧，tʂeꜙ ko˥˧，e˥，tau˩ sei˩ pian˦ ʂo˥˧ xua˦ ti˥˧ ʂï˥
腔 的。那 麼，這 個，誒，到 隨 便 説 話 的 時

xou˦ a˥˧，tai˩ ti˥˧ ɕie˦ kʻou˦ ȵ̩˥ le˥˧，iou˦ ti˥˧ tɕiau˩ "ȵi˥ lau˦ zən˥
候 阿，帶 的 些 口 語 嘞，有 的 叫 "你 老 人

tɕia˦"，iou˦ ti˥˧ tɕiau˩ "ȵi˥ lau˦ ɚ˥˧"。iou˦ ti˥˧ tɕiau˩，tʂe˩ i˦
家"，有 的 叫 "你 老 兒"。有 的 叫，這 一

ko˥˧ mə˥˧，pa˦ "lau˦ zən˥ tɕia˦" tɕiau˩ "ie˥" ti˥˧，iou˦ pa˦ "lau˦
個 嚜，把 "老 人 家" 叫 "爺" 的，有 把 "老

zən˥ tɕia˦" tɕiau˩ "tie˦"。iou˦ ti˥˧ iou˦ pa˦ "ma˦ ȵiaŋ˥" mə˥˧，
人 家" 叫 "爹"。有 的 又 把 "媽 娘" 嚜，

tɕiau˩ "ma˦ ma˥˧"。iou˦ ti˥˧ iou˦ pa˦ "ie˥ ie˥˧" tɕiau˩ "tia˦"。tʂoŋ˦
叫 "媽 媽"。有 的 又 把 "爺 爺" 叫 "奢"。種

tʂoŋ˦ pu˦ tʻoŋ˥。
種 不 同。

ɕian˦ tsai˦，tʂeꜙ ko˥˧，tsei˩ tɕin˦ le˥˧，ʂau˩ ʂʅ˥ xai˥ xau˦ i˦
現 在，這 個，最 近 嘞，稍 許 還 好 一

tian˦ tsï˥˧ liau˩。la˦ mo˥˧ tsai˦ ko˩ tʂʻʅ˥ le˥˧，ʂən˦ tʂï˥ ȵ̩˥ tʂʻən˥ ti˥˧
點 子 了。那 麼 在 過 去 嘞，甚 至 於 城 底

zən˥ tau˩ ɕiaŋ˦ ti˥˧ kʻi˥ liau˥˧ le˥˧，iou˦ ʂʅ˥ to˦ xua˦ xai˥ toŋ˦ pu˦
人 到 鄉 底 去 了 嘞，有 許 多 話 還 懂 不

tau˩。ɕiaŋ˦ ti˥˧ zən˥ le˥˧，tau˩ tʂʻən˥ ti˥˧ lai˥ le˥˧，ʂo˥˧ ti˥˧ xua˦ le˥˧，
到。鄉 底 人 嘞，到 城 底 來 嘞，説 的 話 嘞，

pin˦ tɕʻie˥˧ tʂʻən˥ ti˥˧ zən˥ xai˥ xən˦ tɕian˩ ɕiau˩ tʻa˦ ti˥˧。tʂeꜙ ko˥˧
並 且 城 底 人 還 很 見 笑 他 的。這 個

tɕian˦ tɕian˦ le˥˧ tʂeꜙ xuei˥˧ʅ˥˧ uən˥ xua˥ kʻai˦ tʻoŋ˦ i˦ tian˦ tsï˥˧ le˥˧，
漸 漸 嘞 這 會 兒 文 化 開 通 一 點 子 嘞，

tʂʰa˨ pu˨ to˨ tʂe˩ ko˩˙ ɕiaŋ˨ ti˩˙ zən˩ le˥˙，ie˧ xai˩ kʰo˧ i˧ ɕio˧ tau˩˙
差　不　多　這　個　鄉　底　人　嘞，也　還　可　以　學　到

tʂʰən˩ ti˩˙ zən˩ ʂo˧ xua˧。tʂʰən˩ ti˩˙ zən˩ le˩˙ la˧ mo˩˙ ie˧ kʰo˧ i˧
城　底　人　説　話。　城　底　人　嘞　那　麼　也　可　以

lən˩ toŋ˧ te˩˙ ɕiaŋ˨ ti˩˙ zən˩ ti˩˙ xua˧，ie˧ xai˩ pu˨ tʂʅ˩ ʯ˩˙ ɕiau˩
能　懂　得　鄉　底　人　的　話，　也　還　不　至　於　笑

tʂe˩˙ ko˩˙ ɕiaŋ˨ ti˩˙ zən˩。uan˩ liau˩˙。
這　個　鄉　底　人。　完　了。

二四. 鄖西(城內)

A. 發音人履歷

發音人	24
年齡	27 歲
原籍	鄖西城內
職業	本縣區長
教育程度	高中師範科畢業
幼時語言環境	本地小學讀書
教師方言	本地
住過的地方	襄陽三年
曾否學國語	未
能否說別處話	不能

二十五年五月二十一日吳宗濟記音

B. 聲韵調表

1. 聲母

p	巴白	p'	怕旁	m	門米		f	飛肺附
t	到地	t'	他桃			l 老連南呂		
ts	子在足責	ts'	倉從促鋤				s	桑生縮隨
tʂ	猪齋捉追	tʂ'	柴成炒船				ʂ 蛇山	z̧ 柔讓
tɕ	記絕江	tɕ'	氣齊秋鉗	ȵ	女年娘虐驗		ç	穴邪先休
k	革剛皆歸	k'	開狂恐	ŋ	鵝哀偶矮		x	侯喚諱鞋
○ 由云言月衣眼絨而日若								

2. 韵母

ï	自知直	a	沙雜	o 多和説割	e	白蛇熱
i	梨徐衣計	ia	家匣	io 脚學	ie	別邪葉絕
u	步骨務;ʅ柱出	ua	刷瓜	uo 窩握	ue	國或
y	拘如女入				ye	靴決

ai	敗柴哀皆	ei 貝肥對歲	au 某老炒	ou 杜漏足丑
			iau 表孝叫	iou 糾欲
uai 怪外揣	uei 龜未追睡			

an 半亂算敢		ən 分存倫政硬	
	ien 邊廉戀宣鹹諫		in 兵津音行
uan 官萬篆閂		uən 坤文春	
	yen 倦緣		yin 均永

aŋ 放當巷	ʌŋ 孟奉同崇誦
iaŋ 量江香	

uaŋ 光往莊牀　uʌŋ 中充共弘翁

yʌŋ 窮用兄絨榮融

3. 聲調

陰平	陽平	上	去
˧	˩	˥	˩
師音喫洛	鵝提時石物恰	古惹往妥	柱舅孝用

C. 聲韵調描寫

1. 聲母

郎西聲母二十四個。

p組p,pʻ,m,f。大致如北平音,惟pʻ之送氣較強。

t組t,tʻ,l。t與北平音同。tʻ送氣較強。l在細音前穩固,在洪音前略帶鼻音。

ts組ts,tsʻ,s。音值很像北平。

tṣ組有tṣ,tṣʻ,ṣ,z。舌尖翹起抵齒齦後,很像北平,惟ṣ母摩擦很輕微。

tɕ組tɕ,tɕʻ,ɲ,ɕ。tɕ,tɕʻ,ɕ舌位比北平略偏後。ɲ是清楚的舌面鼻音。

k組k,kʻ,ŋ,x。k,kʻ,x都如北平,不過kʻ的送氣較強。ŋ是舌根鼻音,只在開口洪音前才有。

○。包括i,u,y,沒有ʔ或ɣ。

2. 韵母

ï有兩個音值,在ts組後是ɿ,在tṣ組後是ʅ。

ɯ相當於標準元音u的不圓唇,只有一個白話音的'去'字讀kʻɯ。

ɚ是央元音ə的捲舌,比北平音略開。

i很緊,間或帶摩擦。

u近於標準u,只是唇不甚圓。

ʮ是舌尖後音ʅ的圓唇,只在tṣ組聲母後存在,并且只在作獨立韵母時才有,不作介音用。

a,ia,ua。a是平均ᴀ,但略偏後。u較短,但圓唇度比獨立的u較強。以下uo,uai,uei,uan等u介音皆同此,不再説。

o,io,uo。o跟標準o相近。

e,ie,ue,ye。e較標準e開一些,是ɛ,在u後更顯著開。

ai,uai。a比獨立的a偏前而較關,i很短很開。

ei,uei。e偏央,在uei中較短。i在此也較開。

au,iau。a是平均ᴀ,u只到ʊ的程度。

ou,iou。o比獨立的o略開,唇不甚圓,u也是較開的ʊ。o短,u長。在iou中o更短。

an,uan。a是平均ᴀ。n的鼻音很弱。

ien,yen。e是ɛ。n也很弱。

ən,uən。ə是央元音。n在此比在an,ien中較強。

in,yin。i比獨立的i略開,在yin裏較短。n在此也不弱。

aŋ,iaŋ,uaŋ。a比獨立的a略後,卻不到ɑ。

ʌŋ,uʌŋ,yʌŋ。ʌ相當於ɔ的不圓唇,但舌位略高,近于ɤ,在u,y後微帶圓唇性。

3.聲調

鄜西聲調共有四類。

陰平,中升調(˧˥ 24)。

陽平,自"高"降至"半低"(52),寬式用高降調號(˥˨ 53)。

上聲,高平而起音略低(45),寬式用高平調號(˥˥ 55)。

去聲,自"半高"降至"低"(41),寬式用低降調號(˧˩ 31)。

D. 與古音比較

1. 聲母

古聲組及影響條件 ＼ 發音方法及影響條件 古母分讀	全清塞	次清塞	全濁塞（平）	全濁塞（仄）	次濁	清擦	濁擦（平）	濁擦（仄）
幫組	幫：p	滂：pʰ	並：pʰ	並：p	明：m			
非組					微：u	非 敷 }f	奉：f	奉：f
端組 泥（一二等 三四等）	端：t	透：tʰ	定：tʰ	定：t	泥 { l / n }　來：l			
精組（洪）	精 ts	清 tsʰ	從 tsʰ	從 ts		心 s	邪 s	邪 s
精組（細）	tɕ	tɕʰ	tɕʰ	tɕ		ɕ	ɕ	ɕ
莊組（內轉）	莊（照二）ts,tʂ	初（穿二）tsʰ;tʂʰ(1)	崇（牀二）tsʰ	崇 ts;s		生（審二）s;ʂ(1)		
莊組（外轉）	tʂ	tʂʰ	tʂʰ	tʂ		ʂ		
知組（梗二等韻 其他 今開今合合）	知 tʂ	徹 tʂʰ	澄 tʂʰ	澄 tʂ				
章組（今開合 今開合）	章（照三）tʂ	昌（穿三）tʂʰ	船（牀三）ʂ　tʂʰ,ʂ	船（牀三）ʂ		書（審三）ʂ	禪 tɕʰ,ʂ	禪：ʂ

古母今讀 / 古聲組及影響條件			全清塞	次清塞	全濁塞 平	全濁塞 仄	次濁	清擦	濁擦 平	濁擦 仄
日母	今開	止(附質藥)					日 ○,i(2)			
日母	今開	其他					ʐ(2)			
日母	今合						y(2)			
見組曉	開	一等	見 k	溪 kʻ			疑 ŋ	曉 x	匣 x	
見組曉	開	二等	tɕ,k	tɕʻ,kʻ			i,ŋ	ɕ,x	ɕ,x	
見組曉	開	三四等	tɕ	tɕʻ	羣 tɕʻ	羣 tɕ	i,ȵ	ɕ	ɕ	
見組曉	合	一二等	k	kʻ	*	*	u	x	x	
見組曉	合 三四等	蟹止宕	k	kʻ	kʻ	k	u	x	x	
見組曉	合 三四等	通	k	kʻ	tɕʻ	k	?	ɕ	*	
見組曉	合 三四等	其他	tɕ	tɕʻ	tɕʻ	tɕ	y	ɕ	ɕ	
影組	開	一等	影 ŋ							
影組	開	二等	i,ŋ;u							
影組	開	三四等	i				喻: i			
影組	合	一二等	u				*			
影組	合 三四等	蟹止宕	u				喻 u			
影組	合 三四等	通	y				y,i			
影組	合 三四等	其他	y				y			

2. 韵母

第 一 表

開

攝＼列	一等			二等				三四等					
声母	帮系	端系	见系	帮系	泥組	知組莊	见系	帮系	端系	莊組	知章組	日母	见系
果	*	o	o	a	a	a	ia·a	*	ie	*	e	e	ie
（遇）		*				*				*		*	
蟹	*	ai	ai	ai	ai	ai	ai,ia	i	i				i
止		*				*		i,ei	i;ï	ï	ï	ə	i
效	au	au	au	au	au	au	iau	iau	iau	*	au	au	iau
流	u,au	ou	ou			*		u,au	iou	ou	ou	ou	iou
咸	*	an	an	an	*	an	ien	ien	ien	*	an	an	ien
山	*	an	an	aŋ	*	an	ien	ien	ien	*	an	an	ien
岩	aŋ	aŋ	aŋ			uaŋ	iaŋ,aŋ	*	iaŋ	uaŋ	aŋ	aŋ	iaŋ

攝列 ＼ 呼/等/聲母	開												
	一			二				三四					
	幫系	端系	見系	幫系	泥組	知莊組	見系	幫系	端系	莊組	知章組	日母	見系
深		*				*		in	in	ən	ən	ən	in
臻	*	uə	uə			*		in	in	ən	ən	ən	in
曾	[ən,uə]	uə	uə			*		in	in	*	ən	ən	in
梗	[uŋ,uə]	*	ən	[uŋ,uə]	ən	ən	ən,in	in	in	ən	ən	*	in
（通）	*	*				*				*			
咸入	*	a	o	a	*	a	ia	*	ie	*	e	*	ie
山入	*	a	o	a	*	a	ia	ie	ie	*	e	e	ie
宕入	o	o	o	o	*	o	io,uo	*	io	*	o	io	io
深入	e	*		e	e	*		*	i	e	ï	y	i
臻入	e	*		e	*	*		i	i	e	ï	ɚ	i
曾入	o	e	e	e	*	*		i	i	e	ï	*	i
梗入	*	*		e	*	e	e	i	i	*	ï	*	i
（通入）	*	*				*				*			

第 二 表

合口

攝	一 幫系	一 端系	一 見系	二 幫系	二 莊組	二 見系	三四 幫系	三四 泥組	三四 精組	三四 莊組	三四 知章組	三四 日母	三四 見系
果	o	o	o;uo	*	*	ua			*				ye
遇	u	ou	u	*	*		u	y	i	ou	ʮ	y	y
蟹	ei	ei	uei,uai	*	*	uai,ua	ei	*	ei	*	uei	*	uei
止		*	*	*	*		ei;i	ei	ei	uai	uei	*	uei
(效)		*	*	*	*					*			
(流)		*	*	*	*					*			
咸	an	an	uan	*	*		an	ien	ien	*	*	yen	yen
山	an	an	uan	*	uan	uan	an;uan	ien	ien	uan	uan	yen	yen
宕		*	uaŋ	*	*	uaŋ	aŋ;uaŋ			*	*		

攝＼聲母	合 一等 幫系	合 一等 端系	合 一等 見系	合 二等 幫系	合 二等 莊組	合 二等 見系	合 三四 幫系	合 三四 泥組	合 三四 精組	合 三四 莊組	合 三四 知組章	合 三四 日母	合 三四 見系
（深）							*		yin	*	uen	yin	yin
臻	ue	ue	uen			uen	uen；ue	ue	yin	*	uen	yin	yin
曾		*	ɿvn			ɿvn	ɿv		*	*	ɿvn	yvn	yin，yvn
梗	*		ɿvn	*	*	ɿvn·uen	ɿv	ie	ie	ɿv	o	yvn	yin·yvn
通	o	o	o	o	ua	ua	a	ie	ie	*	o	*	ye
咸入		*		*	*	*	a；ua	i	i	*	u	*	y
山入	u	o	o	o	ua	o	o	i	i	*	o	*	y
宕入		*	o	*	*	o	o	*	*	*	*	*	y
（深入）	*	*	u	*	*		n		i	*	u	*	y
臻入	u	*	u	u	*	u	u	ou	i	*	u	*	y
曾入		*	ue		*	ue			*	*			y
梗入	*	*	u	*	*	o	u	ou	*	*	u	*	y
通入	u	ou	u	n	*	u	u	ou	ou	ou	ou	ou	y，iou

3. 聲調

古類＼今值＼今類 影響條件	陰平	陽平	上	去
平　清	↗			
平　濁		↘		
上　清			˥	
上　次濁			˥	
上　全濁				↘
去　清				↘
去　濁				↘
入　清	↗	↘		
入　次濁	↗	↘		
入　全濁		↘		

附注：

聲母：—

(1) 莊組在内轉，止攝合口初母（'揣'字）作tʂʻ，'生'母（'帥'字）作ʂ。

(2) 日母今讀參看音韵特點聲母第(4)條。

E. 同音字表

今調	陰平 ˊ	陽平 ˊ	上 ˥	去 ˋ
今韵	ï;ɯ(kʻ後);ɚ(○後)			
廣韵	祭‖脂;之;支‖緝‖質‖職‖昔（均開口）			
p pʻ m f				
t tʻ l				
ts tsʻ s	師;絲思,似邪上;斯	子 此		自;字 次;伺心;刺,賜心 四;士、事
tʂ tʂʻ ʂ	之;知,支‖執‖隻 喫錫溪 施	姪,質‖直值 植,殖禪‖擲 遲‖赤 時‖十‖舌薛‖ 實‖食蝕‖石	恥 矢;使,始,市禪	致,至;置,痔,志;翅審 滯澄‖秩澄入 世勢‖示;試;是‖式飾入
ʐ				
tɕ tɕʻ ɲ ɕ				
k kʻ ŋ x				去魚
○		而;兒‖日	爾	貳二

今調	陰平 ㄑ	陽平 ㄨ	上 ㄱ	去 ㄥ
今韵	i			
廣韵	魚;虞‖祭;齊‖脂;之;支;微‖緝‖質;迄;術‖職‖昔;陌;錫			
p p' m f	闢並入	必‖逼‖碧 弼並入 祕泌幫去	比;彼 丕平,鄙痞幫 米	敝‖壁入
t t' l		的,笛 堤提 梨;離‖立‖栗‖力‖歷	底 禮‖李里裏理	帝,第‖地 例;隸
tɕ tɕ' ɲ ɕ	雞‖技妓羣上 妻,棲心‖期羣 須‖西,溪溪,奚 兮匣‖希‖吸	聚從上‖緝清,集,急,及 ‖吉‖極‖積 齊‖其;奇‖七;乞‖戚 疑‖宜‖逆 徐‖戌‖息媳‖席	己‖激入 起‖迄曉入 你 洗‖璽支心	祭;計繼‖記;寄;季合 去魚溪‖器;氣 藝‖義議 序‖細,系;戲‖泣溪入
○	矣上;衣依‖噎屑	夷;移;遺合‖邑‖一,逸	以‖亦入	憶

今調	陰平 ㄟ	陽平 ㄚ	上 ㄱ	去 ㄟ
今韵	u；ʮ(tʂ，tʂʻ，ʂ，ʐ後)			
廣韵	模；魚；虞‖尤‖没；物‖屋；沃			
p		不		步
pʻ	撲	勃並入‖卜幫入；僕曝並入	譜幫，普‖瀑並入	
m	木	目	母畝	
f	夫	負奉上	府，腐奉，附去	父‖婦
tʂ	猪，諸		主	著；柱
tʂʻ		除‖出		
ʂ	書	殊	暑鼠	樹
k	孤‖骨			故
kʻ	哭	酷	苦	
ŋ				
x	忽	胡狐乎	虎	户
○	烏	吾；無‖物‖屋	五午；武	務

	陰平	陽平	上	去
今韵	y			
廣韵	魚；虞‖緝‖術；物‖職‖昔‖屋；燭			
t				
tʻ				
l		律	吕‖履脂開	
tɕ	拘俱	橘‖菊；局	矩	巨，句
tɕʻ		屈‖曲		
ȵ			女	
ɕ	虚		許	
○		如，魚，於影，餘余，與上；儒愚，于‖入‖域‖疫役	羽	遇‖鬱入‖玉入

今調	陰平˧˥	陽平˦˨	上˥	去˨˩
今韵	a			
廣韵	麻二‖合;盍;洽;乏‖曷;鎋;黠;月			
p	巴	八,拔	把	
pʻ				怕
m	[媽]		馬	
f		法‖髮		
t	搭	答‖達	打庚	大泰
tʻ	他歌‖塔	踏		
l	納,拉‖辣	拿‖臘	[哪]	[那]
ts		雜		
tsʻ				
s				
tʂ		閘‖札		乍
tʂʻ	差‖插	茶‖察		
ʂ	沙‖殺			
k				
kʻ				
ŋ				
x				<u>下</u>

今調	陰平ㄧ	陽平ㄚ	上ㄱ	去ㄟ
今韵	ia			
廣韵	麻二‖佳‖洽;狎‖鎋(均開口)			
tɕ	家‖佳	甲	假$_1$(真‖)賈	假$_1$(放‖)架
tɕʻ		恰		
ȵ				
ɕ	瞎	霞‖狹;匣		下
○	鴉‖鴨壓	牙		

今韵	ua			
廣韵	麻二‖佳;夬‖鎋;黠(均合口)			
tʂ				
tʂʻ				
ʂ		刷		
k	瓜		刮ㄖ	掛
kʻ				
ŋ				
x		滑		化‖畫;話
○	蛙‖挖	[娃]	瓦	

今調	陰平ㄣ	陽平ㄣ	上ㄱ	去ㄥ
今韻	o			
廣韻	歌;戈一‖合;盍‖曷;末;薛‖鐸;覺;藥‖陌			
p p' m f	波,玻滂‖剝 坡	縛奉 婆 末‖莫	剖侯 麼	
t t' l	多 洛	 脱‖託 羅;騾	 妥	舵
ts ts' s		作,昨	左 所魚	做;坐
tʂ tʂ' ʂ	桌,捉 説	酌		
k k' ŋ x	歌;鍋‖割 遏 喝	鴿‖各;角;郭 闊 鵝‖惡 何;和‖合;盍‖活‖霍‖獲	果 可 我	個;過 禍‖鶴入

今調	陰平˥	陽平˥	上˧	去˨
今韵	io			
廣韵	覺;藥(均開口)			
t tʻ l		略		
tɕ tɕʻ ɲ ɕ	脚 確	覺<u>角</u> 雀精 虐 學;削		
○	約	若		

今韵	uo			
廣韵	戈一‖覺			
○	窩‖沃沃		握入	

今調	陰平˦	陽平˨	上˥	去˩
今韵	e			
廣韵	麻三‖葉‖緝‖薛‖櫛‖德;職‖陌;麥			
p	百	北‖白		
pʻ	拍	迫幫入		
m	麥			
f				
t		得德		
tʻ		特		
l		勒		
ts		則‖責	[怎]	
tsʻ		側照入,測‖澤擇澄入		
s	澀	瑟‖色		
tʂ	摘	宅		[這]
tʂʻ		徹,澈澄入		
ʂ		蛇‖涉‖舌		設入
ʐ	熱		惹	
k		格;革		
kʻ		刻		
ŋ		厄		
x	黑‖赫			

今调	陰平˦	陽平˥	上˨	去˩
今韵	ie			
廣韵	麻三‖葉;業;帖‖薛;月;屑			
p p' m f	撇	別 滅	癟入	
t t' l	[爹] 鐵	 帖 列;劣		
tɕ tɕ' ȵ ɕ	 業 脅;茄	接,刼‖傑;竭;節,結;絕 切 孽;臬 邪	 些心平,寫	 謝‖薛入
○	謁	葉	也野	

今韵	ue			
廣韵	德(合口)			
k k' ŋ x	國 或			

今調	陰平˧	陽平˦	上˥	去˩
今韵	ye			
廣韵	戈三‖薛;月;屑（均合口）			
tɕ		拙;掘;決		
tɕʻ	缺	茄開;瘸		
ȵ				
ɕ	靴	穴		
○	月	閲;越曰		

今調	陰平ㄧ	陽平ㄚ	上ㄱ	去ㄥ
今韵	ai			
廣韵	哈;泰;皆;佳;夬(均開口)			
p p' m f		 埋	 買	拜;敗 派
t t' l		 來	 乃;奶	待、代;帶 泰 賴
ts ts' s		 才		再,在 菜;蔡
tʂ tʂ' ʂ	齋	 柴		寨
k k' ŋ x	該;皆 開 哀	 孩;諧;鞋‖還(丨是)删合	改;解 矮	蓋;介界戒,械匣 概見,愾 愛;艾 亥;害

今調	陰平ㄧ	陽平ㄟ	上ㄱ	去ㄴ
今韵	uai			
廣韵	泰;皆;佳;夬‖脂;支(均合口)			
tʂ			揣	
tʂʻ				
ʂ				帥
k				怪
kʻ			塊去	快
ŋ				
x		懷		壞
○	歪曉			外

今調	陰平ㄱ	陽平ㄱ	上ㄱ	去ㄱ
今韻	ei			
廣韻	祭;灰;泰;廢‖脂;支;微			
p p' m f	卑;悲;碑 披 飛	 陪 梅‖靡上 肥	 〔没〕 	背,倍;貝‖臂,被 配,佩並 廢,肺
t t' l				對;兌 屢虞‖内‖類;累;彙喻
ts ts' s	 	 遂去;隨		罪;最 脆‖悴從,粹心 歲
k k' ŋ x			給緝見	

今調	陰平ㄧ	陽平ㄚ	上ㄱ	去ㄥ
今韵	uei			
廣韵	灰;泰;祭;齊‖脂;支;微(均合口)			
tṣ tṣʻ ṣ	追,錐	垂		稅‖睡瑞
ẓ				銳喻
k kʻ ŋ x	龜;規;歸 灰	 回	 毀	桂‖跪 會;彗喻;惠‖諱
○	威	維惟;危,爲₂(作丨);圍	委	衛‖位;爲₁(因丨);未,畏

今調	陰平˧	陽平˧	上˧	去˩
今韵	au			
廣韵	豪;肴;宵‖侯;尤			
p p' m f	包 貓明平	 謀	保 跑並平 某 否	 貌
t t' l	 桃 牢		倒 老	到,道、導 鬧
ts ts' s			早 草 掃	 糙造
tʂ tʂ' ʂ	昭		 炒 少	趙,照 紹
ʐ		饒		
k k' ŋ x	 毫		稿 好	告 奥

今調	陰平ㄣ	陽平ㄣ	上ㄱ	去ㄙ
今韵	iau			
廣韵	肴;宵;蕭			
p p' m f			表	
t t' l	ㄉ、釣去 挑	條 燎;聊	了	跳
tɕ tɕ' n̠ ɕ	消,囂;蕭	喬 淆觽	攪 巧 小;曉	教;叫 孝,効校;笑
○	妖	堯	舀	要

今調	陰平ㄣ	陽平ㄣ	上ㄣ	去ㄣ
今韵	ou			
廣韵	模;魚;虞‖侯;尤‖没‖屋;沃;燭			
t	都	讀;篤	賭肚‖斗	杜‖鬥
t'	偷‖禿	圖‖頭‖突		
l	鹿;緑	奴‖陸六	努	路‖漏
ts		卒‖足	走	做‖奏
ts'	初	愁‖族從入;促	楚	助牀
s		縮;續	蕭入	素;數
tʂ	周‖竹;燭囑			
tʂ'		觸	丑	
ʂ		熟;屬	守	獸
ʐ		柔‖辱		肉
k				够
k'			口	
ŋ	歐		偶	慪
x		侯		後候

今調	陰平ㄟ	陽平ㄚ	上ㄱ	去ㄥ
今韵	iou			
廣韵	尤;幽‖屋;燭			
t t' l	［丟］			
tɕ tɕ' n̠ ɕ	糾上 秋 休	囚,求 牛 畜	九 紐	就,舅
○		由猶,尤‖欲	有友	幼‖育ㄥ

今調	陰平ㄱ	陽平ㄱ	上ㄱ	去ㄥ
今韻	an			
廣韻	覃;談;咸;銜;鹽;凡‖寒;山;刪;仙;桓;元			
p			板	扮,辦;半
pʻ				盼;判,叛
m				慢
f		凡	反	范‖飯
t			短	旦
tʻ	貪	談		歉
l		南;藍‖難	暖	亂
ts				
tsʻ	餐		慘‖剷,產審	
s	三			算
tʂ	沾		斬‖展	暫‖棧
tʂʻ				綻澄
ʂ	衫‖山;刪	蟬	陝	扇
ʐ		然	染	
k	干		感;敢	
kʻ				
ŋ	安			暗
x		含‖寒		漢

今調	陰平ㄧ	陽平ㄧ	上ㄱ	去ㄴ
今韵	uan			
廣韵	桓;山;刪;仙;元(均合口)			
tʂ	專			篆
tʂʻ		船		
ʂ	閂			
k	官觀;鰥			貫;慣
kʻ				
ŋ				
x			緩匣	喚,換
○	彎	完丸匣	皖匣,碗	萬

今調	陰平ㄧ	陽平ㄟ	上ㄱ	去ㄥ
今韵	ien			
廣韵	咸;銜;鹽;嚴;添‖山;删;仙;元;先			
p pʻ m f	邊		貶 免	辨;辯 偏幫,片 面
t tʻ l	天	廉‖連聯	點‖典	店 戀
tɕ tɕʻ ȵ ɕ	間;堅 謙‖千 研疑平 仙鮮;先;宣	 鉗‖錢;前 嚴‖年 鹹;銜;嫌‖閑;賢弦	減‖剪;繭 險‖癬	監;漸‖諫;件;建;見 歉 驗;念 陷‖限;綫;憲;現;縣合
○	煙	言	眼;演	厭‖硯

今韵	yen			
廣韵	仙;元(均合口)			
tɕ tɕʻ ȵ ɕ	 軒掀開	 全從合 玄		倦 勸
○		丸(肉丨)匣;緣沿鉛,圓,元,園	軟;阮,遠	院

今調	陰平˧		陽平˩˧	上˥	去˩
今韵	ən				
廣韵	侵‖痕;臻;真;魂;文‖登;蒸‖庚;耕;清				
p	崩				
p'		彭			
m		門			
f	分				奮
t				等	頓
t'	吞				
l			倫‖能	冷	論
ts	臻‖爭				增平
ts'	撐		存		
s	森‖生				
tʂ	針‖徵‖貞,偵徹		沉‖陳,臣‖成城誠	整	鄭,政
tʂ'	深審				
ʂ	身		晨‖繩	審	慎‖盛
ʐ			壬‖人	忍	認‖仍平
k	跟‖耕			亘	更
k'				懇‖肯	
ŋ	恩				硬
x			恒	很	恨‖杏

今調	陰平 ˥	陽平 ˥	上 ˧	去 ˨
今韵	uən			
廣韵	魂;諄;文(均合口)			
tʂ tʂʻ ʂ	椿,春	純		
k kʻ ŋ x	坤 昏	橫		
○	溫	文聞	穩	問

今韵	in			
廣韵	侵‖真;欣‖蒸‖庚;耕;清;青(均開口)			
p pʻ m f	兵	貧‖平;瓶 民‖名	禀 品 敏	並 命
t tʻ l	丁 聽	林‖鄰‖陵‖靈		令
tɕ tɕʻ ɳ ɕ	侵清,今‖津,巾;斤‖京荊;經 欽‖親‖輕 心‖新‖星腥	秦;勤 凝 行;形	謹	進晉,近‖静,勁 信‖幸;性
○	音‖因‖鶯;英	銀‖盈;營合;螢匣合	隱	印‖應

今調	陰平ㄧ	陽平ㄚ	上ㄱ	去↘
今韵	yin			
廣韵	諄;文‖清;庚(均合口)			
tɕ tɕʻ ŋ ç	均 勳	脣;羣‖瓊 尋侵‖旬	傾平、頃 迥	
○		雲	允尹‖永	閏;運‖孕蒸開

今調	陰平˧	陽平˩	上˥	去˨
今韵	aŋ			
廣韵	唐;江;陽			
p	邦			
p‘		旁		
m		忙		
f	方	房防		放
t	當			蕩
t‘				
l		郎	朗	
ts				
ts‘	倉			
s	桑			
tʂ	張		長	丈
tʂ‘	昌	常		
ʂ	商			尚上
ʐ				讓
k	剛綱			
k‘				
ŋ				
x				項、巷

今調	陰平 ˧	陽平 ˨	上 ˥	去 ˩
今韵	iaŋ			
廣韵	江;陽(均開口)			
t t' l			兩	量
tɕ tɕ' ȵ ɕ	江;將 香鄉	詳祥 娘	講 仰 想	像邪 像象
○				樣

今韵	uaŋ			
廣韵	江;陽;唐			
tʂ tʂ' ʂ	椿,莊 窗	牀	撞澄去	
k k' ŋ x	光	狂 黄		曠;況曉
○	汪	王	往	旺

今調	陰平 ˧	陽平 ˦	上 ˥	去 ˩
今韵	uŋ			
廣韵	庚二;耕‖東;冬;鍾			
p p' m f	風;封	朋 萌		孟‖夢 奉
t t' l	東 通	同 農;隆;龍	懂 桶;統去 攏	洞
ts ts' s	鬆;嵩;松	崇;從	總	送;宋;誦

今韵	uʌŋ			
廣韵	登‖耕二‖東;鍾(均合口)			
tʂ tʂ' ʂ	中;鐘 充		寵	眾
k k' ŋ x	公功;弓;恭 空	弘‖宏‖紅	恐	共
○	翁			

今調	陰平˥	陽平˧	上˨	去˩
今韵	yʌŋ			
廣韵	庚三‖東,鍾			
tɕ tɕ' ȵ ɕ	兄‖胸	窮 熊雄喻		
○		榮‖絨,融;茸		用

F. 音韵特點

1. 聲母

（1）鄆西分ts,tʂ。精組洪音皆讀ts等，章組皆作tʂ等，如'字'ʼtsï≠'志'ʼtʂï，'存'ʼtsʼən≠'成'ʼtʂʼən，'倉'ʼtsʼaŋ≠'昌'ʼtʂʼaŋ，'掃'ʼsau≠'少'ʼʂau。

（2）莊組在止攝開口及其他內轉各攝作ts等，如'事'ʼsï，'森'ʼsən，'崇'ʼtsʼʌŋ，'愁'ʼtsʼou；在止攝開口及外轉各攝作tʂ等，如'揣'ʼtʂʼuai，'山'ʼʂan，'齋'ʼtʂai，'炒'ʼtʂʼau，'捉'ʼtʂo。

（3）知組在梗攝二等讀ts或tʂ不定，如'撐'ʼtsʼən，'擇'ʼtsʼe，但'摘'ʼtʂe，'宅'ʼtʂe。在其他各攝皆作tʂ等，如'滯'ʼtʂï，'桌'ʼtʂo，'丈'ʼtʂaŋ，'中'ʼtʂuʌŋ。

（4）日母今開口在止攝及質藥韵讀○，如'而,日'ʼɚ，'若'ʼio，其他讀z̩，如'柔'ʼz̩ou，'人'ʼz̩ən，'熱'ʼz̩e。今合口一律失落聲母，如'儒,入'ʼy，'閏'ʼyin，'絨'ʼyʌŋ，'軟'ʼyen。

（5）不分尖團。精組細音跟見系細音混同，皆作tɕ等，如'將'＝'江'ʼtɕiaŋ，'就'＝'舅'ʼtɕiou，'細'＝'戲'ʼɕi，'象'＝'向'ʼɕiaŋ。

（6）泥來洪音不分，均讀l，如'內'＝'類'ʼlei，'能'＝'倫'ʼlən，'納'＝'臘'ʼla。細音來母仍讀l，如'理'ʼli，'良'ʼliaŋ，'略'ʼlio，'呂'ʼly；泥母則讀ȵ，如

‘娘’ȵiaŋ,‘女’ȵy,‘紐’ȵiou,‘年’ȵien。

(7)見系開口二等在蟹攝（除‘佳’字）及梗入不顎化,如‘戒’kai,‘鞋’xai,‘格,革’ke。在效咸山攝全顎化作tɕ等,如‘巧’tɕʻiau,‘孝’ɕiau,‘減’tɕien,‘鹹’ɕien,‘間’tɕien,‘限’ɕien,‘晏’ien。此外顎化與否不定,如‘更’kən,‘巷’xaŋ,但‘行’ɕin,‘江’tɕiaŋ;又如‘下’xa,ɕia,‘角’ko,tɕio。

(8)疑影母開口一二等洪音皆讀ŋ,如‘艾’＝‘愛’ŋai,‘矮’ŋai,‘厄’ŋe,‘偶’ŋou,‘安’ŋan。三四等疑母讀ȵ或○不定,如‘宜’ȵi,‘仰’ȵiaŋ,‘虐’ȵio,但‘堯’iau,‘言’ien,‘硯’ien,‘銀’in;影母一律讀○,如‘衣’i,‘謁’ie,‘因’in,‘印’in。

2. 開合

(1)端系一等合口在遇蟹山臻通攝全讀開口,如‘杜’tou,‘對’tei,‘算’san,‘頓’tən,‘存’tsʻən,‘突’tʻou,‘通’tʻʌŋ,‘鬆’sʌŋ,‘族’tsʻou,‘讀’tou。

(2)精組三四等合口在遇蟹止山通攝讀開口,如‘聚’tɕi,‘徐’ɕi,‘歲’sei,‘隨’sei,‘宣’ɕien,‘絕’tɕie,‘誦’sʌŋ,‘足’tsou;在臻攝舒聲仍爲合口,如‘旬’ɕyin,入聲則變開口,如‘戌’ɕi。

(3)來母三四等合口,除今y韵外,皆變開口,如‘龍’lʌŋ,‘戀’lien,‘劣’lie,‘倫’lən,‘綠’lou,但‘呂’ly,‘律’ly。

3. 韵母

(1)歌戈兩韵見系字大都混作o,如‘何’＝‘和’xo,‘歌’＝‘鍋’ko,惟戈韵影母‘窩’字讀uo,與歌韵別。（歌韵‘鵝’ŋo）。

(2)遇攝模韵端系魚虞韵莊組讀ou,與流攝混,如‘杜’＝‘鬥’tou,‘路’＝‘漏’lou,‘素,數’sou。

(3)魚虞韵知章組讀ʅ,如‘柱’tʂʅ,‘主’tʂʅ,‘樹’ʂʅ;見系讀y,如‘拘’tɕy,‘虛’ɕy。

(4)流攝幫系讀au或u不定,如‘某’mau,‘否’fau,但‘畝’mu,‘婦’fu;其他聲母字作ou,iou,如‘周’tʂou,‘幼’iou。

(5)咸山攝舒聲開口見系,一等讀an,如‘含,寒’xan,‘安’ŋan,二等讀ien,跟三四等開口韵,如‘減’tɕien(＝繭),‘閑’ɕien(＝賢)。

(6)通攝舒聲，幫端系及莊組讀ʌŋ，如'奉'fʌŋ，'同'tʼʌŋ，'松'sʌŋ，'崇'tsʼʌŋ；知章組讀uʌŋ，如'中，鍾'tʂuʌŋ，'充'tʂʼuʌŋ。

(7)臻攝入聲合口一等端系，通攝入聲端知系皆讀ou，如'突'tʼou，'卒'tsou，'促'tsʼou，'鹿，陸'lou，'燭'tsou，'熟，屬'ʂou。

(8)曾梗攝舒聲，除幫見系少數字混入通攝外，皆收n尾，與深臻攝舒聲混同，如'耕'＝'跟'kən，'京'＝'今，巾'tɕin，'永'＝'允'yin。

4.聲調

(1)鄖西去聲不分陰陽。古上聲全濁及去聲清濁音今調同爲去聲，如'序，士，半，用'等字。

(2)無入聲。古入聲全濁今歸陽平，如'讀，宅，傑，白'等字；清及次濁今歸陰平或陽平不定，如'殺，脚，辣，熱'今讀陰平，'恰，酌，接，略'今讀陽平。

G. 講話

xe˥, ɲi˥ sï˧ ko˥ ɕiaŋ˦ li˨ zənr˥, ɲi˥ pu˨ tʌŋ˧ te˨ tʂʼən˥ ti˨ xua˩,
嘿， 你 是 個 鄉 裏 人兒， 你 不 懂 得 城 底 話，

ɲi˥ tau˩ tʂʼən˦ ti˨ lai˩ iou˥ ɕie˩ pu˨ ta˩ xən˥ ʂou˩ kuei˦ tɕy˩, ɲi˥
你 到 城 底 來 有 些 不 大 很 守 規 矩， 你

mo˩ iau˩ tɕiau˩ zən˥ tɕia˦ ɕiau˩ ɲi˥, ɲi˥ ti˨ u˩ ti˨ zən˥——tʼa˩
莫 要 叫 人 家 笑 你， 你 的 屋 底 人—— 他

pu˩ xuei˩ tso˩ tʂən˦ ɕien˩, zɤ˥ tɕiau˩ ɲi˥ ti˨ lau˩ tʂaŋ˩ mu˥ ŋou˩
不 會 做 針 線， 惹 叫 你 的 老 丈 母 嘔

tɕʼi˩, ɲi˥ ɕiau˥ te˨ pu˨ ɕiau˥ te˨, ɲi˥ ti˨ lau˩ zən˥ tɕia˦ tsor˩
氣， 你 曉 得 不 曉 得， 你 的 老 人 家 昨兒

xa(i)˩ lai˩ tei˩ ŋo˥ ʂo˩, ʂo˩ ɲi˥ tsai˩ u˩ li˩ sï˩ tʂʼaŋ˩ tʼʌŋ˩ ɲi˥
還 來 對 我 説， 説 你 在 屋 裏 時 常 同 你

ti˨ u˩ ti˨ zən˥ ta˩ tɕia˩, zɤ˥ tau˩ ɲi˥ ti˨ lau˩ tʂaŋ˩ mu˥ ie˥ ŋou˩
的 屋 底 人 打 架， 惹 到 你 的 老 丈 母 也 嘔

tɕ'iɥ, tʂeɥ koˑ sï xourˉ n̦iˉ k'oˉ iauɥ xueiɥ k'ɯɥ xauˉ xaurˉ tiˑ
氣， 這 個 時 候兒 你 可 要 回 去 好 好兒 的

tɕ'yenɥ tɕ'yenɥ n̦iˉ tiˑ uɥ tiˑ zən̦ˋ, n̦iˉ mənˑ lian̦ˉ k'ourˉ iauɥ fan̦ɥ
勸 勸 你 的 屋 底 人， 你 們 兩 口兒 要 放

xoˋ tɕ'iɥ iˑ tienrˉ, puɥ iauɥ sïˋ tʂan̦ˋ lauɥ tɕiaɥ, tɕiauɥ zən̦ˋ tɕiaɥ
和 氣 一 點兒， 不 要 時 常 鬧 架， 叫 人 家

pieˊ zən̦ˋ ɕiauɥ n̦iˉ mənˑ, n̦iˉ mənˑ ɕian̦ɥ tiˑ tʂeɥ koˑ sï xourˉ
別 人 笑 你 們， 你 們 鄉 底 這 個 時 候兒

iouˉ ɕieˊ xauˉ kuaɥ xauˉ ts'aiɥ n̦iˉ k'oˉ iˊ sʌn̦ɥ iˑ ɕieˊ keiˉ n̦iˉ
有 些 好 瓜 好 菜 你 可 以 送 一 點 給 你

tiˑ lauɥ tʂan̦ɥ muˉ, tɕiauɥ n̦iˉ lauɥ tʂan̦ɥ muˉ iˉ xouɥ touɥ lian̦ˋ
的 老 丈 母， 叫 你 老 丈 母 以 後 度 量

iauɥ fan̦ɥ taɥ ɕieˊ, moˋ iauɥ ueiɥ n̦iˉ mənˑ fuˊ fuɥ lian̦ˋ koˑ zən̦ˋ
要 放 大 些， 莫 要 為 你 們 夫 婦 兩 個 人

lauɥ tɕiaɥ tɕiauɥ t'aˊ n̦ouɥ tɕ'iɥ. tsorˊ iouˉ iˑ koˑ ɕian̦ˊ liˑ zən̦ˋ
鬧 架 叫 他 嘔 氣。 昨兒 有 一 個 鄉 裏 人

p'auˉ tauˑ tʂ'ən̦ˊ liˑ laiˊ ʂoˋ ʂïˋ n̦iˉ p'aɥ n̦iˉ tiˑ lauˉ p'orˉ, n̦iˉ
跑 到 城 裏 來 說 是 你 怕 你 的 老 婆兒， 你

lauˉ p'orˉ tɕiauɥ n̦iˉ kueiɥ tauˋ, n̦iˉ inˊ ueiɥ p'aɥ n̦iˉ tiˑ lauˉ p'orˉ
老 婆兒 叫 你 跪 倒， 你 因 為 怕 你 的 老 婆兒

iˉ xouɥ puɥ n̦aiˉ n̦iˉ, soˉ iˊ n̦iˉ tɕiouɥ keiˉ t'aˊ ɕiaɥ kueiɥ, n̦iˉ
以 後 不 愛 你， 所 以 你 就 給 他 下 跪， 你

k'ɯɥ keiˉ n̦iˉ tiˑ lauˉ tʂan̦ɥ muˉ p'eiˊ koˑ liˉ, tauɥ koˑ puˋ ʂïɥ,
去 給 你 的 老 丈 母 陪 個 禮， 道 個 不 是，

iˉ mienˉ teˊ n̦iˉ tiˑ lauˉ tʂan̦ɥ muˉ n̦ouɥ tɕ'iɥ, n̦orˉ mənˑ tʂeɥ yˊ
以 免 得 你 的 老 丈 母 嘔 氣， 我 們 這 如

tɕinˊ tʂeɥ koˑ tiˑ fan̦ɥ p'aɥ lauˉ p'orˊ tiˑ zən̦ˋ toˉ, n̦iˉ moˋ iauɥ
今 這 個 地 方 怕 老 婆 的 人 多， 你 莫 要

ɕioˉ laˎ koˎ iaŋˎ tsïˈ tiˈ。n̑iˉ tiˈ lauˉ p̒oˎ ɕienˎ tsaiˎ tʂənˎ ɕienˎ
學 那 個 樣 子 的。 你 的 老 婆 現 在 針 線

ieˉ ɕioˎ teˈ tʂ̒aˋ puˎ toˊ nəˈ,tʂ̒aˋ fanˎ ieˉ ɕioˎ tiˈ tʂ̒aˋ puˎ toˊ
也 學 得 差 不 多 了, 茶 飯 也 學 的 差 不 多

nəˈ,n̑iˉ k̒oˎ iˉ tɕiauˎ t̒aˋ tsaiˎ n̑iˉ tiˈ lauˉ zənˋ tɕiaˋ n̑iˉ maˋ
了, 你 可 以 叫 他 在 你 的 老 人 家 你 媽

mienˎ tɕ̒ienˋ touˋ iauˎ faŋˎ kueiˎ tɕyˉ ɕieˈ,faŋˎ ɕiauˎ tauˎ ɕieˈ,
面 前 都 要 放 規 矩 些, 放 孝 道 些,

iauˎ ɕiaŋˋ tʂeˎ iaŋˋ tsïˈ ts̒aiˋ sanˎ teˈ șïˎ ŋoˎ mənˈ ɕiaŋˋ tiˈ iˈ
要 像 這 樣 子 才 算 得 是 我 們 鄉 底 一

koˈ xauˉ ɕiˋ furˎ,taŋˉ ɕiˋ furˎ tiˈ zənˋ iauˎ nənˎ kouˎ șouˉ
個 好 媳 婦 兒, 當 媳 婦 兒 的 人 要 能 夠 守

kueiˋ tɕyˉ iauˎ nənˎ kouˎ tɕiaŋˉ ɕiauˎ tauˎ,șoˋ xuaˎ iauˎ faŋˎ
規 矩 要 能 夠 講 孝 道, 説 話 要 放

tɕinˉ șənˋ ɕieˈ,faŋˎ koˎ ɕiˋ iˈ tienrˉ tʂeˎ ts̒aiˋ xauˎ。ŋoˉ mənˈ
謹 慎 些, 放 過 細 一 點兒 這 才 好。 我 們

ɕiaŋˋ tiˈ teiˋ yˋ ɕiaŋˋ n̑iˉ mənˈ laˋ iaŋrˋ zənˋ tɕiaˋ șïˎ xənˉ șauˉ
鄉 底 對 於 像 你 們 那 樣兒 人 家 是 很 少

tiˈ,n̑iˉ mənˈ șïˎ koˎ șʅˋ ɕiaŋˋ zənˋ tɕiaˋ,nanˋ tauˎ șoˋ touˋ puˎ
的, 你 們 是 個 書 香 人 家, 難 道 説 都 不

xueiˎ tɕiauˎ tauˎ n̑iˉ tiˈ uˋ tiˈ zənˋ məˈ,n̑iˉ tiˈ uˋ tiˈ zənˋ t̒aˋ
會 教 導 你 的 屋 底 人 嘍, 你 的 屋 底 人 他

șïˎ iˈ koˎ xənˉ șouˎ kueiˎ tɕyˉ,ts̒ʌŋˋ tɕ̒ienˋ șïˎ iˈ koˎ șʅˋ ɕiaŋˋ
是 一 個 很 守 規 矩, 從 前 是 一 個 書 香

zənˋ tɕiaˋ tiˈ lyˉ tsïˈ,tauˎ tʂeˎ koˎ sïˋ xouˎ tseˎ moˈ tʂeˎ iaŋrˋ
人 家 的 女 子, 到 這 個 時 候 怎 麼 這 樣兒

tiˈ。ŋoˉ mənˈ tɕiaˋ mənˋ xuˎ ts̒ouˋ touˋ puˎ zənˋ n̑iˉ mənˈ,inˋ
的。 我 們 家 門 户 族 都 不 認 你 們, 因

uei˅ n̯i˥ lau˥ zən˅ tɕia˧ ʂi˅ i˩˙ ko˩˙ tɕʻin˥ tʂən˥ kʻu˥ tsou˅ ti˩˙ zən˅,
爲 你 老 人 家 是 一 個 勤 整 苦 做 的 人,

n̯i˥ iau˅ tʂe˅ iaŋr˅ ti˩˙ i˅ ko˩˙ pu˅ xau˥ ti˩˙ ɚ˅ tsï˩˙, y˅ tau˅ tʂe˅
你 要 這 樣 兒 的 一 個 不 好 的 兒 子, 遇 到 這

iaŋr˅ i˩˙ ko˩˙ xuən˅ ɕi˅ fu˅, zə˥ tɕiau˅ n̯i˥ mən˩˙ liaŋ˥ ko˩˙ lau˥
樣 兒 一 個 橫 媳 婦, 惹 叫 你 們 兩 個 老

zən˅ tɕia˧ ŋou˅ tɕʻi˅, sï˅ tʂʻaŋ˥ nien˅ fan˅ ie˥ tɕʻi˅ ti˩˙ pu˅ tɕʻi˅,
人 家 嘔 氣, 時 常 連 飯 也 氣 的 不 吃,

iau˅ tʂʻaŋ˥ iau˅ ɕiaŋ˅ tʂe˅ iaŋr˅ ti˩˙ ŋo˥ mən˩˙ tɕia˧ mən˥ xu˅ tsʻou˅
要 常 要 像 這 樣 兒 的 我 們 家 門 户 族

tɕʻin˧ tɕʻi˅ pʻʌŋ˅ iou˥ tou˅ pu˅ zən˅ n̯i˥ niau˥, n̯i˥ ɕiau˥ te˩˙ pu˅
親 戚 朋 友 都 不 認 你 了, 你 曉 得 不

ɕiau˥ te˩˙, n̯i˥ iau˅ ʂï˅ tʻin˧ ŋo˥ mən˩˙ ti˩˙ xua˅ nə˩˙, ŋo˥ mən˩˙ i˥
曉 得, 你 要 是 聽 我 們 的 話 了, 我 們 以

xou˅ tsou˅ tʂʻaŋ˅ lai˅ uaŋ˥, pu˅ tʻin˧ ŋo˥ mən˩˙ ti˩˙ xua˅ nə˩˙, ŋo˥
後 就 常 來 往, 不 聽 我 們 的 話 了, 我

mən˩˙ i˥ xou˅ tsou˅ liaŋ˥ tiou˅ kʻai˧, n̯i˥ iau˅ ʂï˅ pu˅ tʻin˧ ŋo˥
們 以 後 就 兩 丟 開, 你 要 是 不 聽 我

mən˩˙ ti˩˙ xua˅, la˅ ŋo˥ mən˩˙ ie˥ tsou˅ pu˅ kʻən˥ kən˧ n̯i˥ tsai˅ to˧
們 的 話, 那 我 們 也 就 不 肯 跟 你 再 多

tʻan˅ nə˩˙。
談 了。

二五. 鄖縣(城內)

A. 發音人履歷

發音人	25a	25b
年齡	19 歲	同左
原籍	鄖縣城內	鄖縣城西安陽口
職業	學生	同左
教育程度	高中	同左
幼時語言環境	本地	同左
教師方言	本地	同左
住過的地方	武昌一年	同左
曾否學國語	未	未
能否說別處話	不能	不能

二十五年五月九日楊時逢記音

發音人 25a 與 25b 的住處雖有城鄉之別，但語音上無大差別。

B. 聲韵調表

1. 聲母

p 剝邦辨	p' 披袍	m 貌面		f 飛肺附
t 得底洞	t' 通頭		l 來奶離	
ts 災雜	ts' 倉存促			s 私隨
tʂ 齋臻追	tʂ' 沉垂楚徹			ʂ 身士山 ʐ 日人如
tɕ 叫就間	tɕ' 謙秋窮錢 ȵ 紐宜			ɕ 幸陷詳
k 歸告根共	k' 看狂虧			x 漢侯諱
○ 哀威頑硬仰聞引又而一				

2. 韵母

ï 斯至;ɯ黑;ɚ而貳　a 差八　ɤ 歌合　　　e 得麥白;iẽ蛇宅瑟

i 敝西里　　　　　ia 家匣　　　　　ie 邪滅

u 步目骨武;ʮ猪出鼠　ua 刷花　uo 多桌鍋郭獲　ue 拙

y 律域聚　　　　　　　　　　　　　ye 靴絕略學

ai 派來解　ei 卑梅兌罪隨　au 包高紹　əu 杜走續熟

　　　　　　　　　　　iau 表較要　iəu 幼求就

uai 揣外怪　uei 追回會未

an 反短三展干算　　　　　ən 崩存增杏

　　　ien 戀便監限　　　　　in 兵品令幸

uan 專門館萬　　　　　uən 純橫問坤

　　　yen 倦全　　　　　yin 均旬永

aŋ 邦房巷張　ʌŋ 朋夢同宋誦

iaŋ 江娘兩樣

uaŋ 莊窗狂汪　　　uʌŋ 中茸公宏翁

yʌŋ 隆窮兄用龍榮

3. 聲調

陰平	陽平	上	去
˥	˩	˧	˦
聲音飛吞	遲微連目實出	有奶可品	定配辨士

C. 聲韵調描寫

1. 聲母

郿縣聲母二十二個。

p組p, pʻ, m, f。
t組t, tʻ, l。
　　　這兩組聲母都像北平音,但郿縣無n母。

ts組ts, tsʻ, s。舌尖接近上齒,所以有時聽起來像tθ, tθʻ, θ。

tʂ組有tʂ, tʂʻ, ʂ, ʐ。部位都沒有北平音那麼靠後,舌尖只跟齒齦接觸。

tɕ組tɕ, tɕʻ, ȵ, ɕ。郿縣沒有n,但是有ȵ,是舌面貼顎的鼻音。國音n的細音,在郿縣都是ȵ。

k組k, kʻ, x。略同北平。

○。開口洪音有時是ɣ,細音有時是j。

2. 韵母

ï含兩值,在ts組聲母後是舌尖前音ɿ,在tʂ組聲母後是舌尖後音ʅ。

ɯ是u的不圓唇,只有'黑'xɯ一字。

ɚ是央元音ə捲舌,比北平的ɚ略開。

i是較緊的一種,在p, tɕ兩組聲母後更緊。

u近於標準元音的u。

ʮ是ʅ的圓唇,只限tʂ組聲母之後才有,而且只作獨立韵母,沒有作介音的時候。

y也較緊,恰是<u>鄖縣</u>i的圓唇。

a,ia,ua。a是平均ʌ。

uo。u介音在k組聲母後較强,在t,ts,tʂ組聲母後稍弱,卻不是純粹的單元音o。<u>鄖縣</u>沒有獨立的o音。

ɤ相當於標準元音o的不圓唇。

e,ie,ue,ye。e是ɛ。

iɛ是舌尖後音ɿ後緊跟一個很短很弱的e,只在tʂ組聲母之後存在。

ai,uai。a在此偏前而較闆,i很開,很短。

ei,uei。i也很開很短。

au,iau。a偏後,近於ɑ,u很開很短。

əu,iəu。ə都很短,u都較開而長。

an,uan。a是平均ʌ。n的鼻音很弱。

ien,yen。e是ɛ。n也很弱,如an,uan中的n。

ən,uən。n在此卻很强,ə則頗短。

in,yin。此處的i比獨立的i略開,但也不到ɪ。n是强的,跟ən,uən中的n同。

aŋ,iaŋ,uaŋ。a是ʌ,在u後略後移。

ʌŋ,uʌŋ,yʌŋ。ʌ相當於標準ɔ的不圓唇,但偏央,在uʌŋ,yʌŋ中的ʌ,受u,y的影響,略有圓唇傾向。

3.聲調

陰平,高平調(꜒55)。

陽平,中降調(꜔42)。

上聲,高降調(꜒53)。

去聲,低降升調(꜕313)。

D. 與古音比較

1. 聲母

古母今讀 \ 發音方法及影響條件 古聲組及影響條件		全清塞	次清塞	全濁塞 平	全濁塞 仄	次濁	清擦	濁擦 平	濁擦 仄
幫組	一二等（洪）	幫：p	滂：pʻ	並：pʻ	並：p	明：m			
非組	三四等（細）					微：u	非敷：f	奉：f	奉：f
端組泥		端：t	透：tʻ	定：tʻ	定：t	泥：{ l / n } 　來：l			
精組	洪	精：ts	清：tsʻ	從：tsʻ	從：ts		心：s	邪：s	邪：s
精組	細	精：tɕ	清：tɕʻ	從：tɕʻ	從：tɕ		心：ɕ	邪：ɕ	邪：ɕ
莊組	內轉 外轉	莊（照二）：tʂ	初（穿二）：tʂʻ	崇（牀二）：tʂʻ	崇（牀二）：tʂ；ʂ		生（審二）：ʂ		
知組	梗二等韻 其他 今開/今合	知：tʂ	徹：tʂʻ	澄：tʂʻ	澄：tʂ				
章組	今開/今合	章（照三）：tʂ	昌（穿三）：tʂʻ	船（牀三）：tʂʻ；ʂ	船（牀三）：tʂ		書（審三）：ʂ	禪：tʂʻ；ʂ	禪：ʂ

見組曉 / 影組 古聲母音讀對應表

古母分讀 發音方法及影響條件 / 古聲母組及影響條件	今讀		全清塞 見	次清塞 溪	全濁塞 平 羣	全濁塞 仄 羣	次濁 疑	清擦 曉	濁擦 平 匣	濁擦 仄 匣
日母	止						○			
日母	其他						z̩ / ʐ			
見組曉	開	一等	k	kʻ	tɕʻ	tɕ	i,○;u	x		x
見組曉	開	二等	tɕ,k	tɕʻ,kʻ	*	*	i;n.	ɕ,x		ɕ,x
見組曉	開	三四等	tɕ	tɕʻ	kʻ	k	u	ɕ		ɕ
見組曉	合	一二等	k	kʻ	tɕʻ	k	u	x		x
見組曉	合	蟹止合	k	kʻ	tɕʻ	tɕ	ʔ	x		x
見組曉	合	通	k	kʻ			y	ɕ		*
見組曉	合	其他	tɕ	tɕʻ			y	ɕ		ɕ
影組	開	一等	○（影）				喻：i			
影組	開	二等	i,○;u（影）							
影組	開	三四等	i（影）				*（喻）			
影組	合	一二等	u（影）				u（喻）			
影組	合	蟹止合	u（影）				y,i（喻）			
影組	合	通	y（影）				y（喻）			
影組	合	其他	y（影）							

2. 韵母

第 一 表

攝列	開												
	一			二				三四					
	幫系	端系	見系	幫系	泥組	知莊組	見系	幫系	端系	莊組	知章組	日母	見系
果	*	uo	ɣ	a	a	a	a,ia	*	ie	*	ïe	e	ie
(遇)	*	*				*				*	*	*	
蟹	*	ai	ai	ai	ai	ai	ai,ia	i	i	*	ï		i
止	*	*						i,ei	i;ï	ï	ï	ï	i
效	au	au	au	au	au	au	iau	iau	iau	*	au	au	iau
流	u,au	ne	ne					u,n	neu	ne	ne	ne	neu
咸	*	an	an	an	*	an	ien	ien	ien	*	an	an	ien
山	*	an	an	aŋ	*	an	ien	ien	ien	*	an	an	ien
宕	aŋ	aŋ	aŋ			uaŋ	aŋ,iaŋ	*	iaŋ	uaŋ	aŋ	aŋ	aŋ

攝列	開 三四 見系	開 三四 日母	開 三四 知章組	開 三四 莊組	開 三四 端系	開 三四 幫系	開 二 見系	開 二 知莊組	開 二 泥組	開 二 幫系	開 一 見系	開 一 端系	開 一 幫系
深	in	ue	ue	ue	in	in		*				*	
臻	in	ue	ue	ue	in	in		*			ue	ue	*
曾	in	ue	ue	*	in	in		*			ue	ue	uo
梗	in	*	ue	*	in	in	un、ue	ue	ue	fiɤ、ue	ue	*	fiɤ、ue
（通）			*	*				*				*	
咸入	ie	*	ĭĕ	*	ie	*	ia	a	*	a	ɤ	a	*
山入	ie	ie	ĭĕ	*	ie	ie	ia	a	*	a	ɤ	a	*
宕入	ye	uo	uo	*	ye	*	ye、uo	uo	*	uo	ɤ	uo	uo
深入	i	ʮ	ï	ĭĕ	i	*		*				*	
臻入	i	ï	ï	ĭĕ	i	i		*				*	e
曾入	i	*	ï	ĭĕ	i	i		*			ɤ	e	e
梗入	i	*	ï	*	i	i	ɤ	ĭĕ	*	e		*	
（通入）	i		*	*	i	i		*				*	

第 二 表

攝 \ 聲母（等・呼）	一 幫系	一 端系	一 見系	二 幫系莊組	二 見系	合 三四 幫系	合 三四 泥組	合 三四 精組	合 三四 莊組	合 三四 知章組	合 三四 日母	合 三四 見系
果	uo	uo	uo	*	ua			*	ne			ye
遇	u	ne	u	*	*	u	y	y	ne	ʅ	ʅ	y
蟹	ei	ei	uei, uei	*	uai, ua	ei	*	ei	*	uei	*	uei
止	*	*		*		ei, i	ei	ei	uai	uei	*	uei
（效）	*	*		*	*				*			
（流）	*	*		*	*				*			
咸	an	an	uan	*	uan	an			*	*		
山	an	an	uan	uan	uan	an; uan	ien	yen	*	uan	uan	yen
宕		*	uaŋ	*	uaŋ	aŋ; uaŋ			*			uaŋ

攝＼聲母（呼：合）	一 幫系	一 端系	一 見系	二 幫系	二 莊組	二 見系	三四 幫系	三四 泥組	三四 精組	三四 莊組	三四 知章組	三四 日母	三四 見系
（深）	on	on	on	*	*	*	n	ɣ	ɣ	*	ɦ	*	ý
臻	ue	ue	uen	*	*	ua	a·ua	ie	ye	*	ue·uo	*	ye
曾	ɿv	ɿv	ɿvŋ	*	*	*	ɿv	ɣvŋ	ɿv	ɣvŋ	ɣvŋ	ɣvŋ	yin·ɣvŋ
梗	on	on	ɿvŋ	ua	*	ua	a	ie	ye	ɣvŋ	ɣvŋ	ɣvŋ	yin·ɣvŋ
通	on	on	on	*	*	*	n	ɣ	ɣ	*	*	*	y
咸入	*	*	*	*	*	*	*	*	*	*	*	*	ne·ý
山入	on	on	on	ua	*	ua	ua	*	*	*	*	*	ne
岩入	*	*	*	*	ɿvŋ·uen	ɿvŋ·uen	ɿv	ɣvŋ	ɣvŋ	ɣvŋ	ɣvŋ	ɣvn	yin·ɣn·ɣvŋ
（深入）	*	*	*	*	*	*	uen·ue	ue	uɿn	*	*	uen	uin
臻	ue	uen	uen	*	*	*	*	*	*	*	*	*	ne
曾入	*	*	ɿvŋ	*	*	*	*	*	*	*	*	*	ne
梗入	on	*	on	*	*	*	*	*	*	*	*	*	ne
通	n	n	n	n	y	y	n	y	ne	ne	ne	ne	ne·ý

3.聲調

古類 \ 今影響條件 \ 今值今類		陰　平	陽　平	上	去
平	清	˥			
	濁		ˎ		
上	清			ˎ	
	次　濁			ˎ	
	全　濁				˩
去	清				˩
	濁				˩
入	清		ˎ		
	次　濁		ˎ		
	全　濁		ˎ		

E. 同音字表

今調	陰平 ˥	陽平 ˊ	上 ˇ	去 ˋ
今韵	ï；ɯ(x後)；ɚ(〇後)			
廣韵	祭‖脂；之；支‖緝‖質‖職‖昔（均開口）			
p p' m f				
t t' l				
ts ts' s	思，似₂邪上；斯	［只］(ɪ要)	子 此 似₁邪上	自；字 次；剌，賜心 四；伺
tʂ tʂ' ʂ	之；知，支‖執入‖擲入，隻入 癡‖喫溪錫 師；施	姪，質‖直植值 遲 時‖十‖實，室‖食蝕‖石	 恥 矢；使，始	致，至；痔，志 滯澄‖翅審 世‖示；士，事，試，市；是‖式飾入‖［什］(ɪ麼)
ʐ		日		
tɕ tɕ' n̩ ɕ				
k k' x	黑			
〇			而平；爾	貳

今調	陰平ㄱ	陽平ㄚ	上ㄚ	去ㄩ
今韵	i			
廣韵	祭;齊‖脂;之;支;微‖緝‖質;迄‖職‖昔;陌三;錫			
p pʻ m f		必畢‖逼	比;彼 鄙痞幫 米	敝‖碧入;壁入
t tʻ l		的,笛 堤提 梨;離‖力‖歷	底 禮‖李里理裏‖ 立入‖栗入	帝,第‖地 例;隸麗
tɕ tɕʻ ɲ ɕ	機‖極入 妻,棲心‖期羣‖戚入 西,溪溪,奚夕匣; 攜匣合‖希‖息入	緝清,集,急,及‖吉‖ 積;激 齊‖其;奇‖七 疑;宜‖逆 席	 起‖乞入 你 洗‖璽支心‖吸入	祭;計繼‖忌;寄, 技妓;季合 器;氣 系‖戲
○	衣依	夷;矣上;移;遺合‖邑‖ 噎屑‖一,逸‖亦		藝‖義議‖憶入

今調	陰平ㄱ	陽平ㄟ	上ㄟ	去ㄟ
今韻	u;ʅ(tʂ tʂʻ ʂ ʐ後)			
廣韻	模;魚;虞‖侯;尤;緝‖沒;術;物‖藥‖屋;沃			
p		不		步
pʻ		勃並入‖撲,曝瀑並入	譜幫,普	
m	木	沒‖目	畝	
f	夫‖婦奉上‖服入	附去‖負奉上‖縛	府,腐奉	
tʂ	猪,諸		主	著;柱、住
tʂʻ		除‖出		
ʂ	書;殊禪		暑鼠	樹
ʐ		如;儒‖入		
k	孤‖骨入			故
kʻ	哭入	酷		
x	呼,乎匣‖忽入	狐	虎	
○	烏‖屋入	吾;無‖物	五;武	務‖戊明

今韻	y			
廣韻	魚;虞‖術;物‖職;昔‖屋三;燭			
t				
tʻ				
l			呂旅‖履脂開‖律入	
tɕ	俱拘‖菊入	橘‖局		巨;娶清,聚,句去(|年)
tɕʻ	樞穿,區	屈‖曲		
ɲ			女	
ɕ	虛;須	徐	許	序‖恤戌入
○		魚,於影,餘;愚‖域‖鬱	余平、與;雨羽	遇‖役疫入‖玉入

今調	陰平ㄱ	陽平ㄟ	上ㄟ	去ㄟ
今韵	a			
廣韵	麻二‖合;盍;洽;乏‖曷;鐸;黠;月			
p	巴	八,拔		
p'				怕
m	［媽］		馬	
f		法‖髮		
t		答‖達	打庚	大泰
t'	他歌‖塔入			
l	拉入‖辣入	拿‖納;臘	［哪］	［那］
ts		雜		
ts'				
s		撒		
tʂ				乍
tʂ'	差‖插入	察		
ʂ	沙	殺		［啥］(ㄧ子,甚麼也)
k				
k'				
x				下(一ㄧ子)

今調	陰平˥	陽平˩	上˧	去˨
今韵	ia			
廣韵	麻二‖佳‖洽;狎‖鎋(均開口)			
tɕ tɕʻ ȵ ç	家‖佳	甲 恰 霞‖狹;匣;挾帖	假(˩使,暑˩) 瞎入	 <u>下</u>
○	鴉	牙‖鴨		

今韵	ua			
廣韵	麻二‖佳;夬‖鎋;黠(均合口)			
tʂ tʂʻ ʂ		刷		
k kʻ x	瓜 花	刮 華‖滑	[垮](坍塌也)	掛 化‖畫;話
○	蛙	挖‖[娃]	瓦	

今調	陰平 ㄱ	陽平 ㄱ	上 ㄱ	去 ㄱ
今韵	uo			
廣韵	歌戈一‖末;薛‖鐸;覺;藥			
p	波,玻溻‖剝入			
pʻ	坡	婆	剖侯	
m		末‖莫		
f				
t	多₁	多₂(‖大水災)		舵
tʻ	脱入	託	妥	
l	洛入	羅;騾		
ts		作	左	坐
tsʻ				
s		縮審	所魚審	
tʂ	桌入,捉入	酌		
tʂʻ				
ʂ	説入			
ʐ		若		
k	鍋過₂	國	果‖郭入	過₁
kʻ				課‖闊入
x		活‖或‖獲		禍
○	窩	握	我歌	沃沃

今調	陰平 ˥	陽平 ˊ	上 ˇ	去 ˋ
今韻		ɤ		
廣韻		歌‖合；盍‖曷‖鐸‖德‖陌；麥（均開口）		
k	歌	鴿‖割‖各‖格；革		個
kʻ			可	去魚‖刻入
x		何‖合；盍‖喝‖霍合‖赫		
○		鵝‖惡‖厄		

今韻	e；iɛ̆（tʂ tʂʻ ʂ ʐ後）			
廣韻	麻三‖葉‖緝‖薛‖德；職‖陌；麥			
p		北‖百，白		
pʻ		泊鐸並‖迫幫入，拍		
m		麥		
f				
t		得德		
tʻ		忒，特定入		
l		勒		
ts		則		
tsʻ				
s				
tʂ		宅擇澤；責		［這］
tʂʻ		徹，撤澄入‖側照入，測		
ʂ	澀入‖瑟入‖色入	蛇‖舌		社‖涉入‖設入
ʐ	熱入		惹	

今調	陰平 ㄱ	陽平 ㄥ	上 ㄣ	去 ㄩ
今韵	ie			
廣韵	麻三‖葉;業;帖‖薛;月;屑			
p p' m f	撇入	滅		
t t' l	［爹］ 帖入‖鐵	列;劣		
tɕ tɕ' ȵ ɕ	接入‖竭入;結入 矗入 些	節 切 孽;臬 邪‖脅;協	寫	謝
○	葉入;業入	爺‖謁	也野	

今調	陰平 ˥	陽平 ˩	上 ˥	去 ˥
今韵	ue			
廣韵	薛(合口)			
tʂ		拙;掘月羣		
tʂʻ				
ʂ				

今韵	ye			
廣韵	戈‖薛;月;屑‖覺;藥			
t				
tʻ				
l		略		
tɕ	嗟開	絕;決‖覺角;腳		
tɕʻ		茄開;瘸‖缺‖確;雀精入		
ɲ			虐入	
ɕ	靴‖薛入開‖削入	穴‖學		
○	月入	閱;越曰‖約		

今調	陰平 ˥	陽平 ˧˥	上 ˧	去 ˥˧
今韻	ai			
廣韻	咍;泰;皆;佳;夬(均開口)			
p				拜;敗
pʻ				派
m		埋	買	
f				
t				待、代;帶
tʻ				泰
l		來	乃;奶	賴
ts	災			再,在
tsʻ		才		菜;蔡
s				
tʂ	齋			寨
tʂʻ		柴		
ʂ				
k	該;皆街		改;解	$概_1$;蓋;介界戒,械匣
kʻ	開			$概_2$見
x		孩;偕見,諧;鞋		亥;害
○	哀		矮	愛;艾

今調	陰平 ˥	陽平 ˧	上 ˩	去 ˥
今韵	uai			
廣韵	泰;皆;佳;夬‖脂;支(均合口)			
tʂ tʂʻ ʂ			揣	帥
k kʻ x	懷		塊去	怪 會(‖計)見;快
○	歪曉			外

今韵	ei			
廣韵	灰;泰;祭;廢‖脂;支;微			
p pʻ m f	卑;悲;碑 披 飛	丕滂平 梅‖[没] 肥		倍;貝‖臂,被 配,佩並 靡上 廢,肺
t tʻ l			屢虞去	對;兌 內‖類;累;彙喻合
ts tsʻ s		遂去;隨		罪;最 脆‖悴從,粹心 歲

今調	陰平┐	陽平╲	上╱	去╲
今韵	uei			
廣韵	灰;泰;祭;廢‖脂;支;微(均合口)			
tʂ	追,錐			
tʂʻ		垂		
ʂ			水	税‖睡瑞
z̩				鋭喻
k	龜;歸			桂‖貴
kʻ	虧			
x	灰	回	毀	會;彗喻;惠‖諱
○	威、畏去	維惟;爲;微,圍	危疑平,委	衛‖位;未

今調	陰平ㄱ	陽平ㄟ	上ㄟ	去ㄴ
今韵	au			
廣韵	豪;肴;宵‖侯;尤			
p p' m f	包	袍;跑 茅貓‖謀	保 某 否	貌
t t' n		桃 牢	到去(見ㅣ)	到 鬧
ts ts' s		草 掃		造皂
tʂ tʂ' ʂ	昭	炒		趙,照 紹
ʐ	饒			
k k' x	高	毫	好(ㅣ人)	告 好(喜ㅣ)
○				奧

今調	陰平 ㄱ	陽平 ㄥ	上 ㄥ	去 ㄥ
今韵	iau			
廣韵	肴;宵;蕭			
p p‘ m f			表	
t t‘ l	釣去	條 燎	了	跳 聊平
tɕ tɕ‘ ȵ ɕ	消,囂;蕭	喬 滑餚	攪 巧 曉	較;叫 孝,校效
○	妖	堯		要

今調	陰平ㄱ	陽平ㄟ	上ㄥ	去ㄟ
今韻	əu			
廣韻	模;魚;虞‖侯;尤‖没‖屋;沃;燭			
t	都	讀;篤	賭肚‖斗	杜‖鬥
tʻ	突入‖禿入	頭		
l	鹿入;碌入;綠入	奴	努	路‖漏
ts	卒入	足	走	做‖奏
tsʻ		促		族從入
s		蕭;續		素;數審
tʂ	周‖竹入	燭囑		助
tʂʻ	初	鋤‖愁	楚‖丑	
ʂ		熟	屬入	獸,受
ʐ	辱入	柔		肉入
k				
kʻ				
x				後候
○	歐		偶	

今韻	iəu			
廣韻	尤;幽‖屋三;燭			
t	[丟]			
tʻ				
l		劉		
tɕ	糾上			就,舅
tɕʻ	秋	求		
ȵ		牛	紐	謬明
ɕ	休	囚‖畜		
○		由猶,尤‖欲	有	幼‖育入

今調	陰平 ˥	陽平 ˥	上 ˥	去 ˥
今韵	an			
廣韵	覃;談;咸;銜;鹽;凡‖寒;山;刪;仙;桓;元			
p			板	扮,辦;半
pʻ				盼;判,叛並
m			滿	慢
f		凡	反	范
t			膽‖短	旦
tʻ	貪	談		歎
l		南;藍‖難	暖	亂
ts				暫
tsʻ	餐		慘	
s	三			算
tʂ	沾		斬‖展	站‖棧
tʂʻ		蟬	鏟,産審	
ʂ	衫‖刪;山		陝	扇
ʐ		然	染	
k	干		感;敢‖[趕]	
kʻ				看
x		含‖寒;還(ㅣ是)刪合		漢,旱
○	安			暗

今調	陰平 ˥	陽平 ˧	上 ˥	去 ˩
今韵	uan			
廣韵	桓;山;刪;仙;元(均合口)			
tʂ tʂʻ ʂ	專 閂	船		篆
ʐ			軟;阮疑元	
k kʻ x	官觀;鰥		館 緩	貫;慣 唤,换
○	彎	玩去,完丸匣;頑	碗;皖匣上	萬

今調	陰平 ˥	陽平 ˩	上 ˧	去 ˨
今韵	ien			
廣韵	咸;銜;鹽;嚴;添‖山;删;仙;元;先			
p	邊		貶	辨、便;辮
pʻ				編幫,片
m				
f				面
t			點‖典	店
tʻ	天			
l		廉‖連		戀
tɕ	監‖間		減‖剪;繭	漸‖諫;件;建;見
tɕʻ	銜₂匣;謙‖千	鉗‖錢		念
ȵ		年		
ɕ		鹹;銜;嫌‖賢	險	陷‖限;憲;現;縣合
○	煙	嚴‖言;研	眼;演	驗,厭‖晏;硯

今韵	yen			
廣韵	仙;元;先(均合口)			
tɕ				倦
tɕʻ		全		
ȵ				
ɕ	仙鮮開;掀軒開;先開;宣;暄	弦開;玄懸	癬開;選	
○		綠沿鉛;元;圜	遠	院

今調	陰平 ㄓ	陽平 ㄟ	上 ㄟ	去 ㄩ
今韻	ən			
廣韻	侵‖痕;臻;真;魂;諄;文‖登;蒸‖庚;耕;清			
p	崩			
p'		彭		
m		門		
f	分			
t			等	頓
t'	吞			
l		倫‖能	冷	
ts			[怎]	增
ts'	撐徵	存		
s				
tṣ	臻;真‖徵‖爭;貞,偵			鄭,政
tṣ'		沉‖陳,臣‖成誠		
ṣ	森,深‖申身‖生	晨;唇合‖繩	審	盛
ẓ		壬‖人‖仍	忍	認
k	跟‖耕			更
k'			懇‖肯	
x		恒	很匣	恨‖杏
○	恩			硬

今調	陰平˥	陽平˥˩	上˥	去˩
今韵	uən			
廣韵	魂;諄;文‖庚(均合口)			
tʂ tʂʻ ʂ	椿,春	純		
ʐ				閏
k kʻ x	坤 昏	橫		
○	温	聞	穩	問

今调	陰平ㄱ	陽平ㄟ	上ㄟ	去ㄟ
今韵	in			
廣韵	侵‖真;欣‖蒸‖庚;耕;清;青			
p	兵		稟	並
p'		貧‖平;瓶	品	
m		民‖名;明	敏	命
f				
t	丁		頂	定
t'	聽			
l		林‖鄰‖陵‖靈		令
tɕ	侵清,今‖津,巾;斤‖京荆;經			晉進,近‖静,勁
tɕ'	欽‖輕	秦‖情	寢‖傾平合、頃合	
ȵ		凝		
ɕ	心‖新‖星腥	行;形		信‖幸;性姓
○	音‖因‖鶯;英	銀‖盈;營合;螢 匣合	引;隱;尹合	印‖應

今韵	yin			
廣韵	諄;文‖清;庚三（均合口）			
tɕ	均			
tɕ'		羣‖瓊		
ȵ				
ɕ	勳	尋侵‖旬		
○		云郎	允‖永	運‖孕開

今調	陰平ㄱ	陽平ㄱ	上ㄱ	去ㄱ
今韵	aŋ			
廣韵	唐;江;陽			
p	幫;邦			
p'		旁		
m		忙		
f	方	防房		
t				蕩
t'				
l		郎		朗上
ts				
ts'	倉			
s	桑			
tʂ	張		長	
tʂ'	昌	常		
ʂ	商			上尚
ʐ				讓
k	剛綱			
k'				
x				項、巷
○				

今調	陰平˥	陽平˧˥	上˦	去˥˩
今韵	iaŋ			
廣韵	江;陽			
t tʻ l		涼	兩	
tɕ tɕʻ ȵ ɕ	江 香	強 娘 詳祥	講 想	 像,向
○		陽揚	仰	樣

今韵	uaŋ			
廣韵	江;陽;唐			
tʂ tʂʻ ʂ	椿;莊 窗	牀		撞;狀
k kʻ x	光	狂 黃		曠,況曉
○	汪	王	往	旺

今調	陰平ㄱ	陽平ㄱ	上ㄱ	去ㄱ
今韻	ʌŋ			
廣韻	登‖庚二;耕‖東;冬;鍾			
p				
pʻ		朋		
m		萌	猛	孟‖夢
f	封			奉
t	東			洞
tʻ	通	同		
l		農	攏	
ts			總	
tsʻ		崇浌		
s	鬆;嵩;松			送;宋;誦

今韻	uʌŋ			
廣韻	登‖耕‖東;冬;鍾			
tʂ	中;鐘			衆
tʂʻ	充;沖		寵	
ʂ				
ʐ̩		絨,融喻;茸		
k	公功;弓;恭			共
kʻ	空		恐	
x		弘‖宏‖紅		
○	翁			

今調	陰平˥	陽平˩	上˥	去˩
今韵	yʌŋ			
廣韵	庚三‖東三；鍾			
t tʻ l		隆；龍		
tɕ tɕʻ ȵ ɕ	兄‖胸	窮 雄熊喻		
○		榮		用

F. 音韵特點

1.聲母

(1)鄖縣分ts,tʂ,其分法略與國音相似。精組洪音皆讀ts等,如'思'sï, '三'san,'增'tsən,'嵩'sʌŋ。知莊章組皆讀tʂ等,如'師'ʂï,'宅'tʂiě,'拙' tʂue,'炒'tʂʻau,'助'tʂʻəu,'楚'tʂʻəu,'森'ʂən,'桌,捉'tʂo。(莊組不論內外轉, 皆作tʂ等。)

(2)日母在止攝開口讀○,如'而'ɚ,共餘皆讀z̩,如'人'zən,'如'zu, '柔'zəu。

(3)不分尖團。精組今細音與見系今細音混,如'就'='舅'tɕiəu,'蕭' ='囂'ɕiau,'像'='向'ɕiaŋ。

(4)泥來兩母洪音不分,皆讀l,如'拿'='臘'la,'內'='類'lei;今細音 泥母讀ȵ,來母仍讀l,如'你'ȵi≠'里'li,'女'ȵy≠'呂'ly,'年'ȵien≠'連' lien,'娘'ȵiaŋ≠'涼'liaŋ。

(5)疑母開口一二等讀〇,如'鵝'ɤ,'眼'ien,三四等讀ȵ或〇不定,如'疑,宜'ȵi,'孽'ȵie,'虐'ȵye,'牛'ȵiəu,但'義'i,'業'ie,'銀'in,'驗'ien。

(6)見系開口二等在蟹攝(除'佳'字)及梗攝入聲不顎化,如'皆'kai,'鞋'xai,'格'ke,'厄'e;在效咸山攝及宕攝入聲顎化爲tɕ等,如'效'ɕiau,'較'tɕiau,'巧'tɕʻiau,'鹹'ɕien,'監'tɕien,'間'tɕien,'限'ɕien,'眼'ien,'甲'tɕia,'瞎'ɕia。其他各攝k,tɕ不定,如'巷'xaŋ,'耕'kən,'杏'xən,但'江'tɕiaŋ,'行'ɕin,'幸'ɕin。

2. 開合

(1)端系合口一等,在遇蟹山臻通攝變開口,如'杜'təu,'路'ləu,'素'səu,'對'tei,'最'tsei,'短'tan,'算'san,'頓'tən,'存'tsʻən,'東'tʌŋ,'總'tsʌŋ。

(2)來母合口三四等,在遇攝及通舒臻入仍爲合口,如'呂'ly,'龍,隆'lyʌŋ,'律'ly。

(3)精組合口三四等在蟹止通攝今變開口,如'歲'sei,'隨'sei,'嵩'sʌŋ,'誦'sʌŋ,'促'tsʻəu,'續'səu;其他仍爲合口,如'序'ɕy,'絕'tɕye,'宣'ɕyen,'戌'ɕy,'旬'ɕyin。

3. 韵母

(1)遇攝模韵端系魚虞韵莊組讀əu,與流攝混。如'杜'='鬥'təu,'楚'='丑'tʂʻəu。知章組讀ʅ,如'柱'tʂʅ,'除'tʂʻʅ。

(2)歌戈兩韵見系字不相混。歌韵見系讀ɤ,如'歌'kɤ,'可'kʻɤ,'何'xɤ;戈韵見系讀uo,如'鍋'kuo,'課'kʻuo,'禍'xuo。端系字歌戈韵不分,都讀作uo,如'羅'='騾'luo,'左'tsuo,'坐'tsuo。

(3)山宕攝入聲一等見系,開口讀ɤ,如'割'kɤ,'各'kɤ,合口讀uo,如'活'xuo,'郭'kuo。此點與歌戈之別相類。

(4)流攝幫系字讀u或au不定,如'畝'mu,'婦'fu,但'某'mau,'謀'mau。其餘讀əu或iəu,如'斗'təu,'又'iəu。

(5)咸山攝舒聲開口見系字二等讀ien,與三四等混,如'減'='繭'tɕien,'諫'='見'tɕien,'鹹'='賢'ɕien,'限'='現'ɕien。

(6)曾梗攝入聲一二等見系，開口讀ɤ，如'革'kɤ，'刻'kʻɤ，'赫'xɤ，合口讀uo，如'國'kuo，'獲'xuo。(參看 2,3 兩條。)

(7)曾梗攝舒聲，除一小部分字混通攝外，與深臻攝同收n尾，如'爭，徵'='臻，真'tʂən，'生'='深，申'ʂən，'陵'='林'lin，'瓊'='羣'tɕʻyin，'永'='允'yin。

(8)通攝舒聲幫系及端精組讀ʌŋ，如'風'fʌŋ，'東'tʌŋ，'宋，誦'sʌŋ；知系讀uʌŋ，如'中'tʂuʌŋ，'充'tʂʻuʌŋ，'絨，茸'zuʌŋ；來母一等讀ʌŋ，如'攏'lʌŋ，三等讀yʌŋ，如'龍，隆'lyʌŋ。

4. 聲調

(1)鄖縣去聲無陰陽之別。古上聲全濁，去聲清濁音今皆同調，皆爲去聲，如'似，趙，宋，用'等字。

(2)無入聲，古入聲今歸陽平，如'格，綠，絕，欲'等字。(古入聲一部分字今或爲陰平，上聲，去聲，似是發音人個人的不穩處，在同音字表中姑且認爲例外的讀法。)

G. 會話

25 a：ȵiˋ kueiˋ ɕinˋ aˈˑ?
你　貴　姓　阿?

25 b：uoˋ ɕinˋ sʌŋˋ aˈˑ。
我　姓　宋　阿。

a：ȵiˋ tsaiˋ laˋ liˈ tʂʅˋ aˈˑ?
你　在　哪　裏　住　阿?

b：uoˋ tsaiˋ yinˋ iaŋˋ。
我　在　鄖　陽。

a：ȵiˋ, ȵiˋ ɕienˋ tsaiˋ tsaiˋ laˋ liˈ təuˋ ʂʅˉ aˈˑ?
你, 你　現　在　在　哪　裏　讀　書　阿?

b：tsaiˋ, tsaiˋ uˋ tʂʻaŋˉ。
在,　在　武　昌。

a：tsai↘ la↘ kɤ˥· ɕye↘ ɕiau↘ li˥·?
在　哪　個　學　校　裏？

b：tsai↘ tʂuʌŋ˥ xua↘ li˘·。
在　　中　　華　　裏。

a：ni↘ tɕi(n)˥ nien↘ ʂʅ↘ tɕia↘ xuei↘ pu↘ xuei↘ a˥·?
你　今　年　暑　假　回　不　回　阿？

b：tɕi(n)˥ nien↘ ʂʅ↘ tɕia↘ pu↘ xuei↘ kɤ˥·。
今　年　暑　假　不　回　去。

a：ni↘ mən˥· tɕia˥ li˥· ɕien↘ tsai↘ iəu↘ pu↘ iəu↘ ʂei↘ tsai˥ a˥·?
你　們　家　裏　現　在　有　不　有　水　災　阿？

b：ɕien↘ tsai↘ xai↘ xau↘，ɕien↘ tsai↘，tɕin˥ nien↘ xai↘ xau↘。
現　在　還　好，現　在，今　年　還　好。

a：tɕin˥ nien↘ mu↘ iəu˥ tuo↘ ta↘ ʂei↘ tsai˥ a˥·，ta↘ kʰai↘ iəu↘
今　年　沒　有　多　大　水　災　阿，大　概　有

pu↘ iəu↘ xan↘ tsai˥ a˥·?
不　有　旱　災　阿？

b：tɕin˥ nien↘，tʂiĕ↘ muou↘ xəu↘ xai↘ mu↘ iəu↘ te↘ tʂiĕ˥· tɕia˥ li˥·
今　年，這　末　後　還　沒　有　得　着　家　裏

lai↘ ɕin↘，xai↘ pu↘ ɕiau↘ te↘ tsən↘ muo˥· iaŋ↘ li˥·。
來　信，還　不　曉　得　怎　麼　樣　哩。

a：tsʅ↘ kʰan↘ iəu↘ pu↘ iəu↘ xan↘ tsai˥，tɕin˥ nien↘。
只　看　有　不　有　旱　災，今　年。

b：ɕien↘ tsai↘ tʂən↘ ʂʅ↘ la↘ kɤ˥· la↘ kɤ˥· me↘ tsʅ˥· tsai↘ iaŋ↘ xua˥
現　在　正　是　那　個　那　個　麥　子　在　揚　花

ti˥· ʂʅ↘ xəu˥·，tʂiĕ↘ i↘ ɕiaŋ↘ ɕia↘ y↘ a˥·，tʂən˥ pu↘ xəu↘，pu↘
的　時　候，這　一　向　下　雨　阿，真　不　好，不

ɕiau↘ te↘ uo↘ mən˥· la↘ li˥· ʂʅ↘ pu↘ ʂʅ↘ xai↘ ʂʅ↘ tsai↘ ɕia↘ y↘
曉　得　我　們　那　裏　是　不　是　還　是　在　下　雨

aˈˑ。
阿。

a： uoˇ ʂaŋˇ kɤˈˑ ɕin˥ tɕʻi˥ tɕie˥ tauˈˑ tɕia˥ liˈˑ ɕinˇ aˈˑ，ʂuoˇ tiˈˑ
　　我　上　個　星　期　接　到　家　裏　信　阿，　説　的

laˇ liˈˑ ieˇ ʂïˇ tʂʻaŋˇ ɕiaˇ yˇ。puˇ kuoˇ ɕienˇ tsaiˇ tɕʻinˇ ləˈˑ
那　裏　也　時　常　下　雨。　不　過　現　在　晴　了

meiˇ tɕʻinˇ aˈˑ，xaiˇ puˇ ɕiauˇ teˈˑ liˈˑ。
没　晴　阿，　還　不　曉　得　哩。

b： tɕiaˇ ʂïˇ tsaiˇ puˇ tɕʻinˇ，laˇ muˇ iəuˈˑ panˇ faˈˑ，tʂïĕˇ iˇ
假　使　再　不　晴，　那　没　有　辦　法，　這　一

tɕiˇ tʂʻuən˥ xuaŋ˥ iəuˇ puˇ teˇ liauˇ aˈˑ。
季　春　荒　又　不　得　了　阿。

a： eˈˑ，tɕiaˇ zuoˇ tsaiˇ puˇ tɕʻinˇ aˈˑ，laˇ tʂïĕˇ iˇ tɕiˇ meˇ tsïˈˑ
誒，　假　若　再　不　晴　阿，　那　這　一　季　麥　子

kʻuʌŋˇ pʻaˇ iəuˇ，iəuˇ puˇ nənˇ tʂaŋˇ，tʂaŋˇ xauˇ；puˇ tʂaŋˇ
恐　怕　又，　又　不　能　長，　長　好；　不　長

xauˇ tʂïĕˇ iˇ tɕiˇ kʻuʌŋˇ pʻaˇ iəuˇ iauˇ panˇ ȵienˇ tʂʻənˇ ləˈˑ。
好　這　一　季　恐　怕　又　要　[板]　年　成①　了。

b： xauˇ，tsaiˇ xueiˇ aˈˑ。
好，　再　會　阿。

a： tsaiˇ xueiˇ，tsaiˇ xueiˇ。
再　會，　再　會。

---

① 豫南及鄂北多謂荒年爲‘年成’，謂遭荒年爲‘板年成’；‘板’義爲‘遭’，無字可寫，姑寫一同音字。